# 在线学习活动设计：理论与实践

王　楠　著

北京邮电大学出版社
www.buptpress.com

## 内 容 简 介

作为教学研究的重要组成部分,基于活动的教学设计受到教育研究者和实践者的广泛关注,这一领域的研究成果已经对教学实践产生了显著的影响。教育研究者和实践者正探讨如何形成一套完整的基于活动设计的教学设计理念和方法。如何在网上教学中开展以学习者为中心的、基于在线学习活动的教学,已经成为目前国内外远程教育领域的研究重点。

本书建立在阶段性研究成果之上,层层递进,形成了一个在线学习活动设计的系统模型,并在坚实的理论构建基础之上,形成了指导在线学习活动设计的实践应用。本书可供在线教学研究人员、相关专业研究生以及来自一线的在线教育课程设计、学习支持人员参考。

### 图书在版编目(CIP)数据

在线学习活动设计：理论与实践 / 王楠著. -- 北京：北京邮电大学出版社，2019.8（2021.8重印）
ISBN 978-7-5635-5717-2

Ⅰ．①在… Ⅱ．①王… Ⅲ．①网络教育—教学研究 Ⅳ．①G434

中国版本图书馆 CIP 数据核字(2019)第 080032 号

| | |
|---|---|
| 书　　　名： | 在线学习活动设计：理论与实践 |
| 作　　　者： | 王　楠 |
| 责任编辑： | 徐振华　王小莹 |
| 出版发行： | 北京邮电大学出版社 |
| 社　　　址： | 北京市海淀区西土城路 10 号（邮编：100876） |
| 发　行　部： | 电话：010-62282185　传真：010-62283578 |
| E-mail： | publish@bupt.edu.cn |
| 经　　　销： | 各地新华书店 |
| 印　　　刷： | 北京九州迅驰传媒文化有限公司 |
| 开　　　本： | 787 mm×1 092 mm　1/16 |
| 印　　　张： | 11.5 |
| 字　　　数： | 283 千字 |
| 版　　　次： | 2019 年 8 月第 1 版　2021 年 8 月第 2 次印刷 |

ISBN 978-7-5635-5717-2　　　　　　　　　　　　　　　　　　　　　定　价：48.00 元

· 如有印装质量问题,请与北京邮电大学出版社发行部联系 ·

# 前　言

作者对在线学习活动的关注,还是始自2008年博士论文选题期间。在当时的国家级精品课程评审指标的导向作用下,越来越多的远程教育机构开始关注在线学习的活动设计,这是从教育学视角理解在线学习的一个重要成果。机缘巧合中,作者个人参与的多个科研项目也多从不同角度对在线学习活动进行了探究。基于上述原因,作者完成了本书的主体部分——在线学习活动设计的理论部分。

作为远程教育领域中的教学设计研究,在线学习活动设计对远程学习者的学习成效有着重要的影响,具备很重要的理论价值和实践价值。我国开展的网上教学中,绝大部分资源和课程都是以教学内容呈现为主,缺乏以活动为主并能够对学习者在线学习活动进行有效指导的资源设计方法和课程开发模式。国际组织、教育机构以及企业对于学习活动领域愈加重视,纷纷倾力于此,进行相关的工具开发以及课题研究工作,但我国还缺乏对国际上相关研究成果的系统分析和对在线学习活动设计的整体研究,这已经在一定程度上影响了远程学习者的学习效果。因此,迫在眉睫的工作是通过对在线学习活动的构成因素、设计策略、研究框架等进行深入研究,建立能够有效指导远程教学实践的在线学习活动设计模型。

本书旨在通过科学研究,构建能够有效指导远程教学实践的在线学习活动设计模型。具体来说,就是通过对大量翔实的在线学习活动案例的分析,并与多种研究方法相结合,解决在线学习活动设计过程中所面临的一系列问题。根据对已有研究的深入分析,本书确立了如下研究思路:在明确在线学习活动的本质和理论基础之上,探究在线学习活动的构成因素,归纳在线学习活动的框架和设计策略,最终应用定性建模建构在线学习活动设计模型。遵循这一研究思路,作者对国内外在线学习活动设计的策略和方法进行了深入细致的研究,同时,采取个案分析、观察、访谈、问卷调查等多种研究方法,结合定量分析与定性分析进行了在线学习活动设计研究。本书研究主要创新点包括如下两个方面。

① 在线学习活动构成因素研究。明确在线学习活动的构成因素,是进行在线学习活动设计的必备基础。该领域已有研究大多建立在经验总结基础之上,缺乏对科学研究方法的应用,其研究成果也缺乏相应的说服力。本书采用基于活动案例的构成因素研究思路,应用基于扎根理论的观察法为研究方法,通过对大量在线学习活动案例的选取、描述、编码、归类,最终确定了在线学习活动的四个构成因素:指向特定学习结果的任务、学习活动所在的场景、针对学习活动的辅导支持以及对学习活动的评价。每一构成因素中包含相应的内容,并在具体的在线学习活动中表现为不同的属性。

② 在线学习活动设计策略及模型研究。设计策略的研究是建立在对已有学习活动案例分析和教学设计领域已有相关研究成果基础之上的,本书归纳总结了六个在线学习活动设计策略,分别是成果适应策略、接近真实策略、目标渐进策略、角色分解策略、进度控制策

略以及人际交互策略。依据归纳的在线学习活动构成因素及设计策略,本书构建了在线学习活动设计模型。这一模型由五个阶段组成,分别是背景分析阶段、任务设计阶段、场景设计阶段、辅导支持设计阶段以及评价设计阶段。

随着 MOOC(慕课)、知识付费、微课等在线学习形式的普及,在线学习已经被公众所熟悉和接受,同时基础教育、高等教育等各教育层级也开始了混合式教学的探索,在线已经作为一种属性嵌入学习之中。源于此,对在线学习活动的认识是否充分,已经成为学习是否有成效的关键。得益于所从事的具体工作——网络课程设计开发,作者有机会将博士论文的主要成果——在线学习活动设计得以应用实践。作者作为教学设计负责人,指导了近 100 门网络课程建设,这也就意味着参与了近 2 000 学时的在线学习活动。

理论与实践的互补促成了本书呈现在大家面前。在此感谢北京邮电大学出版社给予本书出版机会,同时感谢李亚男、岳钢、赵佳男、余治昊等同学对本书的贡献。

王　楠

# 目 录

## 第一篇 前沿理论篇

### 第一章 在线学习活动研究现状 ………………………………………………… 3
一、研究背景 ……………………………………………………………………… 4
（一）国际组织、机构相关标准、产品的涌现 ……………………………… 5
（二）我国网上教学发展的迫切需求 ………………………………………… 5
（三）已有教学设计方法的不适应性 ………………………………………… 7
二、已有研究 ……………………………………………………………………… 7
三、现存问题 ……………………………………………………………………… 8

### 第二章 开放教育资源——数字学习资源新发展 ……………………………… 11
一、开放资源运动起源简述 ……………………………………………………… 11
（一）麻省理工学院开放式课件运动 ………………………………………… 12
（二）慕课 ……………………………………………………………………… 13
（三）我国精品资源（课程）建设 …………………………………………… 13
二、开放教育资源发展阶段分析 ………………………………………………… 14
（一）内容共享阶段 …………………………………………………………… 15
（二）教学设计共享阶段 ……………………………………………………… 15
（三）教学/学习模式共享阶段 ………………………………………………… 15
三、开放教育资源建设方法 ……………………………………………………… 15
（一）开放教育资源建设流程 ………………………………………………… 15
（二）开放教育资源运行模式 ………………………………………………… 20

### 第三章 在线学习活动设计相关理论 …………………………………………… 22
一、活动理论 ……………………………………………………………………… 22
二、教学设计理论 ………………………………………………………………… 24
三、远程教育理论 ………………………………………………………………… 26
四、基于成效的教学理论 ………………………………………………………… 27
五、在线学习活动相关理论 ……………………………………………………… 28

1

（一）学习活动框架理论 ………………………………………………… 28
　　（二）网上教学五阶段模型 ……………………………………………… 29

**第四章　在线学习活动界定及本质属性** …………………………………… 31
　一、在线学习活动界定 ………………………………………………………… 31
　　（一）在线学习活动概述 ………………………………………………… 31
　　（二）相关概念辨析 ……………………………………………………… 35
　二、在线学习活动本质属性 …………………………………………………… 38
　　（一）学习活动是教学交互的现实存在 ………………………………… 38
　　（二）交互研究成果 ……………………………………………………… 39
　三、在线学习活动类型 ………………………………………………………… 41
　　（一）基于过程特征的分类 ……………………………………………… 41
　　（二）基于学习结果的分类 ……………………………………………… 42
　本篇参考文献 …………………………………………………………………… 43

## 第二篇　策略实践篇

**第五章　在线学习活动构成因素** …………………………………………… 49
　一、已有的两类研究 …………………………………………………………… 49
　　（一）自上而下的构成因素研究 ………………………………………… 50
　　（二）自下而上的构成因素研究 ………………………………………… 51
　二、基于活动案例的构成因素研究 …………………………………………… 53
　　（一）研究方法 …………………………………………………………… 54
　　（二）研究过程 …………………………………………………………… 55
　三、在线学习活动构成因素 …………………………………………………… 60
　　（一）指向特定学习结果的任务 ………………………………………… 60
　　（二）学习活动发生的场景 ……………………………………………… 63
　　（三）针对学习活动的辅导支持 ………………………………………… 66
　　（四）对学习活动的评价 ………………………………………………… 68
　四、在线学习活动关键因素 …………………………………………………… 70
　　（一）任务的层次结构特征 ……………………………………………… 71
　　（二）层次结构特征的研究成果 ………………………………………… 71

**第六章　在线学习活动设计策略** …………………………………………… 74
　一、影响在线学习活动设计的因素 …………………………………………… 75
　　（一）设计者所持有的学习观 …………………………………………… 75
　　（二）学习者特征 ………………………………………………………… 79
　　（三）在线学习环境 ……………………………………………………… 82
　二、在线学习活动框架 ………………………………………………………… 83

（一）已有的在线学习活动框架 …………………………………………………… 83
　　（二）新提出的在线学习活动框架 ………………………………………………… 85
　三、在线学习活动设计策略 …………………………………………………………… 87
　　（一）成果适应策略 ………………………………………………………………… 88
　　（二）接近真实策略 ………………………………………………………………… 90
　　（三）目标渐进策略 ………………………………………………………………… 92
　　（四）角色分解策略 ………………………………………………………………… 94
　　（五）进度控制策略 ………………………………………………………………… 95
　　（六）人际交互策略 ………………………………………………………………… 96

第七章　在线学习活动设计模型 ………………………………………………………… 100
　一、已有模型研究 ……………………………………………………………………… 100
　二、在线学习活动设计模型 …………………………………………………………… 104
　　（一）背景分析 ……………………………………………………………………… 104
　　（二）任务设计 ……………………………………………………………………… 105
　　（三）场景设计 ……………………………………………………………………… 107
　　（四）辅导支持设计 ………………………………………………………………… 108
　　（五）评价设计 ……………………………………………………………………… 109

第八章　在线学习活动设计实践案例 …………………………………………………… 110
　一、导入活动案例 ……………………………………………………………………… 110
　二、讲解活动案例 ……………………………………………………………………… 115
　三、测评活动案例 ……………………………………………………………………… 120
　四、学习活动范例课程 ………………………………………………………………… 122
　　（一）课程设计理念 ………………………………………………………………… 123
　　（二）教学内容选取 ………………………………………………………………… 123
　　（三）学习资源建设原则 …………………………………………………………… 124
　　（四）学习活动设计 ………………………………………………………………… 125
　本篇参考文献 …………………………………………………………………………… 128

# 第三篇　技术探索篇

第九章　新技术对学习活动设计的影响 ………………………………………………… 133
　一、知识可视化技术 …………………………………………………………………… 133
　　（一）知识可视化研究现状 ………………………………………………………… 133
　　（二）典型知识可视化模型 ………………………………………………………… 134
　　（三）知识可视化模型比较 ………………………………………………………… 136
　二、学习分析技术 ……………………………………………………………………… 138
　　（一）学习分析技术模型 …………………………………………………………… 139

（二）学习分析模型比较研究 …………………………………………… 142

**第十章　在线学习活动支持系统的研究** ………………………………… 146

　一、微课移动学习环境 …………………………………………………… 146

　　（一）移动学习与移动学习平台 ………………………………………… 146

　　（二）知识可视化与移动学习环境 ……………………………………… 147

　　（三）"微课"移动学习环境的构建 …………………………………… 148

　二、资源聚合工具 ………………………………………………………… 151

　　（一）我国数字学习资源现状 …………………………………………… 152

　　（二）现有数字资源聚合模式和推荐机制 ……………………………… 154

　　（三）基于知识图谱的推荐模式研究 …………………………………… 157

　　（四）基于知识图谱的推荐工具的设计 ………………………………… 159

　　（五）知识图谱推荐工具的效果 ………………………………………… 166

　本篇参考文献 ……………………………………………………………… 169

**后记** …………………………………………………………………………… 173

# 第一篇 前沿理论篇

# 第一章 在线学习活动研究现状

## 本章导言

作为远程教育中教学设计领域的研究,在线学习活动设计是建立在远程教育研究人员对在线学习逐步认识的基础上而提出的研究课题。

关于在线学习的最初认识,可以追溯到 20 世纪 60 年代在美国伊利诺斯大学建成的第一个远程教学系统——PLATO(Programmed Logic for Automatic Teaching Operations,自动教学运行程序逻辑)。作为一套由大型计算机经数据通信网与多个终端互联而构成的远程教学系统,PLATO 在完善过程中逐步实现了利用多种媒体形式呈现教学内容、帮助学习者自定步调学习、记录学习者学习进度、积极反馈学习者与计算机间的交互等多项功能,甚至可以实现 PLATO 网络用户之间的在线交流①。遗憾的是,由于需要使用者具备一定的计算机水平以及终端数量和课程单元数量有限等原因,这一系统在当时还仅能够被少数的社会精英所使用。这一时期的在线学习更像是处在探索阶段。

随着社会信息化水平的日益提高,以及大众学习需求的不断提升,从 20 世纪 90 年代开始,在线学习逐渐被越来越多的人所了解和接受。这一阶段作为在线学习的发展阶段,如同大多数新生事物的发展阶段一样,并不是一帆风顺的。从 20 世纪 90 年代开始,互联网产业蓬勃发展,为在线学习这一领域带来了空前的繁荣,无论是高校继续教育机构还是行业培训机构,无论是发展中国家还是发达国家,都纷纷开展在线学习的实践;然而以"纽约大学在线""英国网上大学"为代表的多家采用网上学习模式的教育机构,在 21 世纪初大多以失败告终②。此刻,对于远程学习质量提升的思考,成为历经考验而存留下来的远程教育机构始终关注的课题。于是,教育工作者开始反思在线学习,开始如同思考学习是如何发生的一样,来科学地审视在线学习,探寻在线学习的本质以及自身发展规律。

在这样一种背景下,教育研究者开始关注在线学习活动的本质规律、设计原则、应用策略等重要主题。在线学习已经成为目前教育范畴中备受关注的研究领域,国内外越来越多的机构涉及该领域。在世界范围内的大学中,已经有相当数量的大学开设了基于在线学习的课程。在我国,随着信息技术在教育教学中的应用日益深入,在线学习正在融入传统教学,甚至在改变着传统教学;尤其是在高等教育领域,各地网络教育试点高校借助在线学习所开展的学历教育模式,正在改变着人们接受教育的观念。基于对在线学习质量提升的要求,开展在线学习活动设计研究,构建能够有效指导远程教学实践的在线学习活动设计模型已经刻不容缓。

---

① 苗逢春. 信息技术在教学中的应用发展简史[EB/OL].
② 张伟远. 国外高校网上学习成功和失败的原陈剖析[J]. 中国远程教育,2005(11):32-35.

# 一、研究背景

作为教学设计研究中的重要内容,活动设计已经受到教育研究者和实践者越来越多的关注,这方面的研究成果也对教育实践产生了显著的影响,教育研究者和实践者也正在探讨如何形成一套完整的教学设计理念和方法。如何在网上教学中开展以学习者为中心的、基于在线学习活动的教学,已经成为国内外远程教育领域的研究重点。

作为远程教育领域中的教学设计研究,在线学习活动设计有着重要的理论价值和实践价值。我国开展的网上教学,绝大部分资源和课程都是以教学内容呈现为主,严重缺乏基于活动的、能够对学习者在线学习活动进行有效指导的资源设计方法和课程开发模式。英联邦学习共同体提出,远程学习材料与传统面授教育使用的学习材料的最大区别就是前者包含大量的活动设计。尤其是针对网上教学,由于远程教育教的行为与学的行为的时空分离的本质[①],开展在线学习活动设计是网上教学的必然需求。因此,通过对网上教学的学习活动的深入研究,探索符合网上教学特征和规律的学习活动设计方法及模型,是增强网上教学成效、提高在线学习质量的必要途径。

随着我国网上教学应用的日益普遍,越来越多的学习者成为网上学习的参与者,其中大多数是成人。选择网上教学符合成人学习的特点,能够更加灵活地安排自身时间;但是,无论在现有的网上教学课程资源开发的过程中,还是在学习支持过程中,都缺乏将成人教学领域的研究成果应用于网上教学的实践探索和研究。在这个意义上,在线学习活动的研究必须将成人学习领域和网上教学设计的研究成果进行整合,形成符合学习者特征的、具备可操作性的在线学习活动设计模型。

同时,众多国际组织、机构对学习活动领域开始重视,纷纷倾力于此开展课题研究,其中包括 JISC(Joint Information System Committee,联合信息系统委员会)、NSF(Notional Science Foundation,美国国家科学基金)以及欧洲多个大学的相关科研机构。卓有成效的研究大多以项目成果的形式得以发布和推广,如学习活动创作工具 Coppercore[②]、Reload[③]等,以及学习活动的教学论研究项目 LADiE[④]、Dialog Plus[⑤] 等。文献检索显示,我国目前还没有远程教育研究机构组织开展这方面的研究,国内研究成果多来源于少数研究者基于经验的总结,缺乏对国际上相关研究的分析整理以及能够有效指导远程教学实践的研究成

---

① 陈丽.远程教育学基础[M].北京:高等教育出版社,2004.
② Coppercore 是欧盟 Alfanet 项目的一部分,是全球第一个实施 IMSLD 标准的软件。
③ Reload 是由 JISC 赞助的研究项目,该项目的目的是为了提供软件工具,以使 LMS-LD 标准能够更好地支持更大范围内的教学和复杂的学习环境。需要指出的是,Reload 编辑器是面向内容开发者的,需要用户具备一定的技术知识背景。
④ LADiE 的英文为 Learning Activities Design in Education,是由 JISC 资助开展的旨在开发学习活动参考模型的项目。LADiE 认为学习活动是一个或者多个学习者与环境(包括内容资源、工具以及设备、计算机和服务、"真实世界"的事件和物件等)为特定的预期学习成效而执行的交互。LADiE 项目注重在学习活动设计过程中,发挥教师的灵活性和创造性的教学和学习经验,不仅仅局限定位于可用的技术。因此,LADiE 项目是一个基于教学论视角的学习活动研究项目。
⑤ Dialog Plus 项目由美国国家科学基金和英国联合信息系统委员会共同资助,关于该项目的具体信息,后文中有详细阐述。

果。因此,亟待开展在线学习活动设计方法、策略和设计模型等的相关研究。

## (一)国际组织、机构相关标准、产品的涌现

作为学习设计的核心概念,学习活动设计在网上教学的研究和实践中正在得到越来越多的关注。使用大量的活动设计是远程学习材料的重要特征①。众多关注远程教育的组织和机构纷纷开展在线学习环境下的学习活动研究,如 Dialog Plus 项目、LAMS②、LADiE 项目,等等。这些项目研究主要体现两个研究取向,即在为学习活动设计提供相应创作和运行环境工具的同时,也在积极探讨学习活动的本质和规律。前者可称之为基于技术视角的学习活动研究,后者则是基于教学论视角的研究。国际上这两类研究同时存在,但基于技术视角的研究项目较多。基于技术视角的研究以学习活动管理系统的开发为主要载体,开发学习活动创作和运行环境工具;基于教学论视角的研究以探索学习活动本质和规律为目的,为学习活动设计提供理论依据。以 Dialog Plus 项目为例,作为典型的基于教学论视角的研究,该项目在美国国家科学基金和英国联合信息系统委员会的共同资助下,开发了用于学习活动设计的工具包——Dialog Plus Toolkit(DPT),利用该工具包教师可以创建符合教学理论的学习活动,帮助教师更有效地应用合适的信息技术工具和资源。表 1-1 所示的是学习活动的研究分类。

表 1-1 学习活动的研究分类

| 分类 | 项目名称 | 机 构 | 成 果 |
| --- | --- | --- | --- |
| 基于技术视角的研究 | LAMS | 麦考瑞大学 | 支持学习活动编列的播放器和运行环境 |
| | Reload | JISC、博尔顿大学、思克莱德大学 | 提供 IMS LD 编辑器 |
| | Coppercore | JISC、荷兰开放大学 | 开发者可以将其整合到已实现 IMS LD 的已有系统中 |
| 基于教学论视角的研究 | LADiE | JISC | 建立学习活动参考模型(LARM) |
| | Dialog Plus | NSF、JISC | 提供 Dialog Plus 学习活动设计工具 |

值得注意的是,目前基于教学论视角的研究成果没能融入学习活动创作和运行环境工具的开发中,而解决这一问题的关键在于持续地将技术与教学融合。

## (二)我国网上教学发展的迫切需求

相关资料显示,教育部和有关机构已建设了 300 多门新世纪网络课程、1 000 多门国家精品课程、2 万多门网络教育课程、8 万多门职业教育多媒体远程教育课程③。这些课程中的绝大多数是以呈现资源为主,缺乏以活动形式构建的课程和资源,体现出重呈现、轻活动,

---

① 白晓晶.远程学习材料中的活动设计[J].开放教育研究,2006(4):88-91.
② LAMS 称为学习活动管理系统,是由澳大利亚悉尼麦考瑞大学 James Dalziel 领导的项目组开发的,是目前常用的学习设计支持工具之一。LAMS 并没有贯彻 IMS LD 标准,但其体现了该标准核心的观点,即侧重于学习活动序列的建立,而不仅仅是内容的建立。
③ 曾海军,曾德考,范新民.基于精品课程评审指标探讨网络教育资源的建设与共享[J].中国远程教育,2007(10):47-52.

偏知识、轻能力的特征[1];缺乏在线学习活动的设计与指导,这导致远程教育领域的资源质量普遍较低,造成学习者的学习迷航和认知超载[2]。随着越来越多的学习者选择在线学习作为自我提升的途径,如何通过学习活动的设计,将学习资源、网络教学环境和远程学习者特征有机整合,充分发挥网上教学的优势,已经引起了我国相关研究者的关注。我国在在线学习活动研究方面,在研究视野上保持与国际研究同步,相关研究已经不仅仅局限在网上教学资源和相关工具的开发,也已经出现了关注学习者模型与学习活动间的关系、虚拟社区中的学习活动设计以及学习活动的形成性评价等研究成果;然而还缺乏充分的理论基础以及深入的实践探索,研究还亟待深入。

随着我国网上教学理论研究和实践的不断深入,越来越多的研究者已经意识到在线学习活动设计是网上教学发展的重要因素。2007年教育部第一次明确提出建设网络教育精品课程,以全面带动我国高等学校的课程建设水平和教学质量[3]。示范性网络教育精品课程具有一流教师队伍、一流教学内容、一流教学方法、一流资源和教材、一流教学管理和支持服务等特点和网络教育特色,其评审指标对网络课程中的学习活动设计和评价起到了较好的导向和规范作用。表1-2归纳了2008年网络教育精品课程评审指标中有关学习活动部分的一、二级指标及主要观测点、评审标准。可见,在线学习活动设计在我国网上教学实践和研究中,正在受到越来越多的关注。

表1-2 2008年网络教育精品课程评审指标[4]

| 评审指标 | 项目 | 内容 |
| --- | --- | --- |
| 学习活动相关评审指标之一 | 一级指标 | 教学理念与课程设计(10分) |
|  | 二级指标 | 1~2 课程总体设计(5分) |
|  | 主要观测点 | 课程目标、内容与学习资源、学习活动、学习评价 |
|  | 评审标准 | 能够根据专业特点及学生层次制订课程目标;根据课程目标及应用型人才培养要求选取学习内容、开发学习资源;以学生为中心设计学习活动;合理运用多种学习评价方式 |
| 学习活动相关评审指标之二 | 一级指标 | 学习过程管理(16分) |
|  | 二级指标 | 学习活动组织(8分) |
|  | 主要观测点 | 学习目标、多种策略运用、活动指导、活动支持条件 |
|  | 评审标准 | 有明确的学习活动目标;能运用多种方式、多种手段开展学生的学习活动;有必要的指导,能为学生提供帮助;提供支持学生自主学习和协作学习的条件,并能激发学生的学习积极性和主动性,注重对学习能力的培养 |

李少华、陈庚采用指标体系评价法[5],对2007年网络教育精品课程评审中入选课程进行统计分析,发现入选的课程中大多数课程各指标项的得分都在80分以上,但远程导学、学习活动和学习支持服务方面得分较低,这两方面80分以上的课程数分别只占到了50%和

---

[1] 何伏刚,陈丽.网络课程学习活动的设计研究[J].开放教育研究,2007(2):89-94.
[2] 资料来源:PANdora Subproject-9 项目报告。
[3] 资料来源:《教育部财政部关于实施高等学校本科教学质量与教学改革工程的意见》(教高[2007]1号)。
[4] 资料来源:《关于2008年度网络教育精品课程建设与申报工作的通知》,教高司函[2008]94号。
[5] 李少华,陈庚.从网络教育精品课程评审看网络课程发展现状[J].中国科教创新导刊,2008(28):152.

64%。这表明,我国开展在线学习活动设计研究势在必行。

## (三)已有教学设计方法的不适应性

在线学习活动设计研究的实质是探索适合在线学习的教学设计方法。已有的教学设计方法侧重于对教学系统的分析和设计。对于学习活动这一基本单元,传统的教学设计方法缺乏相应的指导性。加州大学伯克利分校的 Gifford 和 Enyedy 指出,以教师为中心和以学生为中心的教学设计均忽视学习过程的设计及学习的社会属性[①],这一不适应性尤其体现在在线学习的学习活动设计研究中,由于网上教学作为远程教育的一种形式,具备教的行为与学的行为时空分离的本质,学习者面临着较传统教学过程中更多的选择和判断,这使得传统教学设计方法很难在网上教学的学习活动设计中得以充分应用。

根据 PANDora 项目(2007 年)对网络教学中主讲教师的访谈及教师问卷调查结果分析发现,教师在网络教学中主要是通过网络呈现课程资料、组织异步讨论,而普遍认为有益于加深学习者理解的小组协作学习策略没有在远程教学中进行广泛应用,原因归结于教师缺乏相应的学习活动方法指导,不懂得如何设计在线学习活动[②]。虽然 Webquest、Miniquest 等研究作为教学设计的应用实例在网络环境中具备一定价值,但由于其资源需求和环境构建等客观条件限定,难以在在线学习活动设计中普遍应用。如何设计在线学习活动已经成为教学设计研究中必须解决的问题。

# 二、已有研究

如前所述,学习活动领域的研究体现两种不同的研究取向:技术取向和教学论取向。其中基于技术视角的研究通常基于这样的假设:教师或者课程开发者期望重用或者共享所设计的活动,需要将活动进行存储,以便其能够方便地在系统间进行移动和传输,如将学习活动转移到一个不同的虚拟学习环境中。因此,基于技术视角的研究侧重于学习活动创作工具和执行环境的开发,Copper、LAMS 以及 Mot+等可以作为这一视角的典型项目成果。

本章的文献调研主要通过三种途径完成:第一,利用国内外电子文献数据库进行文献收集和整理,其中包括 Springer Link 电子期刊、ERIC、ProQuest、IEEE Xplore、CNKI 等数据库,使用"online learning activity / activities""web-based learning activity / activities""learning activity design""在线学习活动""网上学习活动""学习活动设计"等关键词进行数据检索,形成关键文献列表。第二,在已经形成关键文献列表的基础上,通过对关键文献的引文、参考文献的分析进一步整理、分析,形成在线学习活动研究领域的关键著作,再通过检索国家图书馆或咨询相关出版机构,获取相应著作。第三,在前两者基础上,形成该研究领域的研究项目列表,通过分析聚焦于和本章密切相关的典型项目上,如 LADiE、Dialog Plus 项目。通过互联网深入查找该项目的详细信息,如项目网站、组织机构网站、项目负责人个人主页等,获取项目研究报告、文献等资料。

通过上述三种途径的文献调研可发现,目前国际上对于学习活动的研究成果主要集中

---

① Gifford, B, Enyedy N. Activity centered design: towards a theoretical framework for CSCL.
② 资料来源:PANdora 项目报告(2007 年)中蒙远程教育评估(未出版)。

在学习活动分类、构成因素、设计原则以及设计模型和工具四个方面,表 1-4 综合了各个方面具备典型代表性的研究成果。

表 1-3 在线学习活动研究的已有研究成果[①]

| 在线活动研究 | 代表成果 | 主要观点 |
| --- | --- | --- |
| 活动分类 | 布卢姆分类体系 | 将认知领域的教育目标分为六个层次 |
| | SOLO 分类体系(Biggs) | 基于不同学习结果的认知复杂性分类,根据复杂程度由低到高将学习结果分为五个层次 |
| 构成因素 | Dialog Plus 项目 | 学习活动包括三方面内容:活动发生的背景、教学过程中所采用的学习和教学的方法、采取的任务 |
| | LADiE 项目 | LADiE 项目修改了 Dialog Plus 提出的学习活动分类,重点将构成学习活动的任务因素进行细致分类 |
| | IMS LD 标准 | 以荷兰开发大学的 EML 为蓝本,规范中规定了学习单元的构成因素 |
| 设计原则 | 重用原则(李青) | 一系列学习活动中相同的因素可以组合形成集合,且这些集合在一定程度上可以重复使用[②] |
| | 任务设计原则(杨开城) | 任务设计是学习活动设计中最为关键和困难的问题,可以应用知识网络图的变形操作 ADM 操作来进行任务设计[③] |
| 设计模型和工具 | LARM | LADiE 项目研究成果,同时开发有学习活动设计模板 |
| | CSALT 模型 | 是 CSALT 项目的研究成果,认为教学策略(即教学方法)和教学战术(即具体的教学活动)是包含于特定条件下的,是为实现特定目标而执行的行为规范 |
| | Dialog Plus 学习设计工具 | 是 Dialog Plus 项目开发的学习活动设计专用工具,用以指导和支持教师创造、修改、共享学习活动和资源 |
| | 学习活动设计表 | 昆士兰科技大学(QUT)开发 |
| | LAMS | 用来创建、管理与发布协作式学习活动的可视化学习活动管理系统 |

# 三、现存问题

通过对已有研究的调研分析可以发现,在线学习活动设计领域的已有研究尽管已经取得相当多的研究成果,尤其在活动设计工具方面,出现了以 LAMS 为代表的在线学习活动管理系统,但同时,已有研究也存在如下三个方面的问题:

① 基于两种研究视角的学习活动研究缺乏融合。

通过文献调研发现,目前在学习活动研究领域,最为突出的问题就是基于教学论视角的研究与基于技术视角的研究之间缺乏相互融合,这是目前技术与教育相融合过程中存在的普遍现象。基于技术视角的学习活动研究从学习活动的可重用性和共享性出发,注重学习

---

[①] 本表中列举的文献调研内容是本章的重要依据,各个方面的研究成果在后面章节中进行了详细论述。
[②] 李青. 学习活动建模[D]. 上海:华东师范大学,2005.
[③] 杨开城. 以学习活动为中心的教学设计理论[M]. 北京:电子工业出版社,2006.

活动的元素化和序列化,其学习活动分类普遍缺乏教学论依据,导致在网上教学实践中缺乏必要的学习成效保证;同时,在两者分离的影响下,教学论的研究成果没能转化为支持学习活动创作和运行环境工具设计的原则和依据,理论研究与实践开发严重脱节,不利于学习活动的深入研究。产生这一问题的宏观原因在于技术和教学两者融合过程中的不适应性,研究往往过于倾向技术而忽视了教学方面。教学层面的活动设计研究缺失使得现有学习活动管理系统所开展的学习活动设计缺乏足够的教学相关性。一方面,学习活动管理系统提供了相应的工具来帮助进行学习活动,以 LAMS 学习活动管理系统为例,其提供的活动工具有支持实时讨论的聊天工具、支持非同步讨论的论坛、笔记本、公告栏、作业提交、调查等,但是并没有提供针对性的应用策略,仅仅依靠其所提供的工具,还不能够生成支持特定学习活动结果的活动组织方式;另一方面,尽管基于教学论视角的研究提出了在线学习活动设计方法和策略,但没有能够整合于学习活动管理系统,使得这部分研究成果没有转化成支持网上教学的工具。

我国教育技术学专家何克抗教授曾对教育技术学逻辑起点做了严格的论证,指出教育技术学的逻辑起点是"借助技术的教育"[①]。基于教学论视角的在线学习活动研究将教学论中关于学习结果分类、设计方法以及相关评价量规的制订和执行,作为在线学习活动研究的基础;技术是学习活动组成、设计和评价过程中的重要因素;基于教学论的视角,并不意味着排斥,甚至否定技术在在线学习活动设计研究中的地位,而是将技术融合在特定的教学需要之中,使之成为教学整体中的一部分。

Ip、Morrison 和 Currie(2001 年)指出,目前广泛应用的术语,如学习资源、学习物件等,并不是教育领域的原有概念,教育领域并不关心再利用、颗粒尺度、技术属性甚至学习物件[②]。这作为一种相对偏激的观点,从另一个角度说明技术与教育的融合需要较长时间的实践积累和反思性研究。正因如此,在线学习活动的研究必须基于教学论视角,同时也要汲取融合基于技术视角的研究成果,从而形成两者间融会贯通,只有遵循这一思路开展在线学习活动研究,才能够形成对教学实践产生意义的指导。

② 在线学习活动研究的相关理论基础有待明确。

目前在线学习活动的研究中,活动理论给予该类研究一定的指导和支持,同时教学设计理论也为在线学习活动的研究提供了依据和原则。但是,现有研究对于在线学习活动的成效缺乏足够的关注,产生这一问题的根本原因在于:现有研究缺乏远程教育理论、网上教学理论以及成人学习理论作为基础。有必要在在线学习活动研究中借助上述领域的研究成果,这是在线学习活动设计的需要,也是网上教学整体发展的需要。目前,网上教学领域的教学论研究成果中,Salmon 提出的网上教学五阶段模型[③]和 Beetham 提出的学习活动框架理论[④]可以作为网上教学理论对于学习活动设计的理论基础之一。网上教学五阶段模型描述了帮助学习者通过一个渐进的过程参与在线学习社群的步骤:接近和激励、在线社会化、信息交流、知识建构和发展。Beetham 所提出的学习活动框架〔E 活动框架(E-Activities

---

① 何克抗. 关于教育技术学逻辑起点的论证与思考[J]. 电化教育研究,2005(11):3-19.
② Ip A,Morrison I,Currie M. What is a learning object,technically?
③ Salmon G. E-Tivities:the Key to Active Online Learning[M]. London:Routledge Falmer,2002.
④ Beetham H,Sharpe R. Rethinking pedagogy for a digital age:designing and delivering e-learning.

Framework)〕包括信息、刺激、在线活动、交互以及在线教师的总结反馈或评判。这两个理论可以帮助教学设计者计划和实施信息化教学,具有普及性和易用性。

远程教育理论、学习活动框架理论以及成人学习领域的重要研究成果将在第二章进行详细阐述。这些理论的引入为在线学习活动设计模型研究提供了必备的理论基础。

③ 缺乏具备有效指导性的在线学习活动设计模型。

为帮助教师设计有效的在线学习活动,指导教师建立在线学习活动内部多因素间以及各个活动间的协调关系,以及保证在线学习活动设计的有效性,必须进行在线学习活动设计模型研究。这一研究是建立在已有研究的基础上,基于特定的理论支持,以保证在线学习活动设计的有效性为根本目的。

在学习活动构成因素和设计模型方面,都已经出现了具备一定借鉴价值的研究成果,如前文所述的 IMS LD、LARM 参考模型等。将上述研究成果在基于教学论视角上进行综合分析,可辨别相关研究成果在在线学习活动设计领域的适应性和可操作性。在已有研究基础上,在线学习活动设计必须融合相关理论的主要研究成果,以实现构建能够有效指导远程教学实践的在线学习活动设计模型这一根本目的。

# 第二章 开放教育资源
## ——数字学习资源新发展

**本章导言**

人们对知识的渴求催生了以开放教育资源（Open Educational Resources）为开端的一系列数字学习资源项目的产生。发展至今，MOOC、知识付费等已经成为社会各界谈及成人学习时所不可回避的话题。同时，学习资源的大规模涌现更在相当程度上促成了人们学习意识的增长和持续。因此，成人学习者的学习意识和面向成人的学习资源，两者间有着紧密的互生关系：成人学习意识的兴起催生了学习资源的产生，学习资源的丰富又激发着成人的学习意识。

本章在简要介绍国内外开放教育资源起源及典型项目的基础上，基于教学视角的分析将开放教育资源的发展历程归纳为三个阶段，即内容共享阶段、教学设计共享阶段、教学/学习模式共享阶段，并对开放教育资源建设模式现状进行了分析。

## 一、开放资源运动起源简述

开放教育资源是通过信息通信技术为全社会成员提供开放的教育资源，以进行非商业用途的咨询、修改、利用和再传播。经过联合国教育、科学及文化组织（UNESCO）2005论坛的发展，认为开放教育资源包括学习资源、支持教师的资源和质量保证的资源三部分。OECD（经济合作与发展组织）会议在2007年进一步研究提出，开放教育资源是面向教师、学生和自学者的免费、开放的数字化材料，可以在教学、学习和研究中使用和重用，并指出开放教育资源包括开源软件和开发工具、开放课程以及相应的标准和认证工具。本章中遵循UNESCO 2005关于开放教育资源的定义，并参考OECD 2007的定义。

在2002年，麻省理工学院（MIT）就开展了以开放、共享为理念的OCW（开放式课件）运动，这项运动旨在逐步把MIT所开设的全部课程的教学材料和课件公布在网上，以供全世界的求知者和教育者们免费无偿地享用，这项运动极大地促进了学习资源免费共享的进程。紧接着，国外又兴起了开放教育资源（OER）运动，世界上越来越多的高校和教育机构将它们的优质资源共享在网络上。

自开放教育资源运动开展以来，以麻省理工学院开放式课件为代表的开放教育资源已经对全球高等教育产生了深远影响。开放课程是开放教育资源的重要组成部分。以开放式课件联盟（OCW Consortium）为例，世界范围内有超过250所大学和机构共享了超过6 200门课程的资源及素材类教育资源，并有400门课程被翻译为10种以上不同语言的本土化课程，课程网站平均月访问量达250万次。我国的各级精品课程建设也在飞速地发展中，积累了丰硕的成果，截至2010年我国就已经建设发布了国家级精品课程逾3 000门，省级、校级精品课程数量总计万余门,形成了具有中国特色的教育资源开放共享实践模式。目前,国内外专门从事开放课程应用的主要机构如表2-1所示。

表2-1 国内外推广开放课程应用的主要机构

| | 机 构 | 备 注 |
|---|---|---|
| 国际 | MORIL | 英文为 Multilingual Open Resources for Independent Learning,是欧盟国家11所高校之间的课程资源共建组织 |
| | 开放式课件联盟 | 已有超过250所大学和机构共享了超过6 200门课程的资源 |
| 国内 | CORE(中国开放教育资源协会) | 2003年成立的非营利机构,是以部分中国大学及全国省级广播电视大学为成员的联合体,以促进国际教育资源共享,提高教育质量为宗旨 |
| | 网络教育教学资源研发中心 | 2007年由北京交通大学、中国石油大学等八所高校和相应机构成立,致力于优质资源建设、促进各高校之间的资源共享 |

目前我国围绕开放课程所开展的一系列研究主要体现在两个层面,即开放课程的项目运行机制层面和资源开发建设层面。在项目运行机制层面,对国内外众多开放课程的项目目标、组织机构、管理模式、知识产权以及评价体系等方面进行了较充分的比较分析;在资源开发建设层面,现有国内研究从比较研究视角,分析了国内外开放课程在开发队伍、课程设计、技术应用、课程发布、共享协议等方面的差异。然而,综观我国高等院校教育的教学实践,对于以精品课程为代表的开放教育资源实际应用情况并不尽如人意,巨大的投入无法真正发挥其引领作用,产出并没有与投入规模相适应。尤其是如何将优质的开放课程融入学习者的学习过程,使其有效促进和提升学习者的学习效率,还缺乏相应的研究。

## (一) 麻省理工学院开放式课件运动

麻省理工学院是开放式课件运动的发起者与领航者。20世纪90年代末期,为迎接网络时代对高等教育的挑战,麻省理工学院开始思索"怎样利用互联网推进麻省理工学院的使命"。为此,麻省理工学院成立了教育技术委员会,并委托第三方咨询机构进行调研,该机构提出的"MIT对学习的重视超过对利益的追求"理念得到了学院管理层的肯定,时任校长查尔斯·韦斯特于是在2001年4月宣布,建设麻省理工学院开放式课件运动(MIT Open Course Ware,简称MITOCW),以供全世界的教育者和学习者免费享用。MITOCW有着明确的内涵与边界,提供的都是免费开放的高质量数字化材料,通常包括教学大纲、讲义、作业、考试,它们被组织为课程。MITOCW不会提供学位、学分、认证,其所提供的材料在公开许可的情况下可以被全世界的教育者和学习者使用和改编。

麻省理工学院开启的开放式课件对共享优质教育资源,建设学习型社会有重大的意义。故此运动启动伊始,就引起世界各地各有关组织的高度关注,开放教育资源从一种理念迅速发展成为波及全球的开放教育资源实践。美国的哈佛大学、卡内基梅隆大学,斯坦福大学等继麻省理工学院之后纷纷开展开放式课件运动;日本于2005年成立了开放资源联盟,东京理工大学、东京大学、北海道大学等24所大学推出了开放式课件;台湾地区的台湾交通大学、台湾"清华大学"、台湾"中山大学"、台湾"中央大学"等17所大学分别建立了OCW网站;土耳其的安卡拉大学和中东技术大学已建立了本校的OCW网站;加拿大、墨西哥、巴西、智利、哥伦比亚、哥斯达黎加、俄罗斯、英国、法国、荷兰等国家纷纷推出本国的 OCW 网站和开放式课件。这为在全球范围内给希望开放教育资源的高校和相关机构提供了最优秀的对接平台,并将更多的机构和个人纳入开放教育运动中来。

## (二) 慕课

2008 年,两位加拿大学者基于一项在线课程的实践,提出了 MOOC(Massive Online Open Course,慕课)的概念,这也是 MOOC 这个名词第一次被提出来,但在当时还没有引起重视。到了 2011 年,美国斯坦福大学的教授塞巴斯蒂安·史朗与彼得·诺维格合作创建的"人工智能导论"网络课程,获得了来自 195 个国家的 16 万人注册,并有 2.3 万人完成了课程学习。这种课程形式如此受欢迎,引起了众多学者、教育机构的关注,为日后 MOOC 的风靡全球埋下了伏笔。后来,在斯坦福大学的计算机科学家吴恩达、达芙妮·科勒和史朗等人的推动下,MOOC 成为真正意义上的大规模网络公开课。2012 年,史朗的 Udacity 平台、吴恩达和科勒的 Coursera 平台以及麻省理工学院和哈佛大学名下的 edX 平台在历经数年研发之后开始崭露头角,吸引了众多世界级名牌大学的参与,从而逐步成为 MOOC 的"三驾马车"。它们以免费、高质量的课程内容为着力点,对学习者提供广泛的在线支持,包括课程发布、课后任务布置、学习评估、论坛里面师生或学生之间的互动交流,它们甚至还为顺利完成课程的学生提供学习证书。这样的网络课程的人性化服务一出现便受到了学习者热烈的欢迎,人们将这一类新兴的大规模开放在线教育模式称为 MOOC,并把 2012 年称为"MOOC 元年"。

MOOC 不仅沿承了 OCW、OER 运动的开放共享知识的理念,而且作为网络课程,它还具有非常接近于传统教学的教学效果。它成功高效地实现了优质教育资源的全球共享,是学习方式和方法的突破性创新。有数据显示,仅上线一年有余,Coursera 平台就引进了 17 个国家 62 所大学的 328 门丰富多彩的课程,Coursera 平台中 290 万注册用户来自 220 多个国家,其中印度成为仅次于美国的第二大学生来源国,甚至贫穷落后的卢旺达都积极参与到了 MOOC 行动中,以此帮助更多卢旺达人实现大学梦。MOOC 已经显示出其巨大的影响力。作为一种新兴的教育形态,MOOC 的好处是显而易见的,知识翻越了学校的围墙,给更多人带来了学习的机会。

国外 MOOC 发展得如火如荼,它也慢慢延伸到了国内。目前由美国哈佛大学和麻省理工学院成立的 edX 所提供的免费开放课程已经吸引了大约 6 000 名中国国内学生。但这在 edX 使用人群数量中占的比例仍然很小,主要是因为其承载的课程是 YouTube。北京时间 2013 年 5 月 21 日晚 7 时,清华大学与美国在线教育平台 edX 同时宣布,清华大学正式加盟 edX,成为 edX 的首批亚洲高校成员之一。清华大学将配备高水平教学团队与 edX 对接,前期将选择 4 门课程上线,面向全球开放。2013 年 7 月,复旦大学、上海交通大学也分别签约 MOOC 平台 Coursera。

## (三) 我国精品资源(课程)建设

我国的数字学习资源建设以 20 世纪末启动的新世纪网络课程建设工程为开端,以精品课程共享建设、精品资源共享课等项目和工程建设为重要推动,截至 2013 年已建设发布国家级精品课程、共享课程逾 5 000 门。同时,各省、各学校根据自己的学科专业设置,在下大气力抓教学工作基础工程——课程建设的过程中,也相应地立项建设了一大批精品课程,逐步形成了具有中国特色的教育资源建设模式。

精品资源共享课建设工程是高等学校教学质量与教学改革工程的重要组成部分,是解决教育资源严重不足,促进大学生自主性学习的一条有效途径。精品资源共享课源于国家精品课程建设项目,其概念最早出现于《教育部 财政部关于"十二五"期间实施"高等学校本科教学质量与教学改革工程"的意见》(教高[2011]6号)。为保障其建设,2012年5月,教育部办公厅以教高厅〔2012〕2号印发《精品资源共享课建设工作实施办法》。该《精品资源共享课建设工作实施办法》包括精品资源共享课建设的目标与任务、精品资源共享课建设的组织与实施、国家级精品资源共享课建设要求、国家级精品资源共享课建设的保障措施4部分。我国高等教育由精英化转向大众化,有了跨越式的发展,首先面临的问题就是教师人数严重不足。据教育部有关部门的统计,全国高校师生比由1998年的11.6∶1上升到18∶1。教师是教学的主力军,承担着知识传授与教书育人的双重责任,教学资源无法满足学生学习与身心成长的需要。精品课程工程的落脚点是课程资源建成后的共享与利用,以便让更多的学生受益,享受优质教育。

## 二、开放教育资源发展阶段分析

本章建立在对大量开放教育资源项目调研的基础上,采用基于教学视角的分析,将国际开放教育资源短短十年的发展历程归纳为三个阶段,即内容共享阶段、教学设计共享阶段、"教学/学习模式共享阶段",我国所提出的精品资源共享课在建设目标上属于第三个阶段,即教学/学习模式共享阶段。这三个阶段在教学理念、课程结构、技术采纳以及评价体系等方面都体现着突出的差异,国内的开放教育资源发展情况与国际基本同步。各阶段典型项目、事件和特点如表2-2所示。

表2-2 开放教育资源发展的三个阶段

| 阶段 | 时间 | 典型项目 | 特点 |
| --- | --- | --- | --- |
| 内容共享阶段 | 2000— | 早期MITOCW、教育部新世纪网络课程 | 强调资源的数量和影响范围,资源以教师原有教学资源为主,少量资源进行设计重构;技术以静态技术为主;评价以资源数量和访问量为核心 |
| 教学设计共享阶段 | 2004— | MITOCW于2004年引入的开放学习支持系统;<br>卡耐基梅隆大学开发的适用于网上自学的名为"Open Learning Initiative"的课程资源;<br>国家精品课程建设(2003—2006) | 强调基于远程学习环境的教学设计,并对课程结构进行重构以适应远程学习、自主学习需求;学习支持技术应用于资源建设和开发;开始关注于学习者的学习质量 |
| 教学/学习模式共享阶段 | 2006— | 英国开放大学2006年启动的"开放学习"计划;<br>荷兰开放大学2006年启动的"开放教育资源"计划;<br>赖斯大学启动的"Connexions"项目;<br>国家精品课程建设 | 教学理念上开始尝试将开放教育资源应用与学历相衔接,课程结构凸现不同教学/学习模式特点;出现应用Web 2.0技术所建立的学习者协同开发课程;评价体系更趋多元化 |

## （一）内容共享阶段

第一个阶段始自21世纪初，可以称为内容共享阶段，这一阶段是开放教育资源建设和开发的起步阶段。麻省理工学院在世界高等教育领域内首次基于网络进行大规模优质资源免费开放共享的实践，其于2001年开始通过万维网大规模建设、发布和共享课程资源，随后国际众多知名大学纷纷建设开放式课件。在这一阶段的早期强调资源的数量和质量，以扩大资源覆盖范围为主要目标，"免费"和"优质"是这个时期的关键词。这一阶段后期，开始关注开放教育资源的初步设计，主要体现在采取良好的导航设计、提供课程资源包下载以及建立资源索引等。这一阶段的开放教育资源凸现网络大量信息资源的优势以及灵活访问的特性，在设计和开发过程中主要依照网站设计开发思想，注重界面、资源、链接等显性特征，对学习者应用开放教育资源进行学习的认识尚处在初期。

## （二）教学设计共享阶段

第二个阶段以2004年MITOCW引入开放学习支持系统为起点，可以称为教学设计共享阶段。这一阶段以教学设计理念和方法的引入为标志。随着国际上对开放教育资源认识的不断深入以及用户需求的日益明确，此刻对于应用开放教育资源进行学习的思考，成为开放教育资源开始关注的课题。开放教育资源的设计和开发过程中，开始注重教学设计理念的引入和应用，人们开始认识到开放教育资源是学习内容的本质特征。教学设计领域的研究成果，如教学策略设计、学习环境设计等，都对开放教育资源的设计和开发起到了重要的指导作用。以卡耐基梅隆大学所开发的"Open Learning Initiative"项目为例，其就是以开发适用于网上自学的课程资源为目标，设计了详细的教学策略和评价方法。这一阶段的影响同样体现在我国精品课程建设工作中，教学设计已经作为评价的重要指标，起到了很好的导向作用。

## （三）教学/学习模式共享阶段

第三个阶段是教学/学习模式共享阶段，这一阶段正处于发展中。该阶段以英国开放大学2006年启动的"开放学习"计划和荷兰开放大学于同年启动的"开放教育资源"计划为标志，虽然这些机构的初衷是通过实施开放教育资源计划促进自身的发展革新，但不可忽视的是这确实促成了开放教育资源运动由教学设计共享阶段向教学/学习模式共享阶段的迈进。我国的国家级精品课程建设的相关成果也属于这一阶段。

# 三、开放教育资源建设方法

## （一）开放教育资源建设流程

**1. 策划阶段**

进行详尽细致的策划工作是保证课程建设顺利实施的第一步。策划阶段是课程建设的开始，需要在确定立项课程的基础上组建课程开发小组，对拟建设的课程进行需求分析，完成课程进度的整体规划以及重要里程碑事件的规划。

课程计划确定之后,则需要教师团队、制作公司以及教学设计人员的创造性工作,如进行相应的技能培训、制订开发日程等,这里将这期间的工作概括为组建课程开发小组、分析需求和制订课程开发计划,这三者都相当重要。需要建立相应的工具性文档,可帮助课程建设参与人员更好地完成预期目标。策划阶段工作流程图如图 2-1 所示。

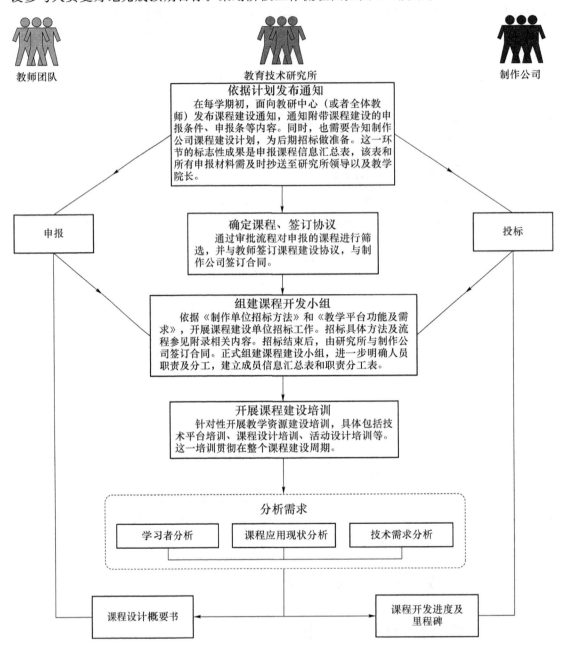

图 2-1　策划阶段工作流程图

策划环节主要包括三项工作内容,分别是确定合作单位、组建课程开发小组以及开展课程资源建设培训。正式组建课程建设小组,进一步明确人员职责及分工,建立成员信息汇总表和职责分工表。针对性开展教学课程建设培训,具体包括技术平台培训、课程设计培训、活动设计培训等,这一培训贯彻在整个课程建设周期中。策划环节中分析需求和制订课程开发计划的具体内容如下。

(1) 分析需求

① 课程应用现状分析

针对已有课程进行分析,着重于课程的难点重点。

② 学习者分析

通过开展问卷调查,分析学习者课程学习情况,同时调查学习者对于课程资源的期望。

③ 技术需求分析

针对课程建设特色和实际需求,分析建设过程中可能应用的技术。

(2) 制订课程开发计划

需要由课程建设小组共同决定课程的开发进度及里程碑事件。开发进度依据课程建设计划为依据,一般每门课程建设周期不超过六个月。重要的里程碑事件包括样章评定及修改、课程设计概要书的完成等内容。

课程设计概要是课程建设团队对于拟建设的课程初步规划,这一规划的制订以教师团队为主导,着重明确课程建设的框架、重点、难点以及课程特色等内容。这一规划将在课程开发阶段具体实现,同时可以在开发过程中进行调整。

**2. 开发阶段**

课程的开发阶段是对上一阶段成果——课程设计概要书进行具体实现的过程。开发遵循样章设计、样张评审及修订、整体开发等一系列环节。

开发阶段工作流程图如图 2-2 所示。

(1) 样章开发阶段

课程的样章开发目的在于确立课程风格、课程结构等,其中,课程风格指制作公司所完成的如课程主要人物形象图、主要实验场景图、主要设备仪器图等内容(需进一步补充);课程结构指教师团队对于课程的栏目、章节以及知识点内容的规划。课程结构的设计是对前期完成的课程设计概要书的进一步细化,设计时需着重体现课程的系统性特点和适应网络教育表现的特色内容。

① 课程风格设计

课程风格设计由制作公司负责完成,并交由课程开发小组审定。样章开发阶段可以通过选取具有代表性的课程章节以及知识点来规划课程风格。

② 课程结构设计

课程结构设计包括三个层面:首先是课程栏目设计(一级导航设计),然后是课程章节设计(课程学习内容设计),最后是知识点内容设计。

③ 样章内容设计

样章内容的选取是完成样章设计的必要环节。样章内容选取时需要注意体现课程特色。

④ 学习活动设计

每一门课程中,着重设计若干个活动(考虑到学习成本,具体活动数量可以每一章一个)。活动中需注明活动目标、步骤、所需时间、条件、工具及环境等内容,具体可以参考工具性文档——活动设计表。

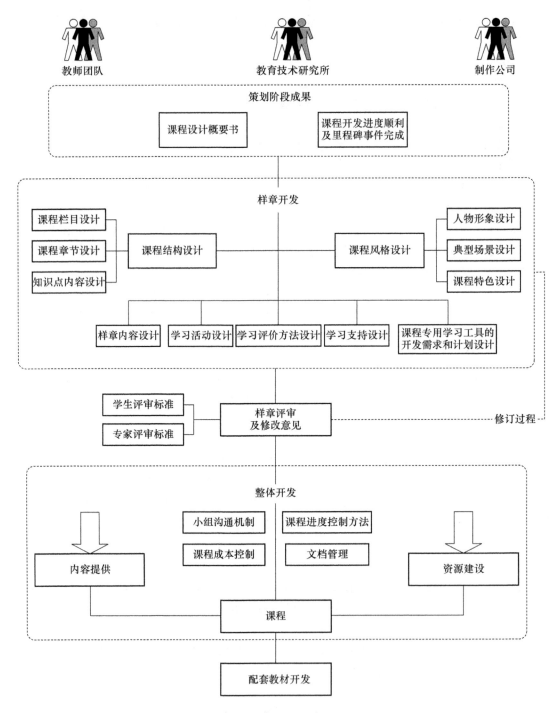

图 2-2 开发阶段工作流程图

⑤ 学习评价方法设计

建议在课程中针对章节知识点的特点,综合应用多种评价方法。

⑥ 学习支持设计

依据学院实际情况,建议在课程内容中,有计划地应用多种学习支持方法,如有指导的网上讨论、预约辅导、在线课堂以及面授指导等。

⑦ 课程专用学习工具的开发需求和计划设计

对于需要专用学习工具的课程,可以通过与教学设计师协同确定专用学习工具的研发单位。具体开发时,需要注意专用学习工具的开发成本,如时间成本、人员成本等。

(2) 样章评审及修改

样章评审需要组织相关学生及专家依据评审指标进行评审,后期需要依据评审结果对课程样章进行修改完善。

(3) 整体开发

课程的整体开发建立在已经对样章完善修订的基础上,即教师团队、研究所和制作公司对于课程风格、课程结构等内容达成一致。

在具体开发进程中,以样章为标准,以进度规划为依据,执行课程开发计划。开发中注重如下四个方面内容:

① 课程开发小组内部的沟通机制。建议建立周报制度,并完善沟通记录。

② 课程整体进度控制方法。建议采用甘特图,明确各自的任务及完成时间。

③ 课程成本控制。

④ 开发过程中的文档管理。文档包括会议记录文档、内容脚本文档、学习活动设计表、学习评价设计表、学习支持设计表等。

(4) 课程配套材料开发

课程配套材料包括指导书、习题集、光盘、实验手册、课程使用说明等。

**3. 部署阶段**

这一阶段是将开发成果转化为应用产品一系列过程的开始。开发阶段所完成的成果大多以零散、不系统的形式存在,需要通过部署工作将若干成果整合为系统的课程,这些成果包括了制作公司开发的资源、教师团队编写的学习活动等内容。更为重要的是,部署工作将围绕着指定的教学平台进行,该平台是课程日后管理、运行、维护及修订的系统环境。因此,部署阶段即需要通过教学平台进行发布课程,并且还需要整合已经完成的活动、资源和评价等多方内容。同时,为了保障课程建设后续工作的顺利进行,有必要对完成发布和整合的课程进行技术测试和技术评估,以保证能够有效支持实际教学。

(1) 导入教学平台

由制作公司负责将已经完成的课程教学资源遵循标准地进行打包,并上传至教学平台。

(2) 组织课程教学

组织课程教学是指教师根据课程的实际需要对打包完成的课程资源中的特定活动、资源以及评价等内容,进行再组织的过程。

**4. 评价阶段**

课程的评价是指通过科学的评价流程和规范对课程建设前期所有工作的总结和反思。这一过程中注重学生和专家的评审意见以及依据评审意见所制订的修订办法。这一阶段的重要内容是需要对制作公司和教师团队进行绩效评估。

(1) 课程试用

课程的试用是指由相关课程的专家以及学生依据相应的课程评价标准、课程试用方法,对课程进行试用。试用的结果将以课程试用意见反馈表的形式提交至教育技术研究所。教育技术研究所对提交的意见及建议进行分析汇总。

（2）课程评价

课程评价建立在课程试用组反馈结果的基础上，以课程评价报告为阶段性成果。报告中将对课程建设的各个方面，从教学设计到媒体实现，从页面布局到活动效果，进行分析并做出相应评价。针对课程建设中有必要修改的部分，这一评价结果将以修订意见的形式反馈给课程开发小组，以做进一步修订。课程评价的结果将与课程开发小组的绩效考核相关。

**5. 课程的维护和修订阶段**

课程建设是一个长期的过程，需要不断依据教学的实际需求和情况进行调整，并针对已经建设好的课程资源进行维护和修订。课程的维护是指如何将建设完毕并通过评价的课程，由教学资源建设机构移交给教务运行机构并由其负责课程资源日常管理的过程，这其中涉及相关业务部门的验收流程以及一系列课程建设过程文档的整理和移交，是课程资源成为产品的必要过程。课程的修订是指对于已经投入日常运行的课程，根据实际情况所进行的调整工作，这其中的具体内容包括如何评估一门课程需要修订、哪些内容需要修订、怎样进行修订，修订过程与建设过程有哪些不同等一些具体问题。

（1）修订

课程资源的修订是为了满足课程内容及形式不断发展变化的需求。

（2）维护

课程建设完毕并通过验收后，由教务管理部分负责课程的日常运行和维护管理工作。课程建设期间的相关文档也同时移交至教务管理部分备案。

## （二）开放教育资源运行模式

以 MOOC 为例来说明开放教育资源的运行模式。通过对 10 门 MOOC 的观察和分析，总结出了它的基本运行模式，见图 2-3。每门 MOOC 都有一个中心平台（一般会采用 Wiki 或 Blog 等简单易用的社会化工具），这个平台是由课程协调人管理和维护。通过该平台发布课程信息，包括课程概要、内容资源、每周话题、活动通知等，以此组织整门课程的学习活动。学习者可自由选择论坛、微博、社交网站等个性化学习工具。在 MOOC 中，教师发布话题和活动，协调学习者的讨论，推动学习进程；学习者通过各种平台和工具，浏览、讨论、完成作业，最终达到学习的目的。

在这种课程模式下，教师的地位和作用发生了很大的改变，更多的是扮演课程发起人和协调人的角色，而非课程的主导者。他们具备一定专业背景，通常是本领域内的专家或具有丰富经验的业内人士。一般来说，在课程进行的过程中，教师每周要完成的日常教学工作如下：

- 维护课程 Wiki。由课程参与者编写 Wiki，协调人负责审阅和修订。
- 编制课程的每日通讯（Daily Newsletter）模块。信息是参与者的博客、Twitter 或讨论帖的汇集和精选。
- 更新课程内容到课程站点和每日通讯模块。
- 阅读、参与并引导论坛中的讨论。
- 主持每周通过虚拟教室进行的专家讲座。
- 每周通过虚拟教室回顾本周学习情况，和学习者实时互动。

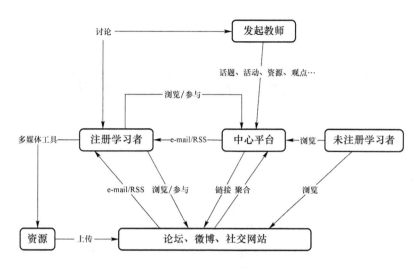

图 2-3 MOOC 的基本运行模式

所有的 MOOC 都是开放注册的,注册课程时仅需要提供电子邮件地址,而且随时可以从课程中退出。未注册课程的访客可以在中心平台上查看课程内容更新、浏览课程内容,但是无法参与讨论和协作学习活动等,也无法收到课程的通信、通知和公告。用户注册到课程中后,不仅可以浏览课程内容,还可以参与课程的活动。大部分的 MOOC 都是以周为单位安排学习和讨论的主题,学习者每周的日常学习活动包括:

- 阅读课程网站中提供的各种文本材料和视音频,浏览课程的更新和通知、课程通信等;
- 通过讨论组分享观点和意见,与其他学习者以及教师互动,产生更多的想法和知识;
- 参加在线讲座,与其他学员以及指导教师实时讨论;
- 通过微博等自己偏好的社会性媒体发布信息,和他人交流;
- 利用媒体工具制作音频、视频,并通过社交网站分享资源;
- 通过博客等平台发表自己的深度思考内容(1~2 周一次);
- 将课程中的知识和内容运用到实践中。

和大部分开放课程一样,学习者参与课程是完全自由。不同学习者在课程中的参与程度和对课程的贡献上是有显著的差异。MobiMOOC 课程的协调人将参与者按照参与程度的不同分成了三类:(1)潜在学习者。该类学习者同步地浏览课程资源、观看视频记录等,但一般作为旁观者,不参加讨论;(2)较积极的学习者。该类学习者能够选择一两个话题参与,并与其他学习者进行讨论;(3)非常积极的学习者。该类学习者能按照课程的安排进行学习,参与每一期的话题、讨论等。这三类学习者在数量上是不等的,大部分的学习者都属于潜在学习者。

MOOC 虽然是完全开放的课程,但是有些课程也提供了学分认证。如果在课程的学习过程中严格遵守相关学历授予院校的要求,是可以以该课程的学习获得学分的。例如,CCK11 课程加入了加拿大曼尼托巴大学(University of Manitoba)的课程计划,由该大学的继续教育和学习技术中心给予认证。如果需要获得该课程学分,学习者需要在学习前向该大学申请并注册。

# 第三章　在线学习活动设计相关理论

**本章导言**

明确在线学习活动设计研究的理论基础,是后续研究进行的重要依据。在线学习活动设计研究作为远程教育领域中的教学设计研究,需要在研究教学设计和远程教育领域最新研究成果及发展趋势的基础上,融合体现网上教学、成人学习等领域的研究成果。本章将活动理论、教学设计理论、远程教育理论、基于成效的教学理论以及以学习活动框架理论和网上教学五阶段模型为代表的在线学习活动设计相关理论,作为本章的理论基础,如图 3-1 所示。

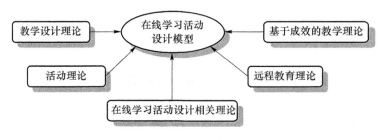

图 3-1　本章理论基础

在线学习活动设计研究的理论基础中,活动理论从宏观的系统角度为在线学习活动设计模型的研究提供指导;教学设计理论为在线学习活动设计研究提供了所需遵循的研究思路以及相适应的研究方法;远程教育理论为在线学习活动设计研究指明了研究方向,即通过有效的在线学习活动设计,促进网上教学的教的行为与学的行为的再度整合;基于成效的教学理论所揭示的构成学习活动多个因素间的协同性,是保证在线学习活动设计成效的重要理论基础;以学习活动框架理论和网上教学五阶段模型为代表的在线学习活动设计相关理论,从不同角度对在线学习活动设计模型研究提供了相应依据和支持。

## 一、活动理论

活动理论源于康德和黑格尔的古典德国哲学、马克思的辩证唯物主义和维果斯基、列昂捷夫、鲁利亚等俄国心理学家的社会文化和社会历史传统。活动理论认为,活动是人们为了达成一个特定成果的行为和操作,工具、文字或者文化符号是这些行为和操作的中介。活动理论是一个研究不同形式人类活动的哲学和跨学科的理论框架(Kuutti,1996 年),包括同时相互联系的个人层面和社会层面[①]。活动理论试图建立理解和分析人类活动的一般性框架,为分析、建模和理解个体和群体的人类活动提供一套概念工具。

活动理论认为,人类的活动系统包含着主体、工具、客体、分工、共同体和规则六个互动因素,以及由这六个因素所组成的四个子系统——生产子系统、消耗子系统、交流子系统和分配子系统,如图3-2所示。活动理论的重要贡献是提供了能根据具体环境构造的一系列基本原则,这些基本原则包括目标定向、内化和外化、工具中介、活动的层级结构和持续发展[②]。

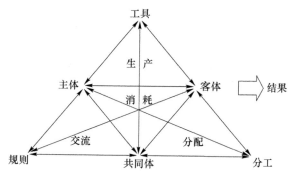

图3-2 活动理论基本框架[③]

① 目标定向。动作是目标导向的过程,它们是有意识的,因为个体在心中持有目标并且可采用不同的动作满足同一目标。

② 内化和外化。任何活动都有内外两面并且它们相互联系,彼此之间没有裂缝。内化即把外部活动转化成内部活动,提供了人类模拟与现实潜在交互的可能性,而无须完成对真实客体的实际操作;外化即把内部活动转化成外部活动。内化和外化的活动分工是真实再造的。

③ 工具中介。人类活动通过许多内部和外部的工具中介,中介通过包括工具、符号、语言、机器等制品和中介活动来完成。

④ 活动的层级结构。活动的层级结构指活动具有一定的层级性。

⑤ 持续发展。活动理论认为人类与现实的交互需要在发展情境中分析。

依据活动理论,活动具有层级结构性,即人类活动可以分成活动、行动和操作三个层级(Jonassen,2002年)。简单来说,就是活动作为有意识的过程,其包括若干个行动序列,而行动又包括若干个操作序列。这正是学习活动设计中,学习活动序列化设计的重要依据。乔纳森曾提出一个活动结构设计的框架,如表3-1所示。

---

① 李政峰.网络环境下适应性学习的活动设计研究[J].怀化学院学报,2006(8):143-145.
② 项国雄,赖晓云.活动理论及其对学习环境设计的影响[J].电化教育研究.2005(6):9-14.
③ 吕巾娇,刘美凤,史力范.活动理论的发展脉络与应用探析[J].现代教育技术.2007(1):8-14.

表 3-1　活动结构设计的框架

| | |
|---|---|
| 定义活动自身 | 怎样在实践中逐步完成工作？<br>怎样识别主体参与的活动？<br>长期以来怎样改变工作？<br>工作活动曾有哪些历史阶段？<br>发生于不同历史阶段的变革性质是什么？<br>在行动和操作中被文档化的规范、规则和程序是什么？<br>支配着工作的思想形式、理性类型或理论基础是什么？它们是怎样改变的？<br>工作者对活动设计有什么思考？<br>活动的目标与动机是什么？它们怎样关联到其他并发的目标？<br>从驱动活动的所有相关主体的立场来看，感知的矛盾是什么？ |
| 分解活动组成成分的行动和操作 | 观察、分析每个活动完成的行动和完成者，如问题解决方案、组织和管理会议、形成可操作的方案等。<br>观察、分析主体每个行动完成的操作，如记笔记、打电话、发信息等 |

这一框架对我们的借鉴意义是，在确定学习活动中的若干个行动后，对它们进行有目的、合理的组织，可以促进更有效的学习，同时，考虑"支配着活动的思想形式、理论类型或理论基础是什么"(Jonassen 和 Rohrer-Murphy，1999 年)，可使得在线学习活动设计与其内在的教学思想和学习模式形成密切的映射关系。

根据 Bodker 的观点，以计算机为基础的人造物是活动的中介，因此以信息系统为典型代表的人造物，即作为活动的一个客体，也可作为一个中介工具。自 20 个世纪 90 年代后活动理论相关研究成果逐渐得以推广，在信息技术领域有研究开始应用活动理论，如信息系统研究、人机交互研究、在线社区研究(Barab 等，2004 年)等。建立在这些研究的基础上，有研究者提出，需要更多的研究活动理论在信息技术教育相关领域中的积极影响。针对教学设计研究，有研究认为，以知识为中心的教学设计和以学生为中心的教学设计由于忽视了学习的社会文化属性以及只关注教学传递和学习环境的设计，并没有构成一个完整的教学设计理论框架"[1]，而以活动理论为基础的教学设计则能够为教学设计提供一个所需要的完整的理论框架[2]。

活动理论从宏观的系统角度为在线学习活动设计模型的研究提供指导。活动系统的六个组成因素以及与之相适应的四个子系统，在在线学习活动研究中同样存在，在某种意义上在线学习活动研究就是探究这些因素和子系统在在线学习中的具体表现；活动理论所提出的活动层次结构性也是在线学习活动设计需要关注的内容之一。

# 二、教学设计理论

教学设计理论是以学习理论、教学理论和传播理论为基础，运用系统论的观点和方法，分析教学中的问题和需求，从而找出最佳解决方案的一种理论和方法。教学设计研究是将

---

[1] 马秀芳，柯清超，曹玉.以活动为中心的专题协作学习系统设计[J].中国电化教育，2005(5)：55-56.
[2] 杨开城，李文光.教学设计理论的新框架[J].中国电化教育，2001(6)：5-8.

学和教的原理转化成教学材料和教学活动方案的系统化过程,侧重于问题求解中方案的寻找和决策的过程,建立在对学习者以及学习材料进行细致分析的基础上,选择特定的教学媒体、教学策略并开展形成性评价和总结性评价,这一过程中始终强调教学系统观以及教学设计"桥梁学科"的学科定位。典型的教学设计模型有 ADDIE 教学设计模型、狄克凯瑞教学设计模型等。我国教育技术专家何克抗教授针对传统教学设计模型对学生自主性、能动性调动不足的缺陷,提出并逐步完善了主导-主体教学设计模型[①]。

远程教育领域的教学设计研究始终是远程教育领域的研究热点。陈丽提出,由于远程教育中教与学时空分离的特点,远程教育课程的设计与开发应该针对远程教育的特殊性,重点关注如何通过高质量学习材料的设计与开发,帮助学习者有效地实现学习目标[②]。闫寒冰等通过对远程教与学特点、远程学习者学习动机特点、远程教学设计的相关理论等内容的梳理与分析,并结合当前远程教学设计实践,提出了远程教学设计原则[③],该设计原则内容如下:

① 根据终身学习型社会的要求与远程技术支持环境,确定教学目标;
② 充分发挥评价的管理与导向功能,提高学生的自觉性;
③ 精心设计课程结构,使其适合远程学生特点;
④ 设计丰富有效的学习活动,创设有质量的远程学习环境;
⑤ 细化教学材料设计粒度,尽量使教学材料具有人际交流的特征;
⑥ 关注学生个性特征,有效实施差异化教学;
⑦ 强调网络课程的形成性评价,切实提高课程质量;
⑧ 在教学实施过程中先关注再设计,促进网络课程的质量持续提高。

针对远程教育课程设计与开发,陈丽在相关研究基础上,提出了远程教育课程设计与开发流程,并规划了各个阶段的主要任务和设计方法[④]。课程设计与开发的准备阶段主要包括制订计划和确定开发小组两项工作。制订计划的过程中,需要考虑如课程的目标、所需资源以及时间等问题。开发小组有"编者-编辑""课程组"两种典型模式,两种模式都有各自的优势和局限。分析阶段主要进行学习者分析和课程资源分析。学习者分析包括学习需求分析和学习者特征分析,在远程教育中可以应用学习者档案袋的方式收集整理学习者信息,实施学习者分析;课程资源分析包括学习内容分析、学习支持分析和课程材料分析,其中对学习支持的分析结果将是设计阶段中计划学习支持的依据,这些工作将直接影响即将进行的课程材料开发。

课程的设计阶段所需完成的工作相对较多,包括制订课程计划、确定教学策略、选择教学媒体、计划学习支持四项内容。远程教育的学习环境和教学策略必须有利于学习者的独立,包括在课程计划的制订、教学媒体的选择等方面,都需要符合远程教学的特征;尤其对于学习支持的计划,需要从学术性学习支持和非学术性学习支持(管理性质的支持和情感方面的支持)两方面入手。在网络课程的开发阶段主要有三项工作:开发课程材料、设计建构交

---

① 何克抗,郑永柏.教学系统设计[M].北京:北京师范大学出版社,2006.
② 陈丽.远程教育学基础[M].北京:高等教育出版社,2004.
③ 闫寒冰,魏非.远程教学设计[M].上海:华东师范大学出版社,2008.
④ 陈丽.远程教育学基础[M].北京:高等教育出版社,2004.

互关系的学习活动以及编写学习指导书。实践证明,远程学习者参与学习活动是建立有效交互的最好途径,其中,必要的反馈是促进积极性交互的重要因素①,而学习指导书作为远程教育中特有的材料形式,对远程学习者非常重要。

在实施阶段,需要完成教师培训和课程试用两项工作,既要培训教师,使其学会使用课程中的媒体,也要使得教师适应课程的远程教学模式,并采用面对面试用和实地试用两种方法,进行课程试用和课程样本试用。在评价阶段中,网络课程的制作和开发是一个不断完善的过程,是在评价和修改连续不断地交替中进行的,因此课程的评价阶段贯穿于整个课程的制作和使用过程,通常包括评价、修改和更新几个部分。

在线学习活动设计研究作为远程教育领域中的教学设计研究,必然应用教学设计研究所取得的研究成果,以及所应用的研究方法和遵循的研究思路。在线学习活动设计研究所取得的成果丰富和完善了教学设计研究。

# 三、远程教育理论

远程教育起源于19世纪40年代,最初是作为一种独立的教育形态而出现的。随着20世纪末,以互联网、多媒体通信为代表的信息技术的广泛应用,远程教育体现出第一代函授教育和第二代多媒体的远程教育所不具备的适应性和灵活性,正在发展成为远程教育的主流模式②。更为重要的是,现代远程教育不再仅仅作为一种教育形式所存在,已经成为一种教与学的模式,逐步渗透于传统教学中,改变着传统教学的过程、方法、评价等。

关于远程教育的定义,众多学者基于对远程教育的实践和反思,都提出了相应的定义。基更通过分析和归纳多个有代表性的定义后,分别于1980年提出了定义并于1986年修订了所提出的定义。在基更(1986年)所提出的远程教育定义中,明确提出,教师和学习者在时空上的相对分离是远程教育区别于传统教育的首要属性③,这与我国学者丁兴富所提出的远程教育定义相一致,其他众多定义也都声明了这一首要属性。1986年基更对远程教育的具体定义如下:

① 教师和学习者在教与学的全过程中处于相对分离的状态(以此区别于传统面授教育);

② 教育组织通过规划和准备学习材料以及向学习者提供支持、帮助服务,对学习者的学习产生影响(以此与个别学习和自学计划相区别);

③ 应用各类技术媒体——印刷媒体、视听媒体和计算机媒体,将教师和学习者联系起来,并以此作为课程内容的载体;

④ 提供双向通信并鼓励学习者进行交流和对话,使学习者从对话中受益(以此与教育技术的其他应用相区别);

⑤ 在整个学习期间,永久性地不设学习集体,人们通常不在集体中,而是作为个人在自学。为了教学的目的或者社会性需要,有时可能召开必要的会议。

---

① 陈丽.远程教育学基础[M].北京:高等教育出版社,2004.
② 陈丽.远程教育学基础[M].北京:高等教育出版社,2004.
③ 丁兴富.远程教育学[M].北京:北京师范大学,2001.

需要注意的是,在这一定义中,第五个特征的前半部分已经不再适用于远程教育实践,现代通信技术的发展已经使得同步和异步的集体讨论成为可能。

教的行为与学的行为的时空分离是远程教育的本质,是远程教育中进行教与学再度整合的根本原因。基更在 1986 年提出,教学过程是在教师和学习者的相互作用中发生的,这在远程教育中必须人为的重新整合创造出来[①]。以媒体为中介的交互是实现远程教育中教与学再度整合的关键过程,将学习材料和学习活动有效地结合是远程教育中教与学再度整合的重点和难点。

## 四、基于成效的教学理论

基于成效的教学理论是近几年成人教学领域中有代表性、广为推崇的研究成果。其创始人 Biggs 提出,评价教学设计的重要方面就是在教学过程的各个方面不能存在矛盾。无论是所学习的课程、教学所采用的方法、选择的学习环境还是采用的评测过程,都应该实现完全的一致(Alignment)。因而,教师需要细致定义预期的学习成效(Intended Learning Outcome),选择学习活动并设计评测任务,如图 3-3 所示。Biggs 采用 "Constructive Alignment(建构性协同)" 一词表示学习过程中的一致性,他认为学习活动是学习过程的核心,其所倡导的是基于建构主义的学习理论[②]。

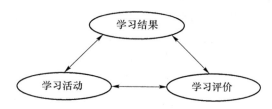

图 3-3 基于成效的教学理论

Biggs 认为,传统教学过程中,教师在计划教学过程的时候,往往是回答这样几个问题:我要教的内容是什么?我所采用的教学方法是什么?我如何评价学习者是否已经掌握了我所教的内容?在这种情况下,教学被看作是向学习者传递教学内容的过程,采用的教学方法也是倾向于解释说明式的,评价的方法更多关注于教学信息被接受的程度,因此经常采用讲授和示范的形式。不同于此,基于成效的教学所面临的问题是:教师期望学习者在教学后能够做哪些他们之前不能完成的任务?学生的学习效果达到怎样的程度?教师如何提供学习活动来帮助学习者达到预期的成效?教师如何评价学习者达到成效的程度?在基于成效的教学理论看来,教学包括以下四个步骤:

① 应用适当的学习动词描述学习者应该达到的标准,以描述预期的学习成效;
② 创造易于达到预期学习成效的学习环境;
③ 应用评价任务,帮助教师判断学习者绩效是否达到了标准以及符合标准的程度;
④ 将这些判断转换为标准的等级评价。

---

① 丁兴富. 远程教育学[M]. 北京:北京师范大学出版社,2001.
② Biggs J. Teaching for Quality Learning at University[M]. 2nd ed. Buckingham: The Society for Research into Higher Education and Open University Press,2003.

基于成效的教学开始于明确的成效陈述，并不是所要教学的内容，教学的成效更应该是以陈述的形式表示学习者能够完成的内容以及达到的标准，也就是预期的学习成效。当学习者听教师讲授时，他们的主要活动是接受而不是行动，因此，教师有必要设计教和学的活动，要求学习者完成、创造、产生新的想法，进行判断和解决问题。与此相似，有必要设计评价任务，而不应该关注于学习者接受所学知识的程度，要使得学习者在学术和专业领域中应用所学知识，解决问题，设计实验。这类成效往往很难在常规考试环境中进行评价。

为此，Biggs认为，预期学习成效中的动词可以有效帮助学习者通过学习活动达到预期的成效[1]。同时，评价任务同样包括这些动词，以便评价学习者反思或者应用理论的程度。基于此，"建构性协同"就产生了，建构意味着学习者通过相应的学习活动进行意义建构，协同则指学习活动、评价任务和预期的学习成效之间所形成相一致的情境。这样保证了预期学习成效的实现。需要注意的是，基于成效的学习自身并不阐述如何实现预期学习成效、教学学习活动和评价任务之间的一致，仅是声明这些因素必须要一致。建构性协同提供了陈述学习活动和评价任务的方法。

基于成效的教学关注的重心是大学教学体系的变革，强调课程和项目所涉及的各个元素间的协同性。尽管如此，基于成效的教学所提倡的两个主要观点能够作为在线学习活动研究的重要借鉴。一个观点是预期学习成效这一概念，预期的学习成效明确告诉学习者，不仅仅关注学习的内容，也包括了如何以及怎样达到学习目标，可见明确的学习成效目标是保证学习活动顺利进行的必要因素；因此有必要在在线学习活动设计研究中，明确预期学习成效。另一个重要的观点是建构性协同。基于成效的教学反复强调，减少学习活动中的威胁就是建立并持续保持学习过程中各个因素的协同性，特别是学习活动、评价任务以及学习成效三者间的协同性。在线学习活动设计研究同样需要研究各个因素间的协同性；同时，由于在线学习活动是由多个因素构成的，因素间的协同性也是保证学习活动、评价任务以及学习成效三者协同性的必要途径。因此，在线学习活动的协同性就体现在两个方面：一是学习活动、评价任务、学习成效间的协同性；二是构成活动诸多因素间的协同性，如技术与角色、资源与交互间的协同性。

# 五、在线学习活动相关理论

## （一）学习活动框架理论

学习活动框架（Learning Activity Frame）理论是由Beetham等在总结学习活动领域众多研究的基础上提出的学习活动理论。Beetham等认为[2]，在正式的学习环境中，任务作为课程要求，是需要学习者去完成的，具有被动性；活动作为对于任务的响应，是学习者主动参与完成的，是主动的。无论教师和设计人员怎样给予学习者指导与支持，学习者在学习过程中，一定会体现出相当的自主性；因此，学习者需要适当的机会形成属于自己的概念或者技

---

[1] Biggs J. Teaching for Quality Learning at University[M]. 2nd ed. Buckingham: The Society for Research into Higher Education and Open University Press, 2003.

[2] Beetham H, Sharpe R. Rethinking Pedagogy for a Digital Age: Designing and Delivering E-learning[M]. 2007.

能。同时,Beetham 等强调,建立联结主义、建构主义以及情境主义间的融合,是设计学习活动的需要。这是因为学习活动不是一个预设好的实体(Entity),而是会依据学习者的能力而变化的,是一个对于学习者有意义的实体。正因为学习活动的可能属性(Contingent Nature),学习活动才成为学习设计领域中最具备教学论意义的焦点(Pedagogically Meaningful Focus)。Beetham 等针对学习活动研究,提出了如图 3-4 所示的框架。

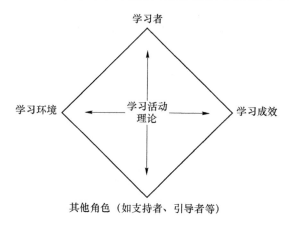

图 3-4　学习活动研究框架

需要注意的是,Beetham 等最初提出这一框架时,仅包括了学习者、学习环境和学习成效三个部分,并没有"其他角色"这一内容,这是在对这一框架修订时进行添加的,其主要是描述学习活动中的多重角色因素。

Beetham 等认为学习活动设计的首要原则是所有的学习包括某种形式的活动,学习活动可以定义为"教学者与其他人间的特殊的交互,应用特定的工具和资源,以特定的成效为目标"。他们认为,活动没必要一定由教师设计。在学习的初期,学习者需要详细的任务和步骤。随着学习进程的发展,学习者需要为自己的学习活动负更多的责任,正如阅读和写作或者开车,一旦学习发生,就成为其一种固有特征。

同时,Beetham 等认为,由于不同的学习者可能在处理相同任务时表现出很大差异,因此学习不能预先进行完整的设计。一个好的设计任务能够允许学习者通过不同的方法达到目的,而产生相同的成效。在真实世界的活动中,以下四个因素是相互内在联系并独立存在的:给予的任务、参与者的角色、应用工具和资源的途径以及所产生的成效。然而,当计划或者评价学习活动时,独立地考虑这些元素能够有所帮助,并需要经常考虑学习者的需求和学习的成效。

## (二) 网上教学五阶段模型

英国开放大学的 Salmon 提出的网上教学五阶段模型是指导网上教学活动设计最常应用的模型之一,如图 3-5 所示[1]。Salmon 认为"人们对在线教学与学习的感觉"比"技术"更重要[2]。从学习者的角度来看,在学习的第一阶段,学习者首先要会使用课程学习的软件,

---

[1]　汪琼.网上教学成功四因素[M].北京:北京大学出版社,2007.
[2]　资料来源:邹景平《被忽视的在线带领技能》。

访问课程网站,在学习的第二阶段,学习者通过登录网站并在网站上发言,可以找到他人进行交互,寻找到进行交流的同伴;在第三阶段,学习者通过和他人交流和课程相关的信息,可以产生以支持个人目标为目的的协作,同时学习者也可以为课程中的其他学习者提供资料;在第四阶段,学习者会出现与课程内容相关的小组讨论,产生更多合作性质的交流,而通过课程小组进行讨论,可以使得交互变得更具备协作性,这一交流取决于相同的理解基础;在第五阶段,学习者开始反思网上学习过程,从系统中寻找能帮助他们达成个人学习目标的内容,并考虑着将网上教学与其他学习形式结合,更好地完成个人目标。

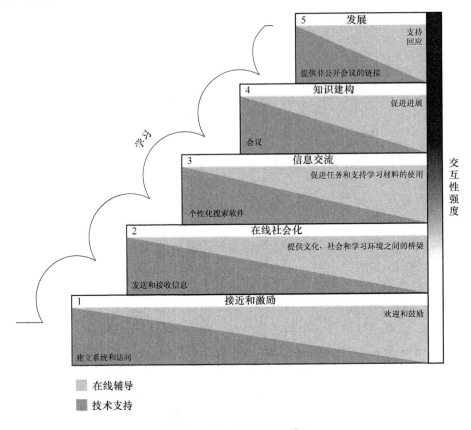

图 3-5 网上教学五阶段模型

网上教学五阶段模型中每个阶段都要求学习者具有一定的技术能力,即图 6 每个阶段左下角文字所示,每个阶段要求教师提供不同的教学支持,即图上每个阶段右上角文字所示。每个阶段的交互频率是不同的,在第一个阶段,学习者只会和 1~2 人交流,从第二阶段开始,交流的人数和频度会慢慢增加,但是在第五阶段又会回到个体交流阶段。在适当的技术支持下,配合有效的助学辅导,几乎所有的学习者都可以完成这五个阶段的发展。

# 第四章　在线学习活动界定及本质属性

**本章导言**

在线学习活动是学习者以及与之相关的学习群体(包括学习伙伴和教师等),为了完成特定的学习任务和达到确定的学习目标,利用网络学习环境与学习内容进行交互的总和。教学交互是在线学习活动的本质属性。无论是个体的在线学习活动,还是群体协作的在线学习活动,都是通过教学交互来实现特定学习结果的方法。为了实现这一目标,在线学习活动必须由相应的特定因素构成,而针对不同学习结果,这些因素又被赋予不同的内容,也正是这种面向学习结果的差异性实现了丰富多样的在线学习活动。因此,在明确在线学习活动界定及其本质属性的基础上,进行在线学习活动构成因素的研究,是形成能够有效指导远程教学实践的在线学习活动设计模型的必要基础。无论是基于行为主义、认知主义还是建构主义的活动设计,都需要通过设计活动中所包括的诸多因素来实现其设计思想。完备地挖掘在线学习活动的诸多概念,并通过归纳形成构成因素,是模型有效性的重要保证。具体来讲,开展在线学习活动构成因素研究,主要解决如下两方面的问题:

第一个问题是哪些因素构成了在线学习活动,这里不仅仅需要通过科学的研究方法归纳出在线学习活动构成因素,同时还需要明确这些构成因素在具体活动中表现为怎样的内容;

第二个问题是建立在已经明确构成因素的基础上,需要探究各个因素之间的关系,尤其是哪类因素是在线学习活动设计的关键因素,以及这类关键因素又如何直接影响和制约着其他因素的设计。

本章研究旨在探讨如上两方面问题。

## 一、在线学习活动界定

### (一) 在线学习活动概述

#### 1. 在线学习

在线学习是在网络环境下的学习,这个网络可以是因特网,也可以是局域网[①]。术语"在线"源自电信行业,是相对于"离线"而产生的概念[②]。随着网络技术的日益完善、个人计算机的逐渐普及以及相关机构的参与,尤其是全球个人学习时代的到来,促使在线学习在规

---

[①] 汪琼.网上教学成功四因素[M].北京:北京大学出版社,2007.
[②] Salmon G. E-moderating：the Key to Teaching and Learning Online[M]. London：RoutledgeFalmer.

模、技术、方法等各方面不断发展,该领域研究也逐步深入。

最早的在线学习可以追溯到20世纪60年代初,美国教育部和国家科学基金会投资数亿美元在美国建立了500多个以计算机为基础的教育(Computer Based Education,CBE)工程,其中一项就是伊利诺斯大学的计算机辅助教育开发计划[①]。经过不断努力、实验和应用,伊利诺斯大学研制成功了PLATO系统(Programmed Logic for Automatic Teaching Operations),逐步实现了利用计算机网络将教育信息的远距离传送和计算机辅助教育相结合的最初构想。最初的PLATO系统(也称为柏拉图系统)仅供一名学习者使用,发展到1972年,该系统就已经实现了同时支持1 000多名学习者在线使用。至20世纪80年代,PLATO系统储存有150余门课程的6 000余套教学程序,范围涉及数学、天文、物理等学科,并且教学管理均由计算机进行,一年可提供的教学能力相当于一所拥有24 000名学生的全日制大学[②]。随着PLATO系统的日渐成熟,开始有研究者将人工智能技术应用到教学系统之中,希望能够将人类的思考模式和知识输入计算机系统中,让计算机也能像人类教师一样,提供学习者学习上的辅助,这一研究涉及计算机科学、教育理论、认知心理学等相关学科。表4-1描述了柏拉图系统的各阶段特征。截至20世纪80年代,开发人员先后为柏拉图系统设计了100门学科、15 000个小时的课程单元。

表4-1 PLATO系统各阶段特征

| 型号 | 时间 | 特点 | 终端数量 |
| --- | --- | --- | --- |
| PLATO Ⅰ | 1960 | 第一个专门的计算机辅助教学系统 | 仅供1名学习者使用 |
| PLATO Ⅱ | 1961 | 第一个分时教育系统 | 可同时供两个学习者使用 |
| PLATO Ⅲ | 1966 | 第一个在线教育社群 | 可同时处理20个计算机终端 |
| PLATO Ⅳ | 1975 | 使用高分辨率等离子显示屏和触摸屏 | 同时在线人数已达1 000多名 |

随着在线学习的普及应用,在线学习对高等教育产生了重要的影响,研究者对于在线学习的理解也在不断深入。Anderson和Kanuka提出,在线学习是通过因特网获取学习资料,学习者与学习内容、教师、其他学习者互动,在学习过程中获得支持,以此获得知识,建构个人意义,并伴随着学习过程一起成长[③]。Dabbagh等认为,在线学习是借助因特网和网络技术,应用教学工具的开放、分布的学习环境,通过有意义的行为和交互来促进学习和知识构建[④]。这两种观点都充分体现了建构主义学习理念对在线学习的诠释。日益丰富的实践为在线学习的研究提出了迫切需求。对于在线学习这样一个新的研究领域,还有很多亟待明确的观点和定义以及需要挖掘的适合于在线学习的潜在理论。

需要说明的是,在线学习和e-learning两者存在着细微的区别。简单地讲,e-learning

---

① Pagliaro L A. The history and development of CAI:1926-1981, an overview[J]. The Alberta Journal of Educational Research,1983,29(1):75-84.

② Woolley D R. PLATO: the emergence of on-line community[J]. Computer-Mediated Communication Magazine, 1994,1(3):5.

③ Anderson T,Kanuka H. 网络调研:方法、策略与问题[M]. 北京:中国劳动社会保障出版社,2007.

④ Dabbagh N, Bannan-Ritland B. Online Learning: Concepts, Strategies and Application[M]. 2005.

是借助数字媒体的学习,但不一定得上网①,这也是两者之间最为根本的区别。可以说,在线学习是 e-learning 的一种具体形式,在线学习所强调的是利用网络进行学习,而 e-learning 则可以是利用单机开展的学习。当然,随着网络在人们日常生活中越来越普及、越来越不可脱离,e-learning 这一概念也正在着重强调网络的作用。何克抗教授根据美国教育部 2000 年《教育技术白皮书》的权威论述并对之加以修订,提出了 e-learning 的定义:e-learning 是指通过因特网或其他数字化内容进行学习与教学的活动,它充分利用现代信息技术所提供的、具有全新沟通机制与丰富资源的学习环境,实现一种全新的学习方式;这种学习方式将改变传统教学中教师的作用和师生之间的关系,从而根本改变教学结构和教育本质②。可见,在线学习的相关研究在 e-learning 研究领域的重要地位。同时,从两者的诞生时间上来看,e-learning 要比在线学习大约早十年。在第一台电子计算机"ENIAC"诞生的第五年时,1950 年美国麻省理工学院就开始利用计算机驱动飞行模拟器来训练飞行员,这也是计算机在教育领域的最早应用。

在线学习和 e-learning 间存在着本质的必然联系。依据教学中实施 e-learning 的目的不同,e-learning 的应用存在两种形式,即作为独立教学形态的 e-learning 和作为教学/学习模式的 e-learning③。作为独立形态的 e-learning,其目的在于扩大教学规模,推进终身教育,是采用 e-learning 的方式所进行的远程教育。这一形式实质上是远程教育的最新发展,国际上普遍认为远程教育从最初的利用邮寄教材的方式,到利用电视广播传递教育信息的方式,再到采用 e-learning 的方式,如开设网络课程、进行网上教学,已经形成了比较成熟的教学形态。作为教学/学习模式的 e-learning 的目的在于提高教育教学质量,着眼于 e-learning 如何变革传统的大学校内教学,这涉及大学教与学的各个方面。无论 e-learning 的哪一种形式,在线学习都能够使其实现预期目标。目前,在线学习正在逐步成为成人学习领域的首选。本章中讨论的在线学习,并非仅仅是作为远程教育的一种具体形式,即独立形态的在线学习,也涉及作为教学/学习模式的在线学习。

**2. 在线学习活动**

学习活动有着广义和狭义的区分。广义的学习活动视其同人类的物质生产活动一样,都属于人类最基本的社会实践活动④。广义界定对于学习活动设计缺乏指导性意义,因此,需要明确学习活动的狭义界定。归纳目前学习活动领域的主要研究成果,主要从两个方面构建狭义学习活动的概念界定,即学习活动的环境和学习活动的目标。以下选取了典型的狭义学习活动界定表述。

界定一:学习活动是指学习者以及与之相关的学习群体(包括学习伙伴和教师等)为了完成特定的学习目标而进行的操作总和⑤。

界定二:学习活动是为了完成预定的学习结果,学习者和学习环境间所进行的交互,其

---

① 汪琼.网上教学成功四因素[M].北京:北京大学出版社,2007.
② 何克抗.E-learning 与高校教学的深化改革(下)[J].中国电化教育,2002(3):11-14.
③ 陈丽.数字化校园与 e-learning[M].北京:北京师范大学出版社,2007.
④ 桑新民.学习科学与技术[M].北京:高等教育出版社,2006.
⑤ Beetham H,Sharpe R. Rethinking Pedagogy for a Digital Age:Designing and Delivering E-learning[M].2007.

学习环境可以包括内容资源、工具以及手段,计算机系统和服务,真实世界的事件和对象[①]。

界定三:学习活动是学习者与外部环境相互作用的结果[②]。

界定四:学习活动是指学习者主体完成任务必须要经过的基本环节[③]。

如上对于学习活动的界定,着重从学习活动的环境和学习活动的目标两个方面对学习活动进行限定。Beetham 等的界定强调了学习活动的目标指向,同时强调这一指向的完成不仅仅依赖于学习者,更与学习者相关的学习群体有着密切联系;Mayes 等的界定表明了交互是为了完成预定学习目标的必要条件,更对学习环境进行了细致的诠释;杨开城和孔维宏的界定分别强调了学习活动的目标和实现目标的任务。在线学习活动设计研究需要结合两种狭义学习活动观点的研究,既需要强调学习活动的环境——在线学习环境,也需要将学习活动所指向的目标以及实现目标的任务作为概念界定的重要部分。这一普遍共识体现在多个在线学习活动设计研究中。

以 IMS 所制订的学习设计规范(IMS Learning Design,IMS LD)为例,活动是学习设计中的一个重要元素,实现了连接角色和环境中的学习对象的作用并提供了相应的教学服务。学习设计规范中的活动区分为学习活动和支持活动两种[④]。学习活动是最小的完整单元,可帮助学习者达到预定的学习目标;支持活动规定了支持教学的角色所进行的活动,以保证学习活动的顺利进行。在 ASK-LDT 项目的研究中[⑤],学习活动的定义包含三方面内容:(1)经由一个教学系统传递的内容;(2)学习者或者一组学习者、辅导教师作为角色参与学习活动;(3)上述角色间的相互交互。这些交互包括三种类型,也就是与学习内容的交互,与教学环境的交互以及与参与角色间的交互。这里的教学系统也就是学习所进行的环境,而所传递的内容则为满足特定教学目标的实现需求。同样,在 Dialog Plus 项目研究中[⑥],作为核心概念的学习活动定义包括三个因素:第一,与活动有关的背景环境。它包括了学科、难易程度、预期的学习结果和学习活动发生的环境。第二,学习和教学采用的方法。它包括理论和模型。第三,担任的任务。其具体包括指定的任务类型、应用技术、相关工具以及资源,交互和所包括角色以及与学习活动相关联的评价。LADiE 项目[⑦]则采用了 Dialog Plus 关于学习活动的概念和相关研究成果,并进行了更为深入的研究。

建立在这一系列研究的基础上,本章认为,在线学习活动是基于网络所开展的教学活动的必要组成,是学习者以及与之相关的学习群体(包括学习伙伴和教师等)为了完成特定的学习任务和达到确定的学习目标,利用网络学习环境与学习内容进行的交互总和。需要注

---

① Mayes T, Freitas S D. Review of e-learning theories, frameworks and models: JISC e-learning models desk study, JISC.

② 杨开城.以学习活动为中心的教学设计理论[M].北京:电子工业出版社,2006.

③ 孔维宏,高瑞利.基于 Moodel 的混合式学习设计与实践研究[J].中国电化教育,2008(2):80-83.

④ IMS Global Learning Consortium. IMS Learning Design Best Practice and Implementation Guide.

⑤ ASK-LDT 工具是 iClass project 项目的研究成果之一,能够支持 IMSLD 的 A、B 层面。

⑥ Dialog Plus 项目由美国国家科学基金(NSF)和英国联合信息系统委员会(JISC)共同资助。

⑦ LADiE(Learning Activities Design in Education)是由 JISC 资助开展的一个旨在开发一个学习活动参考模型的项目。LADiE 认为学习活动是一个或者多个学习者与环境(包括内容资源、工具以及设备、计算机和服务,"真实世界"的事件和对象等),为特定的预期学习成效而执行的交互。LADiE 项目注重在学习活动设计过程中,发挥教师的灵活性和创造性的教学和学习经验,不仅仅局限定位于可用的技术。因此,LADiE 项目是一个基于教育学视角的学习活动研究项目。

意的是,本章中的在线学习活动即可以是个体完成的,也可以是群体协作的。

## (二) 相关概念辨析

### 1. 在线学习活动与学习对象

早期关于网上教学的研究侧重于关注学习资源的开发,一个重要的研究成果就是"学习对象(Learning Object)"概念的产生。学习对象在 1994 年由 Hodgins 提出[①],源于对象导向程序设计的观念。2000 年 IEEE 学习对象元数据工作小组正式采用"Learning Object"一词来描述可重用的学习资源组件。在网络教学中采用学习对象可以促进学习内容的共享和重用,易于更新、搜索以及管理学习内容,以及实现学习内容的个性化定制。IEEE 对学习对象的定义如下:"学习对象是指任意的实体,可以是数字化的,也可以是非数字化的,可以在技术支持的学习期间使用、重用或引用。技术支持的学习例子包括基于计算机的培训系统、交互式学习环境、计算机辅助的智能教育系统、远程学习系统、协同学习环境等。学习对象的例子包括多媒体内容、教育性内容、学习目标、教育型软件和软件工具,以及在技术支持的学习期间所涉及的人、组织和事件等。"

学习对象的思想和计算机科学领域中对象的思想有很多的相似之处,主要体现在高度聚合和低耦合的特性上,其优点是具有较强的可重用性。学习对象技术通过遵循一定的聚合规范先对学习内容进行封装、聚合,使其成为完整的、独立的可共享内容对象,然后依据一定的内容包装规范对学习对象进行打包,从而使资源可以在不同的学习管理系统间共享传输[②]。针对学习对象的研究成果,Cisco 提出可重用的学习对象(Reusable Learning Object,RLO),可重用的学习对象由内容、练习、评量三部分再加上教学目标及诠释数据组成[③],其中内容是由可重用的信息对象(Reusable Information Object,RIO)构成,是单一主题(Topic)的教学单元。台湾相关研究机构则把学习对象分成大学习对象、中学习对象及小学习对象,其中,中学习对象是由小学习对象或素材组成,而大学习对象则是由中学习对象或小学习对象或素材组成。内容至少需要有声音及影像的讲课部分,另外内容可以再包含教材(投影片、文字文件及所使用到的免费软件等)、教学活动(引导教学的小游戏、小实验等)及练习(如习题)等,而"评量"则是用来检验学习者学习结果,须包含题目、答案及解题技巧。

现阶段研究普遍认为,学习对象技术并不能真正促进有效学习的发生,技术要促进学习者有意义学习的发生,需要提供从活动的层面的支持[④]。于是,研究者越来越重视的不仅仅是学习对象的可重用性及通用性,还开始关注与网上学习的成效和在线学习活动设计。有研究通过定义不同级别的资源粒度(Granularity),以达到区分两者的目的:Littlejohn 等人依据资源复杂性的不断增强,定义了如表 4-2 所示的四个级别[⑤],在其定义中学习对象能涵

---

[①] Hodgins 于 1994 年在 CedMA working group 发表了题为"Learning Architectures,APIs and Learning Objects"的文章,第一次提出学习对象的概念。

[②] 余胜泉,杨现民.辨析"积件""学习对象"与"学习活动"[J].中国电化教育,2007(12):60-65.

[③] Cisco Systems, Inc. April 22, 2000: Reusable learning object strategy: definition, creation process, and guidelines for building.

[④] 余胜泉,杨现民.辨析"积件""学习对象"与"学习活动"[J].中国电化教育,2007(12):60-65.

[⑤] Littlejohn A., Falconer I, Mcgill L. Characterising effective eLearning resources[J]. Computers & Education, 2006, 50(3):757-771.

盖两个内容——数字资源和信息对象,而学习活动和学习设计则应作为学习设计领域的研究内容。因此,可以认为,学习对象作为资源或者工具,是学习活动的一部分。这种观点可以看作是学习对象相对于学习活动的下位观。

表 4-2 学习活动与学习对象比较

| 级别 | | 描述 |
| --- | --- | --- |
| 学习对象 | 数字资源 | 通常是一个单独的文件,如图片、视频或者声音 |
| | 信息对象 | 是结构化的数字资源集合体,其设计仅是为了呈现信息 |
| 学习活动 | | 包含与信息交互的一系列任务,其目的是为了达到特定的学习成效 |
| 学习设计 | | 为了促进学习的结构化信息和活动序列 |

与学习对象的下位观不同,Horton 认为学习对象处于学习活动的上位,即学习对象的上位观。他提出,在线学习设计必须应用于学习的各个层次,从课程整体一直到独立的媒体因素。必须明确各层次的关系与相互作用,因为这影响着课程设计者所使用的设计技术[①]。

课程体系(Curriculum)。塔的顶端是课程体系,如学科计划所包括的相关课程,其构建目的是为获取学位或者某一学科领域的认证。一个课程体系也可以指向一个关于特定学科的课程库。

课程(Course)。课程体系由课程构成,每一门课程关注一个学科中重要且特定的领域。通常称课程这一单位为书,或者产品。

课(Lesson)。课是由称为一节课的小的单元构成。每一节课都围绕着众多重要课程目标中的一个或者相互关联的几个进行组织实施。

主题(Topic)。再低层次的单元则是独立的主题,每一个主题都是为了完成独立的低层次的学习目标。

活动(Activity)。最底端的单元是学习活动,每一个活动的设计都是为了获得特定的学习经验,每一个活动可以回答一个特定的问题,但是单一活动本身很少能够支持一个学习目标的实现。应用于测量学习的活动被称为测试。

这一层次中的三个单元(课程、课、主题)可以被设计为独立的学习对象。

无论研究者认同学习对象与学习活动所呈现的哪一种类属关系,学习活动都被认为是指向特定学习结果(问题)的一系列交互。本章中采用前一个观点,即将学习对象视为学习活动的下位观,认为学习对象作为学习的"载体"和"原料",无论在教学设计阶段,还是教学实施阶段,以学习内容组织、编辑、管理为主的学习对象,都不能完整支持教学过程中所需要的教学策略、教学方法等,学习对象只能实现资源或内容等低层面的重用与共享,而对教学策略、教学方法、教学过程等则无法仅仅通过利用学习对象来实现。

---

① Horton W. E-Learning by Design[M]. 2006.

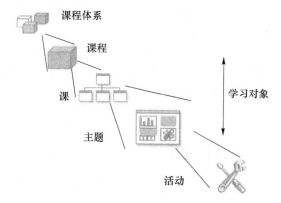

图 4-1 在线学习设计的五个层次[①]

**2. 在线学习活动与任务**

在线学习活动和任务两者有着本质区别。在进行在线学习活动时,对于这两者间关系的理解和把握显得尤为重要。有研究提出(Dabbagh 等在 2005 年提出的),学习活动的 10 个特征,这些特征如下[②]:

(1)学习活动与真实世界有着相关性;
(2)学习活动是非良构的,需要学习者去定义、发现所需完成活动的任务和子任务;
(3)学习活动包含有多个复杂任务,以便让学习者在一个相对持续的时间阶段中进行研究;
(4)学习活动提供学习者应用多样资源,从不同观点检查任务的机会;
(5)学习活动提供给学习者之间进行协作的机会;
(6)学习活动提供学习者进行反思和加入自身原有的想法和价值的机会;
(7)学习活动能够整合并应用于不同学科领域;
(8)学习活动与评价无缝接合在一起;
(9)学习活动创造有价值的成果;
(10)学习活动允许通过竞争的方法解决问题,并获取多样性的成果。

可见,任务是构成学习活动的诸多因素中的一个,是为了帮助学习活动能够实现特定目标而设定的"靶子";活动不仅仅包括任务,还包括了支持实现这一任务的一系列因素以及各个因素间的相互关系、实施步骤等内容,如学习者可以使用的资源、工具、技术,活动中的不同角色分工等。也正是因为这么多因素的交织,才保证了学习者能够积极、更为主动地参与到活动中。试想,如果一个活动只包括任务,而缺乏支持这一任务实现的其他因素,那学习者也就只能够被动地完成这一任务。当然,针对不同复杂程度的活动,构成活动因素的规模会有所不同,当需要多个任务来实现一个特定的学习目标时,活动则更为复杂。

理解任务和活动的区别和联系,是进行在线学习活动设计必要的前提。所有的活动必定指向特定的学习目标,任务这时就成为实现这一目标的衡量尺度,即以完成任务作为达到学习目标的判断。针对在线学习活动,任务的设计不同于传统教学中的任务设计,有着其特

---

① Horton W. E-Learning by Design[M]. 2006.
② Dabbagh N, Bannan-Ritland B. Online Learning: Concepts, Strategies and Application[M]. 2005.

殊性,这一特殊性表现在两方面:一方面,在线学习活动中的任务可以支持传统教学中某些不易实现或者不可能实现的任务,例如,有研究利用在线活动所设计的关于小学生"迷思概念"的任务,让不同地域的学习者通过校际协作学习,切身体会温度和热度两个"迷思概念"的区别[1],类似这样的活动在传统教学中很难实施;另一方面,由于在线学习活动的特性所限,不可能直接照搬传统教学中的所有任务,需要对任务进行完善才能适应在线学习活动的实际需求。

## 二、在线学习活动本质属性

本质属性指反映事物本质特征、直接决定事物的存在及其发展的特性。如前所述,在线学习活动是学习者以及与之相关的学习群体(包括学习伙伴和教师等)为了完成特定的学习任务和达到确定的学习目标,利用网络学习环境与学习内容进行的交互总和,在此基础上,本章认为教学交互是在线学习活动的本质属性。

### (一) 学习活动是教学交互的现实存在

学习活动是教学交互的现实存在。无论教学性交互活动还是社会性交互活动,无论以单一因素建构层次为结果的活动还是以复杂抽象建构层次为结果的活动,无论认知类活动还是情感类活动,都需要通过教学交互实现。陈丽在其研究中根据交互术语在远程教育教与学中的实际意义,定义了教学交互的内涵[2]。

交互这一概念最初是建立在通信理论基础之上的,从香农的单向线性通信模式等早期数学模型发展而来[3]。随着在线学习在教学中的日益普及,研究者逐渐认识到交互已经成为影响网络教学质量因素当中的重点[4]。美国学者 Damarin 对交互提出了较为明确的定义,所谓交互作用是指学习者在网络学习中所进行的一系列特定活动,包括阅读、思考、回答、寻找、操作、使用、构建和创造等[5]。美国学者 Jonassen 从交互的活动性角度做出了阐述,交互指学习者与学习环境之间的连接活动,或称为相互作用,使学习者能够进入真正的对话、分析和回应过程之中,其过程越成功,交互的质量就越高[6]。教学实践表明,交互往往直接决定整个教学的过程及其结果,对于学习者的知识获得、技能培养、兴趣激发以及正确学习动机与态度的形成都起着至关重要的作用[7][8]。

没有能够脱离特定活动的教学交互,而在线学习活动的本质都在于其所形成的各种类型的交互。准确理解和把握在线学习活动的前提在于明晰在线学习环境中的教学交互。

---

[1] 徐晓东. 基于网络的校际协作学习研究[J]. 中国电化教育,2005(1):34-39.
[2] 陈丽. "教学交互"的本质及其相关概念的辨析[J]. 中国远程教育,2004(3):12-16.
[3] Belanger F, Jordan D H. 远程学习的评估与实施[M]. 丁兴富,译. 北京:中国轻工业出版社,2003.
[4] 蔡敏. 网络教学的交互性及其评价指标研究[J]. 电化教育研究,2007(11):40-44.
[5] Damarin S. Fitting the tool with the task: a problem with instructional use of computers[R]. New York: Paper Presented at the Annual Meeting of the American Educational Research Association, 1982.
[6] Jonassen D. Instructional Designs for Microcomputer Courseware[M]. Hillsdale, NJ: Lawrence Erlbaum. 1988.
[7] Sun J-N, Hsu Y-C. The effect of interactivity on web-based instruction learners' attitude, satisfaction, and performances[C]. Fifth IEEE International Conference on Advanced Learning Technologies. 2005.
[8] Sims R. Interactivity: a forgotten art?

## （二）交互研究成果

有代表性的交互研究成果包括迈克尔·穆尔（Michael G. Moore）[①]提出的交互分类理论、特里·安德森（Terry Anderson）提出 6 种教学交互理论[②]、Hirumi 提出的在线学习交互模型[③]以及陈丽提出的教学交互层次塔模型[④]。

**1. 交互分类理论**

穆尔的交互分类理论认为，远程教育中的交互可以区分为学习者与内容的交互、学习者与教师的交互以及学习者之间的交互三种类型。第一种交互类型是学习者与内容的交互，学习者与学习内容的交互的结果将改变学习者对事物的理解，即观念的改变或者学习者心理认知结构的改变，因此学习者与学习内容的交互是教育的一个定义性特征[⑤]。第二种交互类型是学习者与教师之间的交互，是指学习者与准备课程材料的专家进行的交互或者与其他担任教学工作的专家之间的交互。第三种交互类型是学习者与学习者之间的交互，也是远程教育研究和实践具有挑战性的一个新维度。这种学习者之间的交互就是一个学习者与其他学习者进行的一对一或以小组形式教学的，教师在场或不在场，有教师指导或没有教师指导的交互。穆尔的交互分类理论研究为远程教育领域交互研究奠定了良好基础。

**2. 6 种教学交互理论**

安德森提出的 6 种教学交互理论是建立在穆尔的三种基本教学交互理论基础之上而发展起来的。安德森认为教学交互除了学生与学生、学生与教师以及学生与学习内容三种类型之外，还存在另外三种交互形式——教师与教师、教师与学习内容以及学习内容间的交互，并据此建立了 6 种教学交互模型。教师与教师的交互是指在远程教育中课程教学通常由一个团队而不是一位教师完成，因此课程教学需要教学设计、技术开发、美术设计、教学辅导等专业人员的密切合作，基于此远程教育对教师与教师之间的交互有着更高要求；教师与学习内容的交互是由于在线学习环境中的知识的学习超出了教材的限制，因此教师需要更新知识以满足学生需求，具体体现在更新学习内容和设计教学活动中；学习内容间的交互是建立在智能代理技术之上所形成的学习内容上，表现为不断更新自己内容，以增加更多有效信息，这一交互是安德森所认为的一种新型的教学交互形式[⑥]。

安德森在其后续对探究社区理论多年的研究和应用基础上，提出并论证了等效交互原理，其主要内容如下：

① 远程学习中的各种教学交互形式是可以相互转换和替代的，学习者与教师的交互可以通过教师组织学生讨论转换成学习者之间的交互，学生习者之间的交互也可以通过多种形式转换成学生与学习内容的交互。

---

① 迈克尔·穆尔（Michael G. Moore）是美国宾留夕法尼亚州立大学教育学教授，是美国远程教育研究中心创始人，他是第一个在理论上把远程教育中的交互划分为学习者与学习内容的交互、学习者与教师的交互和学习者与学习者之间的交互三种类型的人。
② 安德森，董秀华. 再论混合权利：一种最新的有关交互的理论定理[J]. 开放教育研究，2004(4):19-26.
③ Hirumi A. A framework for analyzing, designing, and sequencing planned elearned interactions. The Quarterly Review of Distance Education，2002,3(2):141-160.
④ 陈丽. 远程学习的教学交互模型和教学交互层次塔[J]. 中国远程教育，2004(5):24-28.
⑤ 资料来源：《迈克尔·穆尔研究》。
⑥ 郑炎顺，丁新. 特里·安德森远程教育理论与实践研究[J]. 中国电化教育，2005(4):42-46.

② 只要三种基本教学交互形式(学习者与教师的交互、学习者之间的交互、学习者与学习内容交互)的任一种处于较高水平,那么深入、有意义的正规学习就会得到支持。另外两种交互可以以较低水平提供,甚至没有,但这却都不会降低教育水平。如果三种交互模式的任意两个或者三个交互一起都能达到较高的水平,那么将可能提供更加满意的教学质量,但这种教学质量的实现将花费更多的成本。

③ 教学设计教师可以依据成本、学习内容、学习对象、方便程度、技术的复杂程度和时间的限制等因素,用一种类型的交互来替代处于同一水平的另外一种或者两种形式的交互,这不会对教育的有效性造成明显的损失。

**3. Hirumi[①]的在线学习交互模型**

Hirumi 在其研究中提出了由三个层次构成的在线学习交互模型,用来解释交互如何与学习者发生联系,如图 4-2 所示。Hirumi 认为,第一个层次是学习者自我的交互(Learner-Self Interactions),这是在线环境中成功学习所必需的自我调节和认知操作。第二个层次是由学习者的人际交互和非人际交互构成,是教学设计中所需要进行的规划,这一层次的交互具体包括了学习者和内容、学习者之间、学习者和教师以及学习者和界面的交互,依据于 Willis 和 Hillman[②] 等人所定义的交互;同时,Hirumi 还将学习者与其他的交互和学习者与环境的交互归入这一层次中。Hirumi 提出的在线学习交互模型中,第三个层次是学习者和指导的交互(Learner-Instruction Interaction),如精心安排的事件。

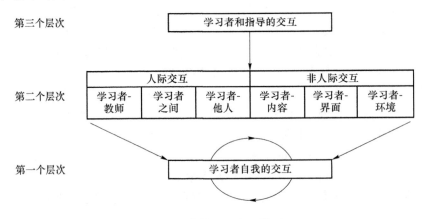

图 4-2　在线学习交互模型

**4. 教学交互层次塔模型**

教学交互是陈丽教授为了描述远程教育中具有教育意义的交互现象所提出的。陈丽认为,术语交互被用于描述各种相互作用的事件,不只是远程教育中的相互作用现象[③],而教学交互的内涵是一种发生在学习者和学习环境之间的事件,它包括学习者和教师以及学习者和学习者之间的交流,也包括学习者和各种物化的资源之间的相互交流和相互作用。陈

---

① Hirumish 毕业于佛罗里达州立大学,获教学系统方向博士学位。
② Hillman D C A, Willis D J, Gunawardena C N. Learner-interface interaction in distance education: an extension of contemporary models and strategies for practitioners[J]. American Journal of Distance Education, 1994,8(2):30-42.
③ 陈丽."教学交互"的本质及其相关概念的辨析[J]. 中国远程教育,2004(3):12-16.

丽认为,远程学习是由以下三个不同层面的教学交互共同作用完成的①,即操作交互、信息交互以及概念交互,如图4-3所示。

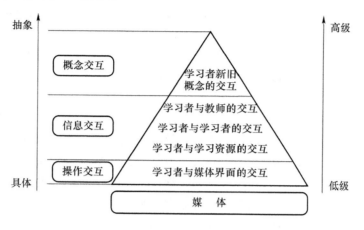

图 4-3　教学交互层次塔

三个层面的教学交互之间密切相关,并相互作用。信息交互必须通过操作交互才能实现,操作交互中的动作是由信息交互的需要和媒体界面的特征来决定的。学习者在信息交互的过程中,不断依据自己的经验,对照信息交互中的反馈信息,根据概念交互的结果,调节自己的反应。信息交互的结果将决定交互对象向学习者呈现新概念的形式和内容。

# 三、在线学习活动类型

在明晰在线学习活动的概念之后,首要研究的内容就是在线学习活动的分类。分类研究的核心在于辨析分类内涵。目前关于在线学习活动的分类研究已经有了一定的研究成果,这些研究成果是教学论视角中学习活动领域研究取得的主要成果之一。在线学习活动的分类主要可以划分为两种分类角度:一种是按照学习活动所发生的过程特征对在线学习活动进行分类;另一种则是按照学习活动所指向的学习结果(或者教学目标)对在线学习活动进行分类。

## (一) 基于过程特征的分类

对于基于过程特征的分类依据,国内外研究人员从不同实践活动提出相应分类体系。例如,台湾研究人员根据学习阶层(Learning Hierarchy)以及学习活动外显行为的复杂程度,将学习活动分为三个层次:

① 浏览的学习活动。此学习活动是指学习者运用浏览器,根据学习需求,主动在网络上阅读各种学习资源,即学习者运用感官看或者听来获得知识。因此,浏览的学习活动是一种具体的感知学习活动。

② 学习检视的学习活动。就学习阶层理论而言,学习检视是一种比浏览更为高级的学习活动。学习检视的学习活动是指学习者在学习历程中,充分运用在线测验、搜索或者呈现

---

① 陈丽. 远程教育学基础[M]. 北京:高等教育出版社,2004.

作品的方式,来评估或检视自己的现阶段学习成效,以获得程序性知识与策略性知识。因此,学习检视的学习活动是一种融合了知识统合与归纳的"展示所学"(Presentation、Evaluation and Reflection)的学习活动,主要功能是让学习者能暂停浏览的学习活动,而反思自己刚刚浏览的信息,并规划未来的学习方向与重点。

③ 人际交互的学习活动。人机交互的学习活动是指人与人之间的讨论、观摩以及合作学习等活动。在学习理论中,人机交互的学习活动是属于最高层的认知性活动,学习者可以借助人际交互来建构所谓的建构性知识。

李青在其研究中,根据学习活动设计模式的构成因素,按照模式用户的问题域特征进行分类,形成结构-编列、活动-行为、技术-工具以及原则-方案等四种分类体系,并进一步提出,因为观察问题的视角不同或者内容的多样性,有些模式可能属于多个不同的分类方法。柯清超在其研究中,从分布式学习系统常见的教学模式出发,对分布式学习系统普遍支持的学习活动从六个方面进行归纳,形成学习活动分类体系。基于经验性总结的基础,柯清超在后续研究中针对每一种学习活动类型,建立了助学活动、资源、工具与学习活动间的联系。此种分类体系充分考虑了在线学习环境中的特征及因素,具有一定研究价值。

## (二) 基于学习结果的分类

按照学习活动所指向的学习结果的分类方法主要有布卢姆的分类体系和比格斯的SOLO分类体系。布卢姆的分类体系起初是用于教学评价的工具,根据评价问题的复杂性进行分类,同时这一分类体系也可以作为对教学结果的分类标准,可以使用布卢姆分类的词汇定义课程或者教学任务的预期成果。在布卢姆分类中,将基本认知能力分为知道、理解、应用、分析、综合和评价六类。比格斯的 SOLO 分类体系是基于不同学习结果的认知复杂性进行分类的,根据复杂程度由低到高将学习结果分为无建构层次、单一因素建构层次、多因素建构层次、关系建构层次和抽象建构层次五个层次(Biggs,1982 年)。

美国教学设计专家 Merrill 在提出的第二代教学设计理论中,把学习者与信息化教学系统的学习交互活动称为事务(Transaction),学习交互活动分类如表 4-3 所示。

表 4-3 学习交互活动分类

| 序号 | 学习交互活动的名称 | 序号 | 学习交互活动的名称 |
| --- | --- | --- | --- |
| 1 | 识别(Identify) | 8 | 迁移(Transfer) |
| 2 | 执行(Execute) | 9 | 遗传(Propagate) |
| 3 | 理解(Interpret) | 10 | 类推(Analogize) |
| 4 | 判断(Judge) | 11 | 替代(Substitute) |
| 5 | 分类(Classify) | 12 | 设计(Design) |
| 6 | 归纳(Generalize) | 13 | 发现(Discover) |
| 7 | 选择(Decide) | | |

基于学习结果的分类方法与布卢姆的认知领域教学目标分类有着一定的相似之处,比较适合于在网上教学的学习活动设计中应用。采用基于学习结果的活动分类方式,易于发现符合特定学习活动目标的针对性评价方法,因此可以有效地保证在线学习活动设计的成

效。谢幼如和尹睿采用质的研究方法以小学四年级教师和学习者为研究对象，归纳出五种基于网络的协作学习活动的基本形式：问题讨论、作品设计、资源搜集、作品研究、角色扮演。这些研究都为在线学习活动设计提供了依据。

类似的学习活动类型研究还有很多，例如，印度甘地国立开放大学的 Mishra 和 Gaba 提出了一种相对复杂的类型分类方法，将在线学习活动分为问答性活动和反思行动型活动，在每一分类下再进行细致分类；Kember 和 Murphy 曾提出远程学习材料中的 34 种活动类型，以及超过 19 种的小组活动类型。武法提把网络学习环境下的学习活动分为三类——知识学习、问题解决和策略学习，并提出知识学习是良构领域的学习，问题解决和策略学习是非良构领域的学习①。我国教育技术学者祝智庭依据学习活动的三个维度实现了学习活动的三维分类②，这对于在线学习活动类型的研究有着很好的启迪作用。在祝智庭的研究中，依据学习的个别化和社会性纬度、反思性和非反思性纬度、体验型和知识型纬度，将学习活动置于由上述三个纬度构成的坐标中，依据学习者学习活动对各个纬度的取向不同，能够形成特定的三角形结构。在其研究中，祝智庭教授还对典型的学习活动，如信息搜索活动，进行了纬度划分。

总体来看，在在线学习活动分类研究中，还没有出现被远程教育领域所普遍接受和广泛应用的研究成果。

# 本篇参考文献

［1］ Anderson T，Kanuka H. 网络调研：方法、策略与问题［M］. 北京：中国劳动社会保障出版社，2007.

［2］ Lee S. Rethinking pedagogy for a digital age：designing for twenty-first century learning［J］. Journal of Applied Statistics，2007，29(2)：174-176.

［3］ Belanger F，Jordan D H. 远程学习的评估与实施［M］. 丁兴富，译. 北京：中国轻工业出版社，2003.

［4］ Hardy M W. Online learning：concepts，strategies，and implications［J］. Internet and Higher Education，2005，8(2)：179-182.

［5］ Damarin，S. Fitting the tool with the task：a problem with instructional use of computers［R］. New York：Paper Presented at the Annual Meeting of the American Educational Research Association，1982.

［6］ George S. Call for papers：multimedia big data analytics in technology enhanced learning［J］. IEEE MultiMedia，2016，23(4)：c3-c3.

［7］ Gifford B R，Enyedy N D. Activity centered design：towards a theoretical framework for CSCL［C］// Conference on Computer Support for Collaborative Learning. ［S. l. ］：ACM，1999.

［8］ Hillman D C A，Willis D J，Gunawardena C N. Learner - interface interaction in distance education：an extension of contemporary models and strategies for

---

① 武法提. 网络教育应用［M］. 北京：高等教育出版社，2006.
② 资料来源：祝智庭《教育信息化环境建设的开放思维》演示文档。

practitioners[J]. American Journal of Distance Education,1994,8(2):30-42.

[9] Hirumi A . A framework for analyzing, designing, and sequencing planned elearning interactions[J]. Quarterly Review of Distance Education,2002,3(2):141.

[10] Horton, W. E-Learning by Design[M]. New Jersey :John Wiley and Sons Inc,2006.

[11] Jeroen J G, Merriënboer V, Kester L. 四成分教学设计模型——面向复杂学习环境的多媒体原理[J]. 盛群力,徐瑞,译. 远程教育研究,2008(2):24-32.

[12] Jonassen D. Instructional designs for microcomputer courseware[M]. Hillsdale: L. Erlbaum Associates Inc. ,1988.

[13] Littlejohn A, Falconer I, Mcgill L. Characterising effective eLearning resources [J]. Computers and Education,2008,50(3):757-771.

[14] Mayes T, de Freitas S. Review of e-learning frameworks, models and theories: JISC e-learning models desk study[R]. [S. l.]: The Joint Information Systems Committee.

[15] Pagliaro L A. The history and development of CAI:1926-1981, an overview[J]. The Alberta Journal of Educational Research,1983,29(1):75-84.

[16] Salmon G. E-moderating : the key to teaching and learning online[M]. London: Routledge,2012.

[17] Salmon G. E-moderating: the key to active online learning[M]. [S. l.:s. n.],2002.

[18] Sun J N, Hsu Y C. The effect of interactivity on web- based instruction learners' attitude, satisfaction, and performances[C]//Fifth IEEE International Conference on Advanced Learning Technologies. Kaohsiung:IEEE,2005.

[19] Woolley D R. PLATO:the emergence of on-line community[J]. Computer-Mediated Communication Magazine,1994,1(3):5.

[20] 白晓晶. 远程学习材料中的活动设计[J]. 开放教育研究,2006(4):88-91.

[21] 蔡敏. 网络教学的交互性及其评价指标研究[J]. 电化教育研究,2007(11):40-44.

[22] 曾海军,曾德考,范新民. 基于精品课程评审指标探讨网络教育资源的建设与共享[J]. 中国远程教育,2007(10):47-52.

[23] 陈丽. "教学交互"的本质及其相关概念的辨析[J]. 中国远程教育,2004(3):12-16.

[24] 陈丽. 数字化校园与e-learning[M]. 北京:北京师范大学出版社,2007.

[25] 陈丽. 远程教育学基础[M]. 北京:高等教育出版社,2004.

[26] 陈丽. 远程学习的教学交互模型和教学交互层次塔[J]. 中国远程教育,2004(5):24-28.

[27] 邓毅群,肖鸣旦. 小学英语教学中任务型语言教学的探讨[J]. 江西教育科研,2006(4):75-77.

[28] 丁兴富. 远程教育学[M]. 北京:北京师范大学,2001.

[29] 顾小清,张进良,蔡慧英. 学习分析:正在浮现中的数据技术[J]. 远程教育杂志,2012,30(1):20-27.

[30] 何伏刚,陈丽. 网络课程学习活动的设计研究[J]. 开放教育研究,2007(2):89-94.

[31] 何克抗,郑永柏. 教学系统设计[M]. 北京:北京师范大学出版社,2006.

[32] 何克抗. E-learning与高校教学的深化改革（下）[J]. 中国电化教育, 2002(3): 11-14.

[33] 何克抗. 关于教育技术学逻辑起点的论证与思考[J]. 电化教育研究, 2005(11): 3-19.

[34] 贾礼远. LAMS:学习活动管理系统的设计与应用[D]. 曲阜:曲阜师范大学, 2008.

[35] 卡恩. 电子学习的设计与评价[M]. 北京:北京师范大学出版社, 2005.

[36] 孔维宏, 高瑞利. 基于Moodel的混合式学习设计与实践研究[J]. 中国电化教育, 2008(2): 80-83.

[37] 李青. 学习活动建模[D]. 上海:华东师范大学, 2005.

[38] 李少华, 陈庚. 从网络教育精品课程评审看网络课程发展现状[J]. 中国科教创新导刊, 2008(28): 152.

[39] 李新. 基于网络的学习活动设计及其案例研究[D]. 上海:华东师范大学, 2005.

[40] 李艳燕, 马韶茜, 黄荣怀. 学习分析技术:服务学习过程设计和优化[J]. 开放教育研究, 2012, 18(5): 20-26.

[41] 李政峰. 网络环境下适应性学习的活动设计研究[J]. 怀化学院学报, 2006(8): 143-145.

[42] 吕巾娇, 刘美凤, 史力范. 活动理论的发展脉络与应用探析[J]. 现代教育技术. 2007(1): 8-14.

[43] 马秀芳, 柯清超, 曹玉. 以活动为中心的专题协作学习系统设计[J]. 中国电化教育, 2005(5): 55-56.

[44] 乔爱玲, 王楠. 网络环境中的学习活动设计模型及相关研究[J]. 电化教育研究, 2009(5): 41-47.

[45] 乔爱玲. 基于成效教学理论的教师在线学习活动探究[J]. 中国远程教育, 2009(9): 60-63.

[46] 任剑锋. 分步讨论型远程CSCL交互活动的组织策略及相应系统的研究[J]. 中国电化教育, 2007(8): 44-48.

[47] 桑新民. 学习科学与技术[M]. 北京:高等教育出版社, 2006.

[48] 安德森, 董秀华. 再论混合权利:一种最新的有关交互的理论定理[J]. 开放教育研究, 2004(4): 19-26.

[49] 汪琼. 网上教学成功四因素[M]. 北京:北京大学出版社, 2007.

[50] 王陆, 马如霞. 意见领袖在虚拟学习社区社会网络中的作用[J]. 电化教育研究, 2009(1): 54-58.

[51] 王楠, 乔爱玲. 在线学习活动本质及理论基础探究[J]. 中国远程教育, 2009(1): 36-40.

[52] 魏晓燕, 罗晋华. 学习设计理念及其应用[J]. 教育技术导刊, 2007(9): 21-23.

[53] 武法提. 网络教育应用[M]. 北京:高等教育出版社, 2006.

[54] 项国雄, 赖晓云. 活动理论及其对学习环境设计的影响[J]. 电化教育研究, 2005(6): 9-14.

[55] 徐晓东. 基于网络的校际协作学习研究[J]. 中国电化教育, 2005(1): 34-39.

[56] 闫寒冰,魏非.远程教学设计[M].上海:华东师范大学出版社,2008.
[57] 杨开城,李文光.教学设计理论的新框架[J].中国电化教育,2001(6):5-8.
[58] 杨开城.以学习活动为中心的教学设计理论[M].北京:电子工业出版社,2006.
[59] 余胜泉,杨现民.辨析"积件""学习对象"与"学习活动"[J].中国电化教育,2007(12):60-65.
[60] 张伟远.国外高校网上学习成功和失败的原陈剖析[J].中国远程教育,2005(11):32-35.
[61] 赵剑.基于网络的"控制-自组织学习模式"研究[J].中国远程教育,2006(1):31-34.
[62] 郑炎顺,丁新.特里·安德森远程教育理论与实践研究[J].中国电化教育,2005(4):42-46.
[63] 朱珂,刘清堂.基于"学习分析"技术的学习平台开发与应用研究[J].中国电化教育,2013(9):141-146.

# 第二篇 策略实践篇

# 第五章 在线学习活动构成因素

**本章导言**

上一章已经论述，在线学习活动是学习者以及与之相关的学习群体（包括学习伙伴和教师等）为了完成特定的学习任务和达到确定的学习目标，利用网络学习环境与学习内容进行的交互总和；教学交互是在线学习活动的本质属性。无论是个体完成的在线学习活动，还是群体协作的在线学习活动，都是通过教学交互来实现特定学习结果的方法。为了实现这一目标，在线学习活动必须由相应的特定因素构成，而针对不同学习结果，这些因素又被赋予不同的内容，也正是这种面向学习结果的差异性实现了丰富多样的在线学习活动。因此，在明确在线学习活动界定及本质属性的基础上，进行在线学习活动构成因素的研究，是形成能够有效指导远程教学实践的在线学习活动设计模型的必要基础。无论是基于行为主义、认知主义还是建构主义的活动设计，都需要通过设计活动中所包括的诸多因素来实现其设计思想。完备地挖掘在线学习活动的诸多概念，并通过归纳形成构成因素是模型有效性的重要保证。具体来讲，开展在线学习活动构成因素研究主要解决如下两方面的问题：

第一个问题是哪些因素构成在线学习活动。这里不仅仅需要通过科学的研究方法归纳出在线学习活动构成因素，同时还需要明确这些构成因素在具体活动中表现为怎样的内容。

第二个问题是建立在已经明确构成因素基础之上，需要探究各个因素之间的关系，尤其是哪类因素是在线学习活动设计的关键因素，以及这类关键因素又如何直接影响和制约着其他因素的设计。

本章研究旨在探讨如上两方面问题。

## 一、已有的两类研究

在线学习活动的构成因素研究就是对在线学习活动所包括的因素进行定义、分类，这一分类必须全面考虑在线学习活动设计过程中所包括的所有因素和内容。传统教学设计中的因素通常包括学习者分析、学习目标分析、教学媒体分析等多种因素。以迪克凯瑞教学设计模型为例[①]，其包括了学习需要分析、教学内容分析、教学对象分析、学习目标编写、教学策略设计等阶段因素。这些因素的研究已经取得了一定成果，并且针对各个因素已经具备了相应的设计策略，如学习目标编写方法、教学媒体选择策略等。但是由于在线学习活动设计的特殊性，这些因素和方法并不完全适应于在线学习活动设计，必须针对性地进行在线学习活动构成因素研究。在线学习活动设计的特殊性主要体现在三个方面，即微观性、灵活性和

---

① Dick W,等. 教学系统化设计[M]. 汪琼,译. 北京:高等教育出版社,2003.

普遍性。

首先是在线学习活动设计的微观性，这一微观性是相对于传统活动设计而言的，已有的教学设计模式更多面向课程、章节或者一堂课的教学，没有关注于相对微观的活动设计，因此模式中的因素也大多表现出面向课程层面的系统性。相关研究中提出，依据教学设计这一概念所涉及的范围可将其具体区分为宏观、中观、微观三个层面的教学设计[1]。宏观设计是针对某一学科课程或整本书进行的教学设计；中观设计是指介于课程与课时之间所展开的教学设计，通常是针对课程单元或模块的设计；微观设计是指针对某节课所进行的教学设计。闫寒冰针对远程教学中的实际情况，在其研究中明确指出，远程教学中的课时与面授教学中的课时概念有所不同，通常远程教学中的课时是指学习者学完某部分内容要花费的实际学习时间[2]。

正因如此，在线学习活动设计需要通过关注微观层面的活动，体现出与之相适应的微观性特征。而传统教学设计中的诸多因素会由于其尺度较大而不适宜应用。因此，在线学习活动设计的微观性使得研究者必须发掘在线学习活动的构成因素，不能简单照搬传统设计中的因素。

其次是在线学习活动设计的灵活性。已有的在线学习活动实践表明，针对不同复杂程度的学习结果，需要设计与之复杂程度相适应的在线学习活动，而在线学习活动设计的复杂程度直接的表现为构成要素及其内容的复杂程度。复杂的活动设计可能会持续几个星期，如借助 LAMS 设计实施的在线学习活动，这期间需要学习者在学习过程中通过协作来完成，活动设计涉及资源、工具、流程、规则、角色等多个内容；简单的活动设计可能仅需要几分钟就可以完成，所设计的构成因素也相对简单，如学习者的阅读活动，其很少涉及工具、角色等内容的设计。

能否设计具备一定灵活性的在线学习活动，直接关系到学习活动设计能否有效率。只有在明确构成因素及其内容的基础上，才能够针对不同的学习结果，有选择地进行在线学习活动设计，从而提高在线学习活动设计的效率。因此，在线学习活动的设计研究必须体现出一定的灵活性，而这一灵活性的实现，基于明晰在线学习活动中的诸多因素、各因素间的关系以及各因素所包括的内容。

最后是在线学习活动设计的普遍性。作为研究的成果，在线学习活动设计方法必须是可推广的，具备普遍意义的。这要求在线学习活动设计研究把握其关键因素。如前所述，关键因素影响和制约着其他因素，只有建立在对于关键因素的内容归纳的基础上，才能够建立起具备普遍性的在线学习活动设计方法以及模型。必须发现在线学习活动设计的关键因素，这是在线学习活动构成因素研究中的重点之一。

## （一）自上而下的构成因素研究

目前在线学习活动构成因素的研究主要建立在两种研究的研究成果之上，即基于经典理论的构成因素研究和基于经验总结的构成因素研究。前者基于经典的活动理论，通过将活动理论中的诸多要素具体化于在线学习活动的研究中，可以看作是自上而下的研究；后者

---

[1] 胡小勇.问题化教学设计[M].北京：教育科学出版社，2006.
[2] 闫寒冰,魏非.远程教学设计[M].上海：华东师范大学出版社，2008.

建立在研究者已有的经验总结基础之上,通过对技术经验的总结归纳而提出在线学习活动的构成因素,可以看作是自下而上的研究。

基于经典理论的构成因素分析研究以乔纳森的研究为代表。乔纳森在《重温活动理论:作为设计以学生为中心的学习环境的框架》一文中,把活动理论用作一个框架来描述建构主义学习环境中的各因素及其相互关系[①]。基于活动理论的建构主义学习环境设计方法就建立在对活动理论所包括的各个因素的分析基础之上。

① 活动目标。为了满足某种学习动机,学习者会采用一系列具有明确目标的学习活动。因此,分析学习者的学习动机和每个学习活动的活动目标是理解学习者学习行为的前提。

② 活动主体——学习者。学习者是活动的主体,因此要理解和设计学习者的学习活动,就必须了解一些有关活动主体的特征,包括当前学习的起点、学习风格和人际交往特征等。

③ 学习团体及其构成规则、劳动分工。确定学习者学习时的人际环境。教学设计者要通过观察或者问卷的方式确定学习者间的交往规则,并在此基础上明确活动团体的行为规范,即行为准则以及违反行为准则的后果或制裁方法。如果学习行为需要明确的分工,那么还要帮助学习小组公平地确定劳动分工,包括个人的权责和义务、任务的划分,完成任务的评价标准等。

④ 学习活动的构成(活动、操作及条件)。学习者的活动可以分解为行为,行为可以分解为操作。每个行为都有各自的目标,而每个操作都有各自的约束条件。教学设计者必须了解预期的活动是由哪些行为构成的,学习活动的目标是什么,这些行为是由哪些操作构成,学习活动的约束条件是什么。

⑤ 学习工具。学习者的学习行为需要借助工具来完成。设计者要明确学习者在完成学习目标过程中可以利用的工具,以及每种工具的主要性能和特征,如支持哪种活动和操作。

杨开城的研究同样采用了自上而下的研究途径[②],他认为一个完整意义上的学习活动由学习目标、活动任务、学习的方式方法及操作步骤、组织形式、交互方式、学习结果形式、活动监管规则、角色和职责规划、学习评价规则和评价标准等因素构成,并对各个因素进行了界定,例如,学习结果形式是指在学习活动过程中和结束后所产生的某种成果实体及形式,如论文、报告、表格、实物模型、程序等。

## (二) 自下而上的构成因素研究

不同于基于经典理论的构成因素研究,基于经验总结的构成因素研究从在线学习活动的已有实践出发,应用自下而上的方法不断提炼在线学习活动的构成因素。这类研究的典型代表以 Dialog Plus 研究项目和 IMS 学习设计规范研究为代表。以 Dialog Plus 研究项目为例,其认为学习活动包括如下三方面内容(Conole 和 Fill,2005 年),如图 5-1 所示。

① 活动发生的背景。它包括活动针对的学科、活动的、预期的学习成效和活动所发生

---

① 乔纳森主编,郑太年等译的《学习环境的理论基础》,华东师范大学出版社 2002 年出版.
② 杨开城.论教学设计理论研究的一种范式和两种取向[J].中国电化教育,2004(3):15-18.

的环境等。学习结果依据布卢姆的分类区分为认知领域、情感领域和动作技能领域。

② 教学过程中所采用的学习和教学的方法。依据 Mayes 和 De Frietas 的理念，它可区分为联结主义方法、认知主义方法、情境主义方法。

③ 采取的任务。它包括任务的类型、支持任务的技术、任何有关的工具和资源、交互以及所涉及的角色、与活动相关联的评价等。

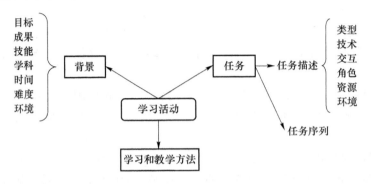

图 5-1　学习活动构成要素

建立在 Dialog Plus 研究成果基础上，LADiE 项目进一步修改了其提出的学习活动构成要素，将学习活动发生的背景、所期望的学习成效以及应用的教学方法作为学习活动的背景内容，将构成学习活动的任务因素进行了细致分类，提出了包括类型、技术、交互形式等因素的学习活动分类，详细分类情况如表 5-1 所示。

表 5-1　学习活动分类

| 背景 | | 任务分类 | |
|---|---|---|---|
| 背景 | 目标<br>先决条件<br>学科<br>环境<br>时间<br>困难<br>技巧 | 类型 | 获取(阅读、观察等)，信息处理(分析、分类等)，<br>适应(建模、模仿)，交流(讨论、批评等)，<br>创造(写作、综合等)，经验(应用、实践等) |
| | | 技术 | 同化(审视、略看等)，<br>信息处理(头脑风暴、概念图等)，<br>适应(建模)，交流(推理、争论)，<br>创造(论文、介绍等)，经验(案例研究、实验) |
| 学习成效 | 认知<br>知道<br>理解<br>应用<br>分析<br>综合<br>评价<br>动作技能<br>情感 | 交互 | 谁(个人、一对一、一对多、群组、班级)，<br>媒体(声音、面对面、在线、文字信息、视频)，<br>形式(同步、异步) |
| | | 角色 | 个人学习者、团队学习者、教练、<br>团队参与者、指导者、监督者、<br>报告者、促进者、传递者、<br>展示者、同侪助手、调解者 |
| 教学方法 | 联结<br>认知<br>情境 | 工具和资源 | 硬件、软件、模型、资源 |
| | | 评价 | 没有评价、诊断性评价、<br>形成性评价、总结性评价 |

IMS LD 规范（IMS Learning Design Specification）是标准化组织 IMS 于 2003 年 1 月发表的学习设计规范，它以荷兰开发大学的 EML（教育建模语言）为蓝本，规定了学习单元的构成因素，而且可以作为学习活动设计构成因素研究的参考。IMS LD 规范中的学习单元构成因素如表 5-2 所示。

表 5-2　IMS LD 规范中的学习单元构成因素

| 构成因素 | 内容 |
| --- | --- |
| 学习目标 | 一个或者多个学习目标 |
| 角色 | 基本角色：教师和学习者 |
| 活动 | 可分为学习活动和支持活动两大类 |
| 活动结构 | 可看作活动的集合 |
| 环境 | 两种基本类型：学习对象和服务 |
| 服务 | 运行时环境中提供的服务 |
| 方法 | 包含剧本、幕、名称、角色活动等 |

尽管上述关于学习活动构成因素的研究都从不同角度对于构成在线学习活动的诸多因素进行了系统整理，比较全面地考虑了学习活动设计过程中所包括的各个方面，但是其研究成果中仍然存在着不足。活动理论作为理解和分析人类活动的一般性框架，是分析、建模和理解个体和群体人类活动所提供的一套概念工具。在在线学习活动研究中，活动理论给予该研究很多的指导和启示，具备一定的理论价值和实践意义。然而，基于经典理论所进行的因素建构在体现了一定适应性的同时，在两方面存在着突出的问题：一方面是因素构建框架缺乏科学的研究方法支持；另一方面是不能体现在线学习活动构成因素的特殊性。相比较之下，基于经验总结的自下而上的构成因素研究较好体现了在线学习活动构成因素的特殊性。但是，现有研究成果也因为其研究方法的不明晰而缺乏足够的说服力；同时，以 Dialog Plus 项目的任务、背景、学习和教学方法三因素为例，虽然构建了学习活动三方面构成因素，但并没有建立各个因素之间的关系。而以 Dialog Plus 项目研究成果为基础的 LADiE 项目活动构成因素研究的成果所界定的各个因素过于庞大和复杂，不能满足在线学习活动设计的灵活性要求。IMS LD 所设计的学习单元符合学习活动的定义，但因素分析更多侧重于技术建构的视角，不能满足在线学习活动设计的需求。

总体上讲，现有的活动分类中，无论基于经典理论的自上而下的构成因素研究，还是基于经验总结的自下而上的构成因素研究，在某种程度上都体现出缺乏科学研究方法的支持，具体表现为侧重于技术建构视角或者缺乏构成因素所必需的特征，等等。因此，进行在线学习活动构成因素研究，必须满足如下两点：第一点是应用合理有效的研究方法，第二点是因素分析必须满足在线学习活动设计的特性，即微观性、灵活性、普遍性。

# 二、基于活动案例的构成因素研究

如上文所述，已有构成因素的研究成果由于不能体现在线学习活动设计的特殊性，因而不能满足在线学习活动设计需求。本章建立在对基于经典理论和基于经验总结的构成因素研究不断反思的基础上,提出基于活动案例的在线学习活动构成因素研究思路。

采用基于活动案例的研究思路进行在线学习活动构成因素研究的根本原因在于,在线学习活动普遍存在于网络课程之中。美国新教育百科辞典定义课程为"在学校的教师指导下出现的学习者的学习活动的总体,其中包含了教育目标、教学内容、教学活动乃至评价方法在内的广泛的概念"[①];黄健将课程描述为"学校根据一定的教育目标而为学生安排的所有的学习活动"[②]。可见,课程与学习者的学习活动之间存在着密切联系,这一联系同样适用于网络课程。作为课程在网络环境中的特定体现,网络课程中同样存在着大量的学习活动,而在线学习活动普遍存在于网络课程之中。因此,通过对网络课程中的活动进行选取、描述、概念编码、因素归纳等一系列研究过程,能够从中挖掘在线学习活动的构成因素。

## (一) 研究方法

观察法和扎根理论是基于活动案例的构成因素研究中应用的研究方法。通过观察法可以从选定网络课程中发现在线学习活动案例,进一步通过对选定案例的描述,为扎根理论的归纳分析提供依据;通过应用扎根理论一系列归纳程序,对选定的活动案例所进行的概念抽取、归类,可以形成在线学习活动构成因素及各构成因素的内容,并明确构成在线学习活动的关键因素。

**1. 观察法**

观察法采用直接观察作为数据搜集的基本策略。本章中观察法的应用有两个目的:第一个目的是通过观察法,选取案例网络课程中的在线学习活动样本;第二个目的是通过观察法对已选取的在线学习活动样本进行描述,为后续构成因素的分析提供依据。同时,这一阶段通过观察法所收集、描述的在线学习活动样本也是归纳在线学习活动设计策略研究的重要基础。

为确保观察法在本章中的有效性,研究中采用了两种途径保证观察法的效度。首先,采用三角检验法对选取的学习活动样本进行检验,例如,对于选取的2007年和2008年的网络教育精品课程中的活动,除了对选取的活动进行描述外,还对课程申报材料中的相关内容进行了归纳分析;对于在"远程教育研究方法"课程中选取的活动案例,结合学习者对课程的评价、学习者的课程作业以及学习者的问卷调查资料进行核对。为进一步保证研究效度,研究中采用针对选取的在线学习活动样本进行两次描述的方式,以确保描述的准确性,其中第二次描述是建立在初步形成的构成因素的基础上。这些方法保证了观察法的有效应用。

**2. 扎根理论**

作为社会科学领域里一种经典的研究方法,内容分析法是对明显的传播内容做客观而又系统的量化并加以描述的一种研究方法[③],而扎根理论通常被视为一种更有组织的定性文本分析形式[④],这一思想的应用为从资料中归纳理论提供了一系列行之有效的程序和技术。本章中,应用扎根理论的研究思想和一系列归纳程序,通过对描述后的在线学习活动样

---

① 钟启泉.现代课程论[M].上海:上海教育出版社,1998.
② 黄健.成人教育课程开发的理论与技术[M].上海:上海教育出版社,2002.
③ 李克东.教育技术学研究方法[M].北京:北京师范大学出版社,2003.
④ Anderson T,Kanuka T.网络调研:方法、策略与问题[M].北京:中国劳动社会保障出版社,2007.

本进行不断编码、提取概念及归类,最终实现了从活动样本中挖掘在线学习活动的构成因素及内容。

扎根理论是由美国学者格拉斯(B. Glaser)和施特劳斯(A. Strauss)在20世纪60年代末创立的一种质性研究方法。斯特劳斯等人认为,传统学术研究执迷于纯粹理论的推演或停留在经验事实的描述,因此人为地造成了理论研究与经验研究之间的鸿沟,从而导致理论的空泛与经验的琐碎。相对于此,扎根理论则是一种力图将理论与经验、抽象与具体联系起来,从具体经验出发,归纳抽象出理论的方法。

扎根理论特别强调从资料中提出理论,认为只有通过对资料的深入分析,才能逐步形成研究框架。这是一个归纳的过程,需要自下而上地将资料不断地进行浓缩。因此对于应用扎根理论所开展的研究,其研究路线是自下而上的,即研究者首先从自己所收集的原始资料出发,进行分析整理后,在已有材料基础上进行归纳,并且,研究者在研究过程中始终保持开放的思想,注重发现和分析从数据中得到的概念以及概念之间的相互关系。理论取样是扎根理论的本质特征之一,是按照研究目的和研究设计的理论指导,抽取能够为研究问题提供最大信息量的研究对象。不同于定量中的统计抽样或随机抽样,理论取样是指研究者为了发展新观点或者扩展、完善已有观点,有意识地选择案例进行研究。正因如此,理论取样的过程是伴随着研究过程而持续进行的,直至理论饱和,即追加的取样数据已经不能增加新的范畴或检验已有的范畴。扎根理论所强调的从资料中提出理论的观点和所具有的理论取样特征,适合于本章所应用的基于活动案例的研究途径,能够为在线学习活动构成因素的研究提供科学合理的研究路线。

在线学习活动构成因素的研究中应用扎根理论方法时,首先对已经描述好的在线学习活动样本进行初步分析,以产生相应概念,这一过程中需要尽量多地找到和构建出一些基本概念,并在相关范围内多途径收集整理在线学习活动样本。此后持续进行理论抽样,不断从样本中检索概念并进行归类,最终每一个由概念归类所构成的活动因素的理论达到饱和,直至关于某一个构成因素再也没有新的有关概念出现,同时构成因素之间的关系明确。

本章严格遵循扎根理论归纳程序,将理论抽样方法和概念归类后所进行的活动案例二次描述,有效地保证了研究的有效性。

## (二)研究过程

基于活动案例的构成因素研究通过对在线学习活动中实际存在的若干活动样本的归纳总结,提炼在线学习活动的构成要素。研究分为两个阶段:活动样本收集整理阶段以及样本构成因素分析阶段。样本收集整理阶段应用观察法,对在线学习活动样本进行选取和描述;构成因素分析阶段针对描述的样本,应用扎根理论归纳程序,通过对案例中所包括的概念进行编码,经由不断的归纳与总结,最终提炼在线学习活动的构成因素和各个因素所包括的内容。通过观察法以及扎根理论归纳程序的应用,研究选取并描述了84个在线学习活动样本,将此作为构成因素研究的基础,研究流程图如图5-2所示,活动构成因素研究样本统计表见表5-3。

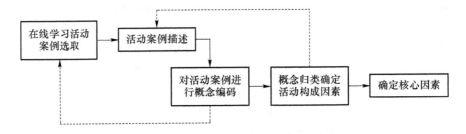

图 5-2　在线学习活动构成因素研究流程图

表 5-3　活动构成因素研究样本统计表

| 样本来源 | | 活动样本数量 |
|---|---|---|
| 网络教育精品课程 | 2007 年精品课程 | 14 |
| | 2008 年精品课程 | 27 |
| 同伴互助项目 | | 27 |
| "远程教育研究方法"网络课程 | | 16 |
| 总数 | | 84 |

**1. 活动样本收集整理阶段**

由于在线学习活动普遍存在于网络课程中,因此可以通过选取网络课程中的典型活动,来进行构成因素研究。活动样本收集阶段利用观察法,通过对在线学习活动典型案例的选取,以及对已选取的活动样本进行描述,收集整理一定数量且有代表性的在线学习活动样本。由于活动样本的特殊性,这一研究过程中的样本收集需要研究者通过选取案例——"描述案例"的方法进行。如前所述,为确保观察法在研究中的有效性,研究中采用了三角检验法。以 2007 年网络教育精品课程"计算机应用基础"为例,研究中选取了该课程中的"数值在计算机中的表示形式"知识点的活动设计,课程中关于活动的原始描述如下所述。

活动原文

步骤 1:阅读文字教材。

步骤 2:观看视频课程的要点讲解。

步骤 3:观看原码、反码和补码的表示动画。

步骤 4:完成本讲练习题和学习活动,如果理解和判断正确则继续下一步学习,否则重新阅读教材相关内容,直到正确理解。

步骤 5:通过完成测试题进一步考察是否掌握知识点内容。

选定这一活动作为案例活动后,对其进行第一次描述,得到的活动描述如下所述。

活动第一次描述

这一活动由 5 个具体步骤构成,围绕"数值表示形式"这一学习目标,活动通过阅读文字教材、观看主讲教师视频讲解、操作多媒体交互课件等任务逐渐展开。学习者在进行该活动学习时,需要依据规定的步骤进行活动;同时,每一个步骤都提供了相应的资源和工具,如测试题、阅读材料、课件等。最后通过测试题来考察学习者的学习情况。

为确保观察方法的效度,研究中结合该门课程的申报材料中的相关内容说明,再次进行描述。申报材料中包括如下内容。

本课程的学习活动的组织除了正常的导学辅导、答疑、作业管理、讨论等,主要有小组协作学习、上网模拟操作练习、实时音频交互课堂、专题讨论、模拟练习和课下自我练习等形式。……

本门课程所有教学资源都是以知识点为基本单元,每个单元的学习时间控制在30分钟左右,并且,每个课程对每个单元的学习活动都做了详尽的指导,形成了一个完整的学习链,学生可以按照学习链一步步完成学习活动。……

学生对学习中所遇到的问题还可以与教师进行在线答疑或通过BBS和E-mail等进行交互;按期接受阶段性实时的面授辅导或视频辅导;按计划围绕主题讨论、交流、完成作业[①]。

将这段申报材料中的内容对第一次活动描述进行检验,得到的第二次活动描述如下所述。

这一活动由5个具体步骤构成,学习时间大约在30分钟。活动围绕"数值表示形式"这一学习目标,活动通过阅读文字教材、观看主讲教师视频讲解、操作多媒体交互课件等任务逐渐展开,每个单元的学习活动都包括了详尽的指导;学习者在进行该活动学习时,需要依据规定的步骤进行活动;如果在学习中所遇到的问题可以与教师进行在线答疑或通过BBS和E-mail等进行交流;同时,每一个步骤都提供了相应的资源和工具,如视频讲解、阅读材料、交互课件等;最后通过测试题来考察学习者的学习情况。

在研究开展过程中,在线学习活动案例的选取主要来源于以下三个方面:
第一,我国2007、2008两年的网络教育精品课程;
第二,同伴互助项目(微软开发的混合式培训课程);
第三,"远程教育研究方法"网络课程(香港大学与北京大学合作开办的网络培训课程)。
(1) 网络教育精品课程

网络教育精品课程作为教育部贯彻实施质量工程的重要部分,以及高等学校开展现代远程教育试点工作的重要成果,体现了我国网络课程开发的现有水平。对网络教育精品课程中包含的具代表性的、一定数量的在线学习活动进行深入细致的研究,可以归纳出我国网络教育中在线学习活动设计的现状,体现我国在线学习活动设计的理念和成果。

学习活动对于在线学习的意义,已经得到相当多研究者的认识。以我国制定的网络教育精品课程评审标准为例,对于在线学习活动的关注体现在评审标准中的多个方面,如学习支持服务、远程导学与学习活动等。以远程导学与学习活动方面为例,评审标准中要求能够运用多种策略对学习者的学习活动进行指导,为学习者提供学习计划、方法的指导和帮助,等等。

虽然现有的网络教育精品课程中的学习活动设计存在过程支持服务和交互活动开展还不够,学习过程指导帮助和网上交互活动缺乏设计等不足[②],但是通过观察法选取其中有代表性的在线学习活动样本,可以体现在线学习活动所应具备的构成因素。

---

① 资料来源:北京交通大学"计算机应用基础"网络教育精品课程申报材料。
② 资料来源:任为民的《2008年度国家网络教育精品课程评审要求与思考》。

(2) 同伴互助项目(Peer Coaching Program)

同伴互助项目作为一种有组织的教师成长体系，是由微软委托普捷湾中心所开发、设计并实施进行的一套学习计划，用于促进学校教师专业发展，其总目标是要通过技术整合来提高基于标准的学术成就，帮助教师把信息技术成功地整合到课堂中。这一项目根源于"Peer Coaching"，即同伴互助理念，提倡教师共同工作，形成伙伴关系，通过共同研习、示范教学以及有系统地教学练习与回馈等方式，彼此学习和改进教学策略，提升教学质量[①]。2001年，美国教育部和普捷湾中心基于同伴互助理念创建提出同伴互助项目，2004年微软将其作为携手助学项目重要的组成之一，其已经在多个国家推广应用，取得了很好的效果。

2006年9月，联合国教科文组织(亚洲)组织开展了"下一代教师"项目，旨在帮助亚太地区的师范教育学校提高面向下一代教师的信息技术创新应用能力。2007年10月和2008年4月，联合国教科文组织(亚洲)分别在云南师范大学和文莱达鲁萨兰大学开展了同伴互助项目培训，由来自普捷湾中心的四位培训人员主持培训。同伴互助项目具备完善教学体系、清晰的培训目标、支持面授培训和网上学习活动相整合的资源。通过培训技巧应用、技术整合、课程方法以及课程内容设计三方面的教学，同伴互助项目能够有效帮助教师形成系统的技术整合与教学的能力，成为支持教师专业发展的有效途径。

作为一个混合式培训体系，在线学习活动是同伴互助项目体系的重要组成部分，整个培训过程涵盖了多种学习活动类型，如录像分析、课程开发、问题解决、以不同身份进行指导等。概括来看，同伴互助项目中的活动设计如表5-4所示：

表5-4 同伴互助项目中的活动设计

| 单元 | 简介 | |
|---|---|---|
| | 目标 | |
| | 促导者提示 | |
| | 单元时间表 | |
| 活动 | 活动描述 | |
| | 角色 | 参与者材料 |
| | | 促进者材料 |
| | 活动指导 | 所需时间 |
| | | 提示 |
| | | 介绍 |
| | | 任务进程 |
| | 资源 | |
| | 可选资源 | |

以同伴互助项目中的一个专题为例，其所包含5个活动，配合每一个活动，同伴互助项目都提供了相应的资源和工具，具体如下。

活动1：试用你的网络课程。

参与者对他们在专题四中所创建的网络课程进行试用和操作，并将可以修改的地方做

---

[①] 丁钢. 教师的专业领导：专业团队计划[J]. 教育发展研究，2004(10)：5-10.

下记录,同时建构一个学习样例。

活动2:完善你的网络课程。

参与者对他们的网络课程添加支架工具和学生作品范例的链接,并对网络课程做一些修改和其他方面的完善。

活动3:重新发布网络课程。

参与者重新发布他们网络课程,并准备把他们的作品展示给其他人。

活动4:展示你的作品。

参与者轮流展示他们网络课程,庆祝他们的成绩,接收反馈及交流观点。

活动5:总结,开展下一步活动。

参与者通过做游戏汇报专题三至专题五,然后交流剩下的观点、想法或问题。最后集中讨论后面的教练步骤。

(3)"远程教育研究方法"网络课程

"远程教育研究方法"网络课程是由香港大学专业进修学院依据华人地区教育研究工作的实际情况,协同北京大学医学部专门开发的网络培训课程。该课程每期培训为期10周,所有教学活动全部在网上进行,旨在帮助远程教育、继续教育以及成人教育工作者了解远程教育和继续教育研究的方法论,掌握研究的系列过程和科学应用研究方法,从而有效地从事和开展远程和继续教育研究。

"远程教育研究方法"网络课程的设计理念以在线学习活动为中心。作为香港大学与北京大学医学部的合作成果,这一课程是香港和内地远程教育实践领域的最新成果,体现了在线学习领域研究前沿。该课程的学习完全采用网上教学,学员需要利用晚上和周末进行在职(不脱产)学习,通过学习精心设计的自主学习材料和网上交流等内容,系统地学习远程教育研究方法这门课程。这门课程包括的学习活动有观看教学视频、阅读学习材料以及在线讨论交流等。以讨论交流活动为例,学员需要参加辅导教师的论坛分组讨论,每次交流都会围绕课程辅导教师组设计的讨论交流学习活动进行。这为在线学习活动的案例获取和设计策略的应用检验提供了良好环境。"远程教育研究方法"网络课程中所设计的学习活动也是构成因素研究的重要依据。

**2. 构成因素分析阶段**

对于在线学习活动构成因素分析阶段,本章主要应用扎根理论。开放编码与选取案例和描述密切关联,是依据理论抽样原则对已经描述的活动案例中所包含的概念进行广泛编码的过程,直至不产生新的概念才停止对活动案例的选取和描述。本章中,研究者针对已选取并描述的在线学习活动案例,通过不断比较、概念化、范畴化,逐步发现案例中所包含的概念,从而确定案例中概念所归属的构成因素类别。同时,借助开放编码所挖掘概念的性质与取向,不断发展这些概念。例如,在上文选取并描述的活动案例中,开放编码如下:

这一活动由5个具体步骤构成,学习时间大约在30分钟左右。
             ─────                      ─────
              序列                         时间

活动围绕"数值表示形式"这一学习目标,
                              ──
                              目标

活动通过阅读文字教材、观看主讲教师视频讲解、操作多媒体交互课件等任务逐渐展
                                                              ──
                                                              资源
开,每个单元的学习活动都包括了详尽的指导;学习者在进行该
                          ─────
                           辅导

活动学习时,需要依据规定的步骤进行活动;如果在学习中所遇
　　　　　　　　　　　进度
到的问题可以与教师进行在线答疑或通过 BBS 和 E-mail 等交流;同时,
　　　　　　　　　　　　　交流
每一个步骤都提供了相应的资源和工具,如视频讲解、阅读材料、
　　　　　　　　　　　　资源和工具
交互课件等;最后通过测试题来考察学习者的学习情况。
　　　　　　　　测试

主轴编码过程是对开放编码已经获取的资料,透过研究者对现象的解释,将编码结果前后合理化连接的过程[①];通过对开放编码阶段所发现的概念有机关联,逐步确定各概念间的类属关系。本章针对已经发现的在线学习活动中的各个概念,通过主轴编码,对概念背景、条件、结果等进行分析,检验在线学习活动各个概念之间的相互关系,将概念加以归类,归纳出更为宏观的类别。这一阶段作为扎根理论的理论取样阶段,其核心就是通过选取足够数量的有代表性的活动案例,探究在线学习活动构成因素。

# 三、在线学习活动构成因素

通过基于活动案例的构成因素方法分析,本章归纳构成在线学习活动的诸多概念,在对概念进行归类后,总结为在线学习活动的四个构成因素分别如下:

① 指向特定学习结果的任务;
② 学习活动发生的场景;
③ 针对学习活动的辅导支持;
④ 对学习活动的评价。

## (一) 指向特定学习结果的任务

如前所述,任务是构成学习活动的诸多因素中的一个。同时,学习活动的设计往往表现为任务的设计,任务成为学习目标的载体和学习者所要完成的具体事务。学习者的后续学习活动都是围绕着指向特定学习结果的任务所进行的,包括资料的获取、人际交流的开展等,正是在任务设计的基础上才能够逐步完成对学习目标的意义建构,因此任务设计是学习活动设计中的核心。学习活动任务的设计必须作为学习活动设计的重点来对待,通过设计学习者所要完成的任务来激发学习者完成活动的动机,以实现不断完善学习者自身认知从而达到预期学习结果的最终目的。

活动任务的设计至关重要,它是学习活动设计中最难的,也是最具创造性的设计活动。一个好的任务设计不仅仅要与学科内容密切相关,还要能够将新知识和技能与学习者原有的知识技能联系起来,更要在新的知识技能与学习者生活经验、实践领域以及学习者的兴趣点之间建立联系。基于问题学习中的问题、研究性学习中的研究主题等都是典型的任务。通过分析归纳在线学习活动中的相关概念,可知在线学习活动中的任务由三方面内容构成:任务目标、任务类型和任务序列,见表 5-5。

---

① 张家麟.中国远程教育发展与集团化操作[M].北京:中国传媒大学出版社,2005.

表 5-5　任务构成因素所包含的内容

| 因素 | 内容 | 表述 | 举例 |
|---|---|---|---|
| 任务 | 任务目标 | 指向特定的学习结果 | 课程知识点、疑难点 |
| | 任务类型 | 完成目标的多种方法的归类 | 同化任务、信息处理任务 |
| | 任务序列 | 多个任务间的逻辑关系 | 渐进序列、选择序列 |

**1. 任务目标**

在线学习活动中,每一个活动都指向特定的学习结果。要实现特定的学习结果,需要明确任务目标。在实际在线学习活动中,任务目标通常与学习者所要掌握的知识点、课程疑难点相一致。但需要注意的是,任务目标会注重学习者学习结果的表现,对学习结果给予具体要求。

**2. 任务类型**

任务类型是指完成目标的多种方法和手段。针对在线学习活动设计,本章通过归类将在线学习活动的任务区分为如下五类,这也是本章进行在线学习活动分类的依据。

（1）同化任务

同化任务对于学习者来说实际上是被动完成的任务,如阅读、观看或者听。当学习者在网络环境中应用多种技术工具来完成这类任务时,往往表现得相当积极,如主动地浏览网站和积极查找相应资源、阅读在线文本或者观看流媒体视频。产生这一现象的原因可能在于技术的应用使学习者可以自己选择所希望的学习方式来完成这类任务,从而实现了控制自己的学习;更为重要的是,在线学习活动中的同化任务会激发学习者创造性地应用技术工具。典型的同化任务包括阅读网上课程文本、观看流媒体视频等。

（2）信息处理任务

信息处理任务关注于各学科学习者都应该具备的基本技能,例如,让学习者一起区分网络上的资源或者对资源进行相应的分析。这其中既包括了一些常用的软件,也包括了一些专业性较强的软件。在线学习活动中常见的信息处理任务包括网络信息的搜集、教学课件的操作等。这一任务的完成情况通常需要通过在后续学习中的应用来检验,例如,个体学习者网络信息搜索的情况可能会作为小组讨论的内容进行验证。

（3）交流任务

交流任务是指一定范围内的对话活动,如在线异步小组讨论等。通常情况下,交流任务的出现是为了帮助实现最终的教学目标,而容易产生的错误理解就是将交流作为目标。同时,交流任务也可以作为一种评价手段来进行,如通过小组交流来进行的同伴评价。

任务类型示例:自我介绍交流[①]。

描述:

各位老师,我是"远程教育研究方法"这门课程的辅导老师。请大家自我介绍一下吧,如您所在单位和岗位、工作年限等。请您在个人信息处上传本人照片以及其他信息。您从事过或者计划从事哪些远程教育研究的项目?您对"远程教育研究方法"这门课程的期望和要

---

① 资料来源:"远程教育研究方法"网络课程。

求是什么？您对哪种研究方法最感兴趣？

我先自我介绍一下，我是这一小组的辅导教师，……

（4）生产任务

生产任务是学习者积极构造的某一种人造物，如设计网络课程、撰写论文等。这一类任务既可以是由个体学习者完成的，也可以是团队学习者的学习结果。无论哪一种形式，生产任务经常被作为学习结果的一部分，来展示学习者在学习过程中的所得。因为生产任务的人造物表现特征，使得其能够作为评价的重要依据。需要注意的是，生产任务需要建立在若干任务完成的基础上，最为典型的就是应用演示文稿进行小组讨论的总结，生产任务是建立在交流任务和信息处理任务基础上的。

任务类型示例：完善你的网络课程[①]。

描述：

既然学习者已经试用了网络课程，那么学习者发现有需要修改的方面，或者有遗漏的地方吗？现在学习者有时间对自己的网络课程进行改进、修改以及添加作品样例，或对自己的网络课程做其他方面的改动。学习者可以对他们的网络课程添加支架工具和学生作品范例的链接，并对网络课程做一些修改和其他方面的完善。

任务可以遵循以下步骤：

① 学习者拿出"完善你的网络课程，并发布你的学生作品样例"的材料。

② 学习者在需要的时候使用支持材料来改进、完善网络课程。

（5）经验任务

经验任务指在一个特定情境中所进行的技能联系或者开展的一个在线调查。不同于生产任务，经验任务不以构造人造物作为任务完成的标志，而是以特定情境中的步骤序列的完成情况来判定任务完成与否，这些步骤可能是隐含的，也可能是明确声明的。同时，经验任务通常与学习者所处的真实环境密切相关。

任务类型示例：案例分析[②]。

描述：

通过本案例的学习，学习者应该学会运用工程经济分析的基本原理进行实际项目的工程经济分析，达到学以致用的目的，为参加建造师执业资格考试和继续学习做准备。

背景资料：

某项目为旅游服务项目，该项目选择了在美丽的海滨城市大连开展，其具有集别墅客房、餐饮、垂钓和SPA于一体的综合服务设施。项目计算期为20年，其中建设期为1年，营业期为19年。项目投资情况如下：……要求计算如下内容：……

**3. 任务序列**

对于在线学习活动，尤其是预期学习结果相对复杂的在线学习活动，往往需要通过特定的任务序列来实现学习目标，这是由于复杂的学习结果往往要由多个任务渐进实现，因此任

---

① 资料来源：同伴互助项目培训课程。

② 资料来源：2007年东北财经大学国家级网络教育精品课程"工程经济学"。

务序列是在线学习活动任务设计的重点,一个经过严密设计的任务流程有利于学习活动教学目标的实现。在具体活动中,任务序列往往表现为特定的流程。

任务序列的存在有两个目的。一是因为活动具有复杂性,需要通过渐进的方式实现最终目标。而任务序列正体现出渐进性的特征,典型的如采用布卢姆分类方式所进行的活动分类,其中所包含的任务序列就是逐渐增加认知难度。二是在于为学习者提供可供选择的学习途径,以适合不同的学习风格。基于如上两个目的,可以区分为两种典型的任务序列:一是依据任务难度而产生的渐进型,二是依据学习者特征而产生的选择型。在实际在线学习活动中,两种任务序列可能同时存在于一个学习活动之中。

需要注意的是,对于学习者来说,任务序列并不是一成不变的,而是可以随着学习者的学习情况进行适当调整的,如返回之前的某一任务。这一特点是由学习活动构成因素的结构特点所决定的,学习者可以借助活动的评价环节,实现适合于自身任务序列的调整。

## (二)学习活动发生的场景

在线学习活动发生在特定的场景之中,场景可以很简单,如仅是一个阅读文档,也可以很复杂,如包括了多个序列和交互课件,甚至可以是虚拟实验环境。场景序列、角色、资源和技术工具是构成场景的因素,见表5-6。场景序列是一系列场景的组合,是任务序列的具体表现。学习者是通过具体的场景序列来开展已规划的任务,以实现预定的学习结果,如首先阅读文献,再参与调查,进而进行讨论交流,这一序列根源于任务序列。场景中的角色依据不同任务类型表现为特定的内容,这里的角色不仅仅是学习者所要扮演的角色,也是教师在学习活动进程中的角色。学习者这一角色普遍存在于所有活动场景之中,而针对如角色扮演、小组协作这类特定的任务类型,往往需要包括管理者、促进者等角色。资源和技术工具同前两个因素一样,也同任务类型有着密切联系。这里需要说明的是,本章中采用场景而非情境来表述在线学习活动发生的特定环境,主要在于场景更为具体,而情境通常包括学科领域、学习水平、先决条件、学习和教学背景、途径、环境、学习技能、评价和完成活动所需的时间[①]。

表5-6 场景构成因素中所包含的内容

| 因素 | 内容 | 表述 | 举例 |
| --- | --- | --- | --- |
| 场景 | 场景序列 | 指向同一目标的一系列场景 | LAMS中的场景设计 |
| | 角色 | 指参与者在学习活动中,承担着不同职责,适用于教师和学习者 | 独立的学习者、小组参与者、推荐者 |
| | 资源 | 指简单或者复杂的学习物件 | 一个网页、单一数据库、一个视频媒体流、交互式地图 |
| | 工具 | 可支持活动应用 | 搜索引擎、讨论板、电子表格软件、媒体播放器 |

**1. 场景序列**

场景序列是任务序列的延伸,需要针对不同任务呈现相应的场景序列。因此,合理的任

---

① 资料来源:Dialog Plus 项目网站。

务序列编排是场景序列设计的根本。对应以下两种类型的任务序列,场景序列也有两种表现。

难度渐进型任务序列中的场景序列通常以顺序方式呈现,学习者按照复杂程度渐进的场景序列完成活动。如图 5-3 所示,学习者通过完成一系列难度渐进的任务,并在每一任务完成过程中进入相应场景。由于任务的难度递增,各个场景的复杂程度(所包含的角色、资源、工具等)也呈现渐进表现。在经历了所有场景后,这一学习活动的完成以实现预期成果为标志。

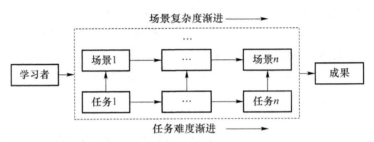

图 5-3　场景序列的顺序呈现

特征选择型的任务序列中,由于需要提供给学习者相应的自主选择权利,针对同一难度的任务需要设计多个场景,学习者可以选择一种场景进入并开始任务。如图 5-4 所示,学习者为实现一个预期成果,可以在几个任务中进行选择,这一选择是为了适应学习者的不同特征而设定的,因此可供选择的任务应当在同一难度上。学习者选择任一任务后就可以进入相应场景,此时并列的若干场景间并不体现密切联系。LAMS 中所设计的"可选活动"的实质就是场景序列的选择呈现,在 LAMS 中一个活动组可以包含几个不同的可选活动在内,几个可选活动之间是并列关系,学习者可以自主选择所要参加的活动。这一选择呈现序列可以出现在学习者阅读材料的选择上。例如,为理解某一概念所设计的活动中,第一个任务是阅读文献,学习者可以选择阅读网上文献、印刷教材或者光盘资料,这是典型的场景序列选择呈现方式。

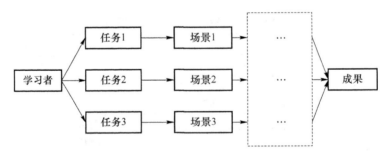

图 5-4　场景序列的选择呈现

需要注意的是,两种方式的场景序列在在线学习活动设计的实际中,通常结合使用,即为实现预期活动成果,某些任务应用顺序呈现方式,而在一些任务中则应用选择呈现方式。这一具体安排主要依据任务类型、学习者的特征以及教学环境的实际情况等方面综合设定。

**2. 角色**

角色是活动参与者的集合,规定了活动参与者参与学习活动的身份、任务、职责,同时也决定了教学方式和教学资源的安排。学习活动需要由一些参与者执行,包括学习者、教师和其他教学参与人员,如管理人员、教学设计师、专家等,这些角色可以依据不同任务类型、不同任务序列以及场景序列,归纳为学习者角色和教师角色两大类。例如,在个人学习场景中,最为常见的角色就是学习者和辅导教师;在协作学习场景中,学习者的角色会出现明显的职能分工,会依据任务类型的不同而具体表现为如竞争者、指导者或者伙伴等角色。

以 LAMS 中的角色设定为例,在 LAMS 中教师可以将班级中学习者的身份设定为管理者,相当于现实环境中的班长,管理者可以协助老师管理整个班级的学习进程;或者在学习活动进程之中,特别是在小组聊天活动中,可以通过指定一名学习者为组长,用来收集整理整个小组的意见,并最终形成全体小组成员的讨论报告[①]。

**3. 技术工具**

技术工具是完成任务过程中所需要使用的支持工具,如即时通信工具、讨论区、电子白板等,是有益于学习者查找、获取和处理信息,交流协作,建构知识,以具体的方法组织并表述理解和评价学习效果的中介[②]。

技术工具与任务类型之间存在一定的关联性,即不同类型的任务需要配合应用相应的技术工具。例如,学习者在完成同化任务的过程中,往往需要应用文字处理软件、文本、图片、视频等技术工具;针对交流任务,学习者则需要电子邮件、讨论区、Blog、Wiki 等技术工具。SPSS、NVIVO、概念图、搜索引擎等工具则适用于信息处理任务。但需要明确的是,随着任务复杂程度的不断增加,往往需要综合应用多种技术工具。

有研究认为,支持学习活动开展的技术工具可以归纳为六种类型:信息工具、情境工具、交流工具、认知工具、可视化工具以及评价工具[③]。评价工具是记录学习过程、方式和结果,支持反思,监控学习进程或策略的工具,如电子绩效评估系统(EPSS)、电子文档(e-Portfolio)等。依据本章所归纳的在线学习活动构成因素,评价工具属于学习活动评价因素中评价类型的具体表现。因此,本章中在线学习活动场景构成因素中的技术工具主要包括前五种类型,其中,认知工具包括概念图生成器、知识整合工具、建模工具、作品展示工具、目标管理程序以及面向各种特定认知任务的工具等;交流工具包括界面友好的讨论区、即时通信工具、协作工作工具(如网络白板等)等。这些工具都可以在在线学习活动中应用。以概念图为例,其作为典型的认知工具,是对知识体系的静态、客观表示,这个知识体系可以是客观的知识体系,也可以是人的认知结构,概念图适合用来支持意义建构、学习结果展示。

**4. 资源**

学习活动中的资料可以区分为两类:一类是在活动开始时就由设计者提供的资源,如阅读材料、多媒体课件、相关案例库、数据库、离线的学习资源等,这类资源与学习活动密切相关,对于这类资源的设计开发方法已经比较成熟;另一类资源是随着活动的进行,由学习者自己或者学习者之间、学习者与辅导教师之间的交互所产生的资源,如学习者的作品集、学习者搜集的数据资料、学习者讨论区中的交流信息等,这类资源即可以作为学习活动的评价依据,也可以作为下一阶段学习活动开展的资源。借助网络支撑环境,学习者可以将学习过

---

① 贾礼远. LAMS:学习活动管理系统的设计与应用[D]. 日照:曲阜师范大学,2008.
② 钟志贤. 信息化教学模式[M]. 北京:北京师范大学出版社,2006.
③ 罗冰烯,武法提. 网络环境下表现性目标导向活动的设计[J]. 现代教育技术,2007(9):54-58.

程中搜集的资料、获取的数据、积累下来的成果作品、反思性日记等保留下来,使学习资源能够在活动进程中不断充实和完善,这是在线学习活动的特点之一。

以同伴互助项目中的专题 6 为例,其通过一系列活动指导学习者创建网络课程,并将网络课程作为活动成果应用于后续的活动之中,使之成为活动进行所必需的资源。例如,在"远程教育研究方法"网络课程中,第三章设计了学习者完成文献综述报告的活动,并将这一活动成果应用于后续的研究计划书撰写之中。

## (三) 针对学习活动的辅导支持

辅导支持是在线学习活动中必不可少的构成因素。尤其是针对远程学习者,管理、情感和学术上的支持是否完备直接决定着学习活动能否顺利完成。组成辅导支持因素的内容可以归结为三方面:进度支持、规则支持和人际交互支持,如表 5-7 所示。

规则支持是学习者实施学习活动所必须遵守的一系列规范和为提高学习活动效果所提出的针对性建议,如参与讨论交流的次数、频度,每一活动所需要的时间或者评价学习者学习结果的方式等;进度支持可以看作任务序列、场景序列的延续,其还包括学习者学习实际进度的记录,建立在这上述基础上的进度支持可以协助学习者进行远程学习中的时间管理,帮助学习者完成所设计的学习活动。将人际交互支持作为组成辅导支持的重要内容,原因在于在线学习活动中绝大多数的学习支持都需要通过人际交互的方式来实现,无论是师生间的答疑,还是由教师组织的讨论交流。以人际交互为核心的学术性助学是网络课程中学习活动的预设计实现和落实的主要手段[①]。

表 5-7 辅导支持构成因素中包括的内容

| 因素 | 内容 | 表述 | 举例 |
| --- | --- | --- | --- |
| 辅导支持 | 规则支持 | 是基于学习活动系统层面所提出的学习者行为规范和针对性建议 | 评价规则、交流规则、分组规则 |
| | 进度支持 | 指协助学习者进行时间管理 | 学习路径记录 |
| | 人际交互支持 | 实现远程学习者学习支持的重要手段 | 异步讨论交流、同步视频会议 |

**1. 规则支持**

对于系统性关注的差异是在线学习活动设计与传统教学设计很重要的不同之处。传统教学设计中关注整个教学的系统性,而学习活动设计则注重活动层面的系统性。本章对于在线学习活动构成因素的分析,就是对这一微观的系统性的考虑,而规则支持则是基于学习活动系统层面所提出的学习者行为规范和针对性建议。有研究将这一支持称为"活动监管",认为其是学习活动的微观控制,集中在监管规则的设计上。任剑锋在研究中证明,在利用网络进行的协作学习过程中,采用无规则的协作方式,即在学习者的协作学习过程中没有一定的协作机制支持,往往难以自由组织起有效的协作学习活动,容易由于核心话语权的不均衡而导致不能真正达到群体思想互相激励的效果[②]。

在线学习活动的规则支持包括学习者参与活动的时间长度、形式,激励学习者参与活动

---

① 闫寒冰,魏非.远程教学设计[M].上海:华东师范大学出版社,2008.
② 任剑锋.分步讨论型远程 CSCL 交互活动的组织策略及相应系统的研究[J].中国电化教育,2007(8):44-48.

的方法,在线协作学习中的分组规则、讨论交流规则等。以在线发帖讨论交流的规则为例,以下是"远程教育研究方法"课程中在线发帖时的注意事项:

① 及时回复老师和同学的问题,坦诚地表达你的观点,推进讨论。

② 随时查看别人给您的回帖,并及时回复:当您发帖后,特别是提问后,应查看老师或同学给您的答复并回帖,否则,别人会以为您没有看到答复。

③ 适时地邀请别人参与你的主题帖。

④ 发帖的用语尽可能委婉一些,多用礼貌语言,还可以聊聊学习以外的事。在线发帖没有人能够看到你的面部表情,也听不到你的声音,嘲笑、讽刺甚至幽默都可能产生负面效果。

⑤ 为了避免误解,应该先解释其他人的观点,然后思考问题或者分析观点。

在基于网络的协作学习活动中,为了保证学习活动的顺利开展和学习者顺利完成专题学习,设计者需要设计各种不同的规则,如协作交流规则、评价规则、任务完成规则等。这些规则的设定可以有效协调小组内部的冲突矛盾,加强小组内部的沟通交流。通常情况下,学习结果越复杂,学习活动设计中所涉及的规则也相应地复杂。

**2. 进度支持**

远程学习者时间管理技能的不足,已经成为限制在线学习活动效果的重要因素。相关调查显示,在学习者远程学习中遇到的主要困难中,学习时间不够排在第一位[1],这与远程学习者缺乏理性的学习计划、熟练的学习技巧以及学习支持服务忽视为学习者提供时间管理支持,有着密切联系[2]。因此,迫切需要在在线学习活动设计中融入时间管理方法,这是保证在线学习活动顺利实施的必要手段。

进度支持作为组成辅导支持的重要内容,是时间管理方法在在线学习活动设计中的表现。进度支持不等同于任务序列和场景序列,但是与两者有着密切的联系。任务序列和场景序列是通过一系列任务的设计和相应场景的配合,来逐步实现学习活动成果;进度支持是帮助学习者完成这些任务、经历这些场景的方法,是协助学习者进行时间管理的手段。如前所述,在线学习活动实施过程中,学习者需要通过一系列任务和场景来完成学习活动,实现预期成果。这些任务和场景是按照一定顺序排列,如场景的顺序呈现或者选择呈现方式,这样就组成了一个流程。进度支持就是在这一流程中协助学习者进行时间管理。

在线学习活动设计中,进度支持可以具体表现为明确的学习进度规划、依据学习记录的进度管理等。例如,在"远程教育研究方法"网络课程中,对于学习者每一周的学习进度进行了明确的规划,并结合教学平台的技术支持和辅导教师的讨论活动安排,对学习者个体的时间管理行为进行了有效干预。

**3. 人际交互支持**

人际交互支持是实现远程学习者学习支持的重要手段,因此本章中将其作为在线学习活动辅导支持构成因素中的内容。Thorpe 认为在学习支持中[3],学生群体的界定、人际交

---

[1] 周蔚.现代远程教育学习支持服务现状研究——一项针对学习者的调查与分析[J].中国远程教育,2005(3):43-45.

[2] 刘炳辉.时间管理:远程教育学习支持的新视角[J].现代教育技术,2008(12):78-80.

[3] 陈丽.远程教育学基础[M].北京:高等教育出版社,2004.

互和提供支持的时机是三个非常重要且相互关联的要素,三者共同确定了学生支持的主要功能和框架。其中,人际交互支持是指通过个体或小组进行同步或者异步的交流,是学生支持与远程学习系统其他部分相区别的特征。在线学习活动中无论学术性支持还是非学术性支持,很大程度上都需要依靠人际交互支持实现。

具体到每一个在线学习活动中,人际交互支持能够表现为不同的形式,如师生异步答疑、学生间即时通信交流、教师指导的讨论交流等。例如,在2007年中国石油大学(华东)网络教育精品课程"沉积岩与沉积相"中,就设计有两种类型的在线辅导答疑:实时答疑和非实时答疑[①]。

### (四) 对学习活动的评价

评价是对学习者是否达成预定学习结果的判定。只有基于对学习结果的评价,才能对学习活动设计和实施过程中的其他构成因素,如任务设计、场景设计以及辅导支持设计等,进行适当的修订。因此,学习活动的评价既是对当前活动过程及成果的判定,也是开展后续活动必要的现实依据。只有在针对学习者完成学习活动情况,即在对学习结果评价的基础上,才能够开展对活动设计质量的评价和后续活动设计。

活动中的评价具备两个方面的特征。一个特征是评价具有一致性,这源于指向特定学习结果的任务的一致性。由于复杂活动是由多个活动构成,其中每一活动都包含特定任务,如前文所述,这时任务需要表现出一致性,即所有任务指向预定的学习结果。因此,活动需要对每一个阶段任务中的成果进行评价,评价一致性是任务一致性的保证。另一个特征是评价内容需要转换,评价内容是开展后续学习的必要资源。这一点尤其体现在应用网络日志和论坛作为评价工具时。例如,学习者将学习过程记录在日志或者论坛中,教师(或者其他学习者)可以通过这个内容对学习者评价,同时,这些内容可以成为学习者自身学习或者与其他学习者进行协作学习的基础,并以资源的形态成为构成场景的一个部分,这对于在线学习活动的设计而言,有着重要意义。

作为在线学习活动的构成因素,对学习活动的评价具体包括两方面内容:评价类型和评价步骤,如表5-8所示。

表5-8 评价构成因素中包括的内容

| 因素 | 内容 | 表述 | 举例 |
| --- | --- | --- | --- |
| 评价 | 评价类型 | 选择对预期成果进行判定的方式 | 自我评价、他人评价 |
| | 评价步骤 | 评价实施过程中的流程 | 通常依据任务序列设定评价步骤 |

**1. 评价类型**

评价类型是指选择对预期成果进行判定的方式。评价类型可以依据不同的标准区分,表5-9以诊断性评价、形成性评价、总结性评价为例,分别从评价主体、评价手段(工具)等方面,对在线学习活动中的评价进行了分析,总结了评价的分类设计规则。

---

① 资料来源:中国石油大学(华东)网络教育精品课程"沉积岩与沉积相"。

表 5-9 评价分类设计规则[1]

| 类型 | 诊断性评价 | 形成性评价 | 总结性评价 |
| --- | --- | --- | --- |
| 职能 | 确认学习者现有的掌握水平;确认影响不同类型学习者继续学习的因素;分析学习者学习时存在的困难和问题 | 提供给师生有关学习进展的信息反馈 | 了解学习者的整体情况,评定学习者的发展水平 |
| 实施时间 | 基于网络学习活动开始前 | 基于网络学习活动进行的过程中 | 基于网络学习活动结束时 |
| 评价主体 | 学习者本人、教师 | 学习者本人、学习同伴、教师、专家等 | 学习者本人、学习同伴、教师、专家等 |
| 评价对象 | 认知能力、情感及技能、先前经验、心理因素、环境因素等 | 认知能力、活动参与度、活动表现、与人合作情况等 | 综合能力和素质、学习效果等 |
| 评价手段(工具) | 学力测验、调查表、BBS讨论、新闻组 | 绩效评估、学习社区、网络日志、BBS、新闻组 | 自我报告、在线考试、绩效评估 |

针对在线学习活动设计,常用的评价类型可以依据评价的主体区分为自我评价和他人评价。无论采用哪一种类型的评价,都需要事先规定活动评价方法和标准。

(1) 自我评价

自我评价是主体对自己思想、愿望、行为和个性特点的判断和评价。在线学习活动中的自我评价往往通过应用提交学习小结、写学习心得体会或者填写"自我评价"问卷表等方式进行。自我评价能引起学习者强烈的兴趣,调动他们的学习积极性,可以从学习态度、准备资料、合作等方面去评价。学习者自评不仅给学习者提供一个回顾和反省学习过程的机会,也给教师开展教学和辅导提供一个重要的依据。

例如,学习者可以应用网络日志,把自己在学习活动中的所想、所感的有价值的信息随时记录下来,并将这些展现在教师和其他学习者面前,方便学习者个人或教师追踪学习者的学习过程,以及学习者之间的互评和互相监督。教师还可以及时对学习者的学习情况给予指导性意见和建议,帮助学习者进行修正和完善。这样,教师不仅能够对学习者的学习做出客观公正的评价,还能给学习者注入许多情感上的关怀,弥补了在师生分离状态下造成的情感缺失。

(2) 他人评价

他人评价包括小组间的同伴评价和教师评价。同伴评价是在学习同伴之间建立一种开放、互信的评价机制,建立在同学之间充分信任、互相学习和共同促进的基础上。教师评价可以从发现并善于提出问题、学习态度和学习习惯、对基础知识的把握、语言和思维等能力、实践能力、与人合作的情况、对问题思考的广度和深度、分析问题的科学性与灵活性、创造性等方面去评价。同时,他人评价也包括学习者在进行学习活动时,在论坛发的新帖数、回帖数、选入推荐贴的数量、参与在线研讨的次数,以及学习方案的上传、研究记录的次数等交流合作状况。课程教学平台逐一记录和统计这些量化数据,并在学习者个人档案呈现出来,使

---

[1] 周媛,杨改学.网络学习的质量控制与评价[J].现代远距离教育,2003(2):27-29.

得这些信息可以作为他人评价的参考。

需要注意的是,这里的教师不单单是指基于网络学习活动的组织者、学习者学习的辅导者,还包括学科专家和学习顾问等所有给予学习者帮助、引导、支持的人。因而,教师评价是多元的,能够对学习者的学习活动起到引导作用,为学习者学习活动开展起到积极作用。

**2. 评价步骤**

学习活动需要相应的评价步骤。通常这一步骤和任务序列、场景序列的顺序相一致,这是保证在线学习活动设计成效的重要方法。通过依据一定步骤所开展的评价能够保证在线学习活动设计的有效性,尤其是对于任务成果的判定,以及形成预期学习结果有着很好的支持作用。

如上所述,在线学习活动由四个构成因素组成,包括任务、场景、辅导支持以及评价,而每一个构成因素又包括特定的内容。在任务构成因素中,包括任务目标、任务类型和任务序列三个内容;在场景构成因素中,包括场景序列、角色、资源和工具四个内容;在辅导支持构成因素中,包括进度支持、规则支持以及人际交互支持三个方面内容;在评价构成因素中,包括了评价类型和评价步骤两方面内容。每一个内容都在具体的在线学习活动中表现为不同的属性,例如,角色包括了学习者和教师,但又可以针对具体任务类型和场景类型,进一步细化;规则支持既包括如讨论交流规则、组织管理规则,也包括协作学习中的分组规则等。在线学习活动就是由上述的四大类构成因素、十二类内容以及所对应的若干属性共同构成,如图 5-5 所示。

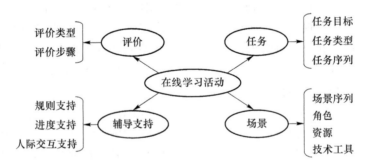

图 5-5 在线学习活动构成因素框图

# 四、在线学习活动关键因素

任务是构成在线学习活动四类因素中的关键因素,是学习活动设计中的核心,学习者的后续学习活动都是在任务设计的基础上,逐步完成对学习目标的意义建构,并最终实现预期学习结果。在构成任务的三方面内容中,任务目标的确定直接决定了评价的客体是哪一类成果;任务类型的选择对于场景中角色、资源和工具以及辅导支持的内容,都有着直接影响;任务序列是场景序列和评价步骤的直接依据。

正因为任务是在线学习活动的关键因素,因此需要深入探究其特征,这是进行在线学习活动设计的必要保证。

## （一）任务的层次结构特征

任务的层次结构性特征是在线学习活动设计中必须明晰并遵循的客观现实。本质上，学习活动的复杂性决定了任务的层次结构性特征。一个复杂的学习活动往往要求多种绩效水平，而学习者在活动的开始，可能只具备完成简单任务的初始能力，随着任务序列难度的不断提高，相应场景以及辅导支持的各种策略的应用，学习者能够完成越来越复杂的任务。从易到难，从简单到复杂，这正是任务的层次结构性特征。

梅里尔在研究复杂的学习活动时，提出可以有两种方法来测量复杂的综合任务[①]。第一种是针对某一个从易到难的主题任务系列。梅里尔提出，通过安排好任务的序列，可实现每一个后续的任务都比前面的任务稍稍复杂一些；如果有更多的子任务需要完成或者有更多的选择路径时则需要相应的决策。布卢姆或者比格斯的学习结果分类体系可以帮助教师建立评价标准，核查学习者完成情况。学习者可以从最简单的任务做起，一直到不能完成为止；或者从中间难度的任务做起，然后根据情况再决定完成更难还是更易的任务。第二种是针对难以对任务分级分层的情况而言的，此时主要看教师提供辅导帮助的数量，将此作为判断完成复杂任务的胜任程度的标志。当学习者不能完成某一个任务时，先向他提供提第一级水平的辅导帮助，如果还是不能胜任，那就再向他提供第二级水平的辅导帮助，如此直到他能够胜任完成任务为止。这两种测量任务复杂程度的方法都可以在在线学习活动设计策略中应用。

## （二）层次结构特征的研究成果

任务的层次结构特征具体表现为任务指向的学习结果的层次性。关于学习结果的层次性研究，SOLO 分类评价理论值得借鉴。SOLO 由香港大学教育心理学教授比格斯首创的一种学习者学业评价方法，是一种以等级描述为特征的质性评价方法[②]。SOLO 是英文"Structure of the Observed Learning Outcome"的缩写，意为可观察的学习结果的结构，是一个考量学习结果质量的框架。发展至今，这种理论不仅有完整的体系，而且有坚实的实践基础。大量的实验表明，应用 SOLO 分类评价能够取得较好的教学效果。

比格斯认为，一个人回答某个问题时所表现出来的思维结构，与这个人总体的认知结构是没有直接关联的。一个人的总体认知结构是一个纯理论性的概念，是不可检测的，比格斯称之为"设定的认知结构（Hypothetical Cognitive Structure）"。人的认识不仅在总体上有阶段性的特点，对具体问题的认识也呈现出阶段性的特点，因此一个人回答某个问题时所表现出来的思维结构是可以检测的，比格斯称之为"可观察的学习结果结构"。因此，比格斯认为可以判断学习者在回答某一具体问题时的思维结构处于哪一个层次。基于分析学习者解决一个问题时所达到的思维高度的评价方法就称为 SOLO 分类评价法。比格斯将 SOLO 分类体系区分为两大类层次和五个具体层次。

学习结果的量变层次：

---

① 盛群力,马兰.走向 3E 教学——三述首要教学原理[J].远程教育杂志,2006(4)：17-24.
② Biggs J. Teaching for Quality Learning at University[M]. 2nd ed. Buckingham: The Society for Research into Higher Education and Open University Press, 2003.

① 无建构层次。它指学习者并没有真正理解学习内容,他们用一种不负责任的态度来应付任务,或他们被材料中的无关内容误导,因此在他们的学习结果中未获得任何学习要点。

② 单一因素建构层次。它指学习者的学习结果中涉及构成问题之众多要点中的一个。

③ 多因素建构层次。它指学习结果中涉及构成问题的若干要点,但学习者只是简单罗列这些要点,而这些要点似乎是相互独立、并无关联的。

学习结果的质变层次:

① 关系建构层次。它指学习者的学习结果中涉及构成问题的若干要点,并且能够把这些要点组织成一个连贯一致的整体。这一层次表明学习者真正理解了问题。

② 抽象建构层次。它指在关系建构层次的基础上抽象化、概念化,产生一个新的课题。这一层次只有那些达到一定年龄阶段并具有一定抽象思维能力的学习者才能达到,它是教学目标预料之外的。比格斯用图5-6表明上述五个建构层次的递进关系。

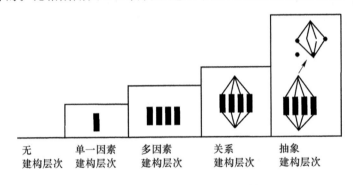

图 5-6　学习结果 SOLO 分类体系

可以看到,比格斯提出的思维分类结构是一个由简单到复杂的层次类型,SOLO 五个层次分类中,前三个层次是基础知识的积累,而后两个层次是理论思维的飞跃。思维结构越复杂,思维能力的层次也就越高。布卢姆的教育目标分类法依据学习者外显的行为来陈述目标,而皮亚杰的阶段学说的依据是学习者的年龄段,不同于布卢姆教育目标分类法和皮亚杰的阶段学说,SOLO 分类法依据的是学习者的学习结果。任何学习结果的数量和质量都是由学习过程中的教学程序和学习者的特点决定的,这一结果根据学习者的已有知识结构、学习的投入及学习策略等多方面的特征,从具体到抽象,从单维到多维,从组织的无序到有序。SOLO 分类法正是根据学习者对具体知识的认知过程中所体现的阶段性特征,通过学习者对某一具体问题的回答,进而判断其思维结构的层次水平。可以根据任务的层次结构特征及相应的研究成果,区分在线学习活动中复杂的学习活动(即指向质变层次学习结果的学习活动),以及简单学习活动(即指向量变层次学习结果的学习活动)。

这一分类体系的优点在于描述并区分了五种级别的可观察的认知和相关的状态,因而具备广泛的适用性和较强的操作性,有利于教师制订教学目标。教师可以根据教学计划预先确定学习者学习某一问题要达到的思维层次,并按照循序渐进的方法逐步提高学习者的思维水平,这有利于教师检测教学效果,可以较清楚地显示学习者对某个具体问题的认识水平,为检测学习者的高级思维能力提供了一个切实可行的思路。同时,这一分类体系与常见的分类体系相贯通,如皮亚杰和布卢姆的分类体系,因此更易于理解和应用。SOLO 分类体系、布卢姆分类体系、皮亚杰分类体系间的对应关系如表 5-10 所示。

表 5-10　各分体系间的对应关系

| SOLO 分类体系 | 布卢姆分类体系 | 皮亚杰分类体系 |
|---|---|---|
| 无建构层次 | 知道 | 前运算 |
| 单一因素建构层次 | | 初级运算 |
| 多因素建构层次 | 理解、应用、分析 | 中级运算 |
| 关系建构层次 | 综合、评价 | 具体运算 |
| 抽象建构层次 | | 形式运算 |

# 第六章 在线学习活动设计策略

## 本章导言

前述研究建立在在线学习活动领域已有的多项研究基础上,首先,通过对在线学习活动界定及其本质属性的分析,提炼出在线学习活动的概念并明确提出将教学交互作为在线学习活动的本质属性;然后,在分析已有的在线学习活动构成因素研究中,通过基于经验总结和基于经典理论的基础上,寻求用科学的方法来开展在线学习活动的构成因素研究,通过应用观察法和扎根理论归纳程序,从选定的在线学习活动设计案例中抽取概念,并不断提炼和归类,归纳出在线学习活动的四个构成因素。对上述阶段性研究成果进行小结,如表 6-1 所示。

表 6-1 阶段性研究成果小结

| 维度 | 内容 |
| --- | --- |
| 本质 | 学习者以及与之相关的学习群体(包括学习伙伴和教师等)为了完成特定的学习任务和达到确定的学习目标,利用网络学习环境与学习内容进行的交互总和 |
| 本质属性 | 教学交互 |
| 构成因素 | 1. 指向特定学习结果的任务;<br>2. 在线学习活动发生的场景;<br>3. 针对学习活动的辅导支持;<br>4. 对学习活动的评价 |

通过上述研究,已经明确了构成在线学习活动的因素,但是现有研究成果还不足以完成在线学习活动模型的构建。这主要存在两方面原因:第一,在线学习活动作为教学中的最基本单元,受到活动外部诸多因素的影响,如学习环境、学习者背景等,在线学习活动设计模型的构建必须建立在影响在线学习活动设计的各个因素的基础上;第二,在明确在线学习活动的构成因素和影响因素前提下,还需要通过提炼总结,形成在线学习活动的设计策略,并将其与模型建构相结合,最终构建在线学习活动设计模型,这是保证本章所构建的活动设计模型能够有效指导于远程教学实践的必要途径。因此,本章研究着重探究如上两个方面的内容,即:

① 明确影响在线学习活动设计的因素。
② 归纳形成在线学习活动设计策略。

影响在线学习活动设计的因素研究是建立在研究者自身的研究经验和已有的项目研究基础之上,通过问卷调查、观察以及访谈研究方法归纳提炼形成影响因素。作为因素研究的阶段性成果，本章提出了在线学习活动框架。在线学习活动设计策略研究对前述研究中的若干在线学习活动案例所应用策略进行了提炼，同时也积极地汲取了教学设计研究领域中相关问题的已有研究成果，并将这两个方面有机结合，归纳形成了在线学习活动的设计策略。

# 一、影响在线学习活动设计的因素

进行在线学习活动设计的影响因素研究时，首要问题是确定采用怎样的研究方法进行该研究。构成因素研究利用观察法和扎根理论归纳程序，能够实现研究预期目的，其根源于在线学习活动普遍存在于网络课程之中。而通常情况下在线学习活动的影响因素不直接表现于在线学习活动之中，因此影响因素研究不能够完全沿用构成因素研究所使用的方法。

针对在线学习活动设计的影响因素研究，本章综合应用了问卷调查、访谈、观察以及个案分析方法。问卷调查依托加拿大国际发展研究中心（IDRC）所资助的 PAN-dora 计划中的中国远程教育实践评价子项目，经由北京师范大学专家和相关案例学校专家就 PAN-dora 项目开发的问卷进行了专家效度论证，从而保证问卷具备良好效度。针对选取案例，学校应用修订后的问卷进行问卷调查，信度检验结果显示，该问卷调查结果真实可信。访谈研究方法的访谈提纲依据的是针对"远程教育研究方法"网络课程的观察分析，而且，通过与课程主讲教师张伟远教授的多次访谈，同时结合张伟远教授撰写的研究论文对访谈记录进行检验分析，保证了访谈的良好效度。观察以及个案分析是建立在前一个阶段研究已经总结形成的在线学习活动案例的基础上所进行的深入细致分析。

研究发现，在线学习活动设计的影响因素由三方面内容共同构成，即设计者所持有的学习观、学习者特征和在线学习环境。

## （一）设计者所持有的学习观

设计者所持有的学习观是影响在线学习活动设计的根本性因素。本章根据心理学流派发展，将学习活动设计者所持有的学习观区分为三种类型，即行为主义学习观、认知主义学习观和建构主义学习观。这里的设计者既包括在线学习过程中的主讲教师，也包括辅导教师。基于不同学习理论的活动设计在任务设计、场景构建、辅导支持、成果评价四个方面都有所体现。

本阶段研究中，利用问卷调查法、访谈并结合网上学习活动设计案例分析以及已有的相关领域研究成果，对设计者所持有的学习观对在线学习活动设计的影响进行研究。问卷调查法的实施以加拿大国际发展研究中心所资助的 PAN-dora 计划中的中国远程教育实践评价子项目为依托，采用 PAN-dora 项目开发的问卷调查工具。问卷由两类问卷组成：面向远程学生的"网络学习情况调查问卷"和面向远程教师的"网络教学情况调查问卷"。北京师范大学和相关案例学校专家就问卷效度进行了专家效度论证。

问卷采用北京师范大学远程教育研究中心所开发的在线调查平台发布。共有 408 名远程学习者完成该问卷，其中 398 份为有效问卷，问卷有效率为 97.5%。教师问卷回收 32 份，有效问卷 31 份，问卷有效率 96.9%。问卷回收情况如表 6-2 所示。

表 6-2 问卷回收情况

| 问卷类型 | 回收数量 | 有效问卷数量 | 问卷有效率 |
| --- | --- | --- | --- |
| 面向远程学生的"远程学习情况调查问卷" | 408 份 | 398 份 | 97.5% |
| 面向远程教师的"远程教学情况调查问卷" | 32 份 | 31 份 | 96.9% |

此次问卷调查分别对问卷的事实性题目、态度性题目进行了信度检验。通过将被调查者所选的答案与其学习状态的事实进行对比,考察事实性题目的信度,对比结果表明,事实性题目所获答案能较好反映其学习情况,因此事实性题目的信度较好。对态度性题目的信度检验采用克隆巴哈系数法,对问卷的总体及各态度性题目进行信度检验,检验结果显示态度性题目具有良好信度。问卷调查中所有的数据整理、统计、分析工作都采用 SPSS 11.5 进行分析,同时采用 Microsoft Office Excel 2003 辅助制图。

通过此次调查,发现在线学习活动应用现状中令人回味的一个现象:学习者虽然普遍认同以讨论交流为代表的在线学习活动,并表示喜欢参与活动,但学习者实际参与这类讨论交流活动却很少,学生应用远程学习的方式更多的是为了获取优秀教学资源,相比较之下利用信息技术开展协作学习的需求不强烈。相关研究中也有同样情况表现。这一现象的产生,与远程教师所采用的教学策略有着密切联系。表 6-2 列举了此次调查中反映的教师采用的在线教学策略,从中可以明显看出教师较少应用在线讨论、在线小组任务等活动。教师经常采用的在线教学策略以在线信息展示、在线讲授为主,而有益于加深学生理解的异步讨论、小组协作学习策略等在远程教学中应用有限,从而产生了与之相适应的远程学习者在线学习活动的倾向。

表 6-3 教师采用的在线教学策略

| 教学策略 | 总是 | 经常 | 有时 | 很少 | 从不 |
| --- | --- | --- | --- | --- | --- |
| 在线讲授 | 80.6% | 16.2% | 3.2% | 0.0% | 0.0% |
| 在线讨论 | 9.7% | 19.2% | 45.2% | 16.2% | 9.7% |
| 在线小组任务 | 9.7% | 9.7% | 25.8% | 32.2% | 22.6% |
| 在线信息展示 | 51.6% | 38.7% | 9.7% | 0.0% | 0.0% |

杨惠等人通过对虚拟学习社区中学习者的高水平知识建构情况与教师的教学组织行为的关系研究时发现,教师的教学组织行为确实会影响学习者高水平的知识建构,具体表现在教师发帖数、主题回复率、深度问题数和深度帖子比率均与学习者的高水平知识建构所占比例成正相关[1]。相关研究也同时发现,由于不同教学风格的教师对网络教学平台的理解和应用方式的不同,会影响到学生在平台中的行为方式及行为对象[2],尤其是对于在线异步交

---

[1] 杨惠,吕圣娟,王陆,等.CSCL 中教师的教学组织行为对学习者高水平知识建构的影响研究[J].中国电化教育,2009(1):64-68.

[2] 况姗芸,李克东.Blackboard 环境下的师生在线行为研究[J].电化教育研究,2007(11):35-39.

互活动,在线辅导教师的教学策略对远程学习者的学习显现出较大影响[①]。教师在远程教学中所应用的组织行为、教学策略、教学风格等,都与其所持有的学习观有着密切联系。综合几方面研究的成果可见,学习活动设计者正是基于对不同类型学习观的认知,才产生与之相适应的各种学习活动设计。因此学习活动设计者所持有的学习观是在线学习活动设计的影响因素之一。

**1. 学习观对于任务设计的影响**

基于不同学习理论的设计者对于在线学习活动设计方法的差异,首先体现在任务设计方面。基于行为主义学习理论的任务设计把学习当作是刺激与反应之间的联结,认为行为是学习者对环境刺激所做出的反应。因此在任务设计中会注重刺激的呈现,并试图通过不断地强化来实现学习者的知识学习。支持在线运行的多媒体课件能够很好地帮助设计者实现设计。不同于基于行为主义学习理论的任务设计,基于认知主义学习理论的任务设计注重通过任务激发学习者的学习兴趣和学习动机,强调将当前的教学内容与学习者原有的认知结构有机联系起来。因此,在其所设计的任务中,学习者成为对外界刺激提供的信息进行选择性加工的主体。能够激发学习者经验的任务设计,如结合自身已有经验的在线讨论交流或者基于自身兴趣组织在线研究小组,是实践基于认知主义学习理论的任务设计。基于建构主义学习理论的任务设计认为的学习环境构成因素——"情境""协作""会话"和"意义建构",集中体现在符合其学习观的任务设计上,在这类任务中学习者的学习是在一定的情境中通过人际间的协作活动而实现的意义建构过程。网络环境下的探究性学习、协作型学习是这类任务的典型代表。

**2. 学习观对于场景设计的影响**

在线学习活动设计中的场景设计,包括的场景序列、角色、资源、工具四个内容。不同的学习理论对于场景设计的各个内容都有着不同程度的影响。行为主义学习理论中的场景设计通常不强调对角色的设计,在其看来学习者只是被动接受的主体;相比之下,其更加注重场景序列的连续及对活动的及时反馈。认知主义学习理论注重创建符合学习者原有认知结构的场景序列和资源工具。在统一的教学目标要求下,基于认知主义的场景设计使得学习者可以达到基本统一的知识结构,这样便于管理和评测学习者,但对于复杂知识、解决问题等能力培养,基于认知主义学习理论的活动设计则力不从心。建构主义学习理论强调在真实的问题情景中,借助社会交往与周围环境的交互,解决真实问题。其应用于在线学习活动设计中的场景设计,往往注重构建在线协作或者合作场景,通过设定学习者的不同身份角色以实现学习活动过程中以意义建构为目的的协作和会话。这类场景比较适合于具备较高自主学习能力的学习者。

黄荣怀等(2008年)发现,基于不同学习理论的移动学习活动设计中,技术扮演着不同的角色,如表6-4所示,其研究还对典型学习活动所对应的典型工具和支持系统进行了归纳。

---

[①] 王晶,李艳燕,等.基于交互分析的协作学习过程研究:以 e-learning 导论在线课程分析为例[J].中国电化教育,2007(6):44-48.

表 6-4　学习活动与技术支持角色[1]

| 学习理论 | 典型学习活动 | 技术角色 | 工具 |
| --- | --- | --- | --- |
| 行为主义 | 阅读学习材料 | 内容生成 | 基于 SMS/MMS 的英语课件<br>WAP 教育网站 |
| | 讲授 | 内容传递 | 虚拟课堂/黑板<br>基于 Podcasting 的课件分享 |
| | 练习/测试 | 训练与反馈 | Flash 课件<br>课堂即时反馈系统 |
| 认知建构主义 | 角色扮演游戏 | 情景模拟、情景感知 | 病毒游戏<br>非洲草原探究游戏 |
| | 问题解决 | 绩效支持、建模工具 | 辅助诊断系统 |
| | 资料搜集 | 信息检索 | 词典<br>移动图书馆 |
| | | 信息记录 | 带有传感器的移动探究设备 |
| | | 位置感知、资源自适应推送 | 博物馆导航 |
| | 反思 | 知识管理 | 学习日历 |
| 社会建构主义 | 讨论 | 通信平台 | 收集即时通信软件 |
| | 共享 | 信息/知识共享 | 移动博客/播客 |
| | 协同创作 | 共同创造作品 | 协作概念图<br>融合地图/位置信息和 Wiki 系统的 WikimMapie/Placeopedia |

**3. 学习观对于辅导支持设计的影响**

三种典型的学习理论对于在线学习活动中的辅导支持有着截然不同的理解和设计方法。行为主义学习理论的辅导支持更注重对学习者学习活动的监控。认知主义学习理论强调学习者是主动进行选择性加工的主体,因此在辅导支持过程中注重对学习者经验的唤醒和对学习者学习动机的激发,这需要建立在对远程学习者特征充分分析的基础上。建构主义学习理论注重意义建构过程中的"人际协作",因此在这一观点影响下的辅导支持设计更加注重促进学习者间以及学习者和教师间的交流协作。在在线学习活动实践中,持有建构主义学习理论的设计者往往通过发布特定的讨论话题以及与辅导教师进行必要的情感交流来促进在线学习活动中的辅导支持。

设计者所持有的学习观是影响在线学习活动设计的重要因素。可以说,在线学习活动设计一定是随着人们对于学习认识的不断深入而不断优化和完善的;同时,学习的研究作为人类认识自我的研究中的一个部分,这一研究过程也一定是漫长的。加拿大学者 George Siemens 提出了联通主义(Connectivism)[2],其作为数字时代的学习理论,将会在在线学习

---

[1] 黄荣怀,Salomaa J. 移动学习——理论现状趋势[M].北京:科学出版社,2008.
[2] 王佑镁,祝智庭.从联结主义到联通主义:学习理论的新取向[J].中国电化教育,2006(3):5-9.

活动设计研究中扮演越来越重要的角色。

## (二) 学习者特征

通过与"远程教育研究方法"网络课程主讲教师张伟远教授的多次访谈发现,学习者的特征会对在线学习活动设计产生影响。以建立网上学习小组为例[①],可以采用在小组中包括一定比例的男性和女性学生,小组成员来自不同地区且成员具有不同工作经验等策略,促使学生更加积极参加在线学习活动。这些策略需要建立在完备的学习者特征分析之上。因此,学习者特征是在线学习活动设计的影响因素之一,其具体包括学习者的一般特征、学习者的准备状态以及学习者的学习风格。

**1. 学习者一般特征**

学习者的一般特征分析是指要了解学习者的文化程度、心理与社会背景等因素,具体来说可包含学习者的年龄层、职业类别、工作经验、角色、性别、受教育程度、所使用的语言,以及学习者是业余学习还是全日制学习,是自愿学习还是被动学习等。在线学习活动中,学习者的一般特征分析结果可应用在学习任务类型、评价类型等选取中。

针对远程学习者的一般特征,国内外都已经进行了系统性的研究。Cross 曾通过对终身学习的分析,阐述了关于成人学习者的特征模型,该模型建立在诺尔斯的成人教育学、Roger 的经验学习和终身教育心理学等理论的基础上,包括两个维度:个人特征和环境特征。Cross 同时指出,学习者是业余学习还是全日制学习会严重影响学习的管理,如在学习时间、学习地点、学习进度等方面[②]。我国丁兴富教授(1998年)提出,学习者特征分析体系共包括七个维度[③],依次是:①有关历史和现状的一般资料;②有关生理、心理和行为的人口学资料;③有关教育、经济、宗教、政治、民族、社会和文化的社会学资料;④有关家庭、工作单位、交通和通信的地理学资料;⑤有关学习时间、学习地点、学习设施和通信条件的情境状态资料;⑥动机动力资料;⑦来自社会各界有关对远程教育院校、对学习者人生和社会生活、对学习者自身的观点和评价资料。

远程学习者一般特征对于在线学习活动设计的影响是方方面面的。以在线的异步交流活动为例,况姗芸(2006年)研究发现,学习者的性格不会导致其浏览行为的差异,但不同性别的学习者在课程论坛中的浏览行为会有差异,女生浏览的积极性较男生高;女生在课程论坛中发帖的积极性比男生在课程论坛中发帖的积极主动性高,而且女生发帖的时间、类型与数量等与教师的发帖行为相关。同时,不同性格特征的学习者在参与异步交流时的积极性也体现出相应的特征[④]。何克抗(2006年)等提出,成人学习者在学习过程中通常具有学习目的明确,学习动机强,对教学效率注重等特点[⑤]。因此,在在线学习活动中,设计一定比例的讨论交流活动符合成人学习者一般特征,但需要注意的是,缺乏控制和管理的在线交流讨论容易偏离预定话题,而对学习活动的完成产生消极影响,因此必须对这类活动给予持续地关注和支持,通过辅导教师的引领和组织使得讨论不断深入,最终取得活动成果。表 6-5 是

---

① 张伟远. 网上学习支持服务的方法和策略(下篇)[J]. 现代远程教育研究,2008(6):9-13.
② 陈庚,安玉洁,李亚春,等. 远程学习者特征研究的现状[J]. 中国远程教育,2005(11):13-15.
③ 丁兴富. 远程教育研究[M]. 北京:首都师范大学出版社,2002.
④ 况姗芸. 课程论坛中的学习行为与学习者特征关系研究[J]. 电化教育研究,2006(8):18-21.
⑤ 何克抗,郑永柏. 教学系统设计[M]. 北京:北京师范大学出版社,2006.

相关研究中针对网络课程学习者一般特征的统计表。

表 6-5　网络课程学习者一般特征的统计表

| 特　征 | 统计信息 |
| --- | --- |
| 基本数据 | 1. 学习者的年龄分布 |
|  | 2. 学习者的性别分布 |
|  | 3. 学习者的国籍 |
| 工作相关信息 | 1. 学习者的工作角色 |
|  | 2. 如果有任何可能,次要的学习者会是谁 |
| 教育程度经验 | 1. 学习者的教育程度 |
|  | 2. 学习者拥有的其他技能证明 |
| 语言 | 1. 主要学习者的本土语言 |
|  | 2. 其余学习者会使用的语言 |
|  | 3. 估算学习者的语言能力——读和听的能力 |
| 其他 | 1. 有没有其他需要考虑的要素 |
|  | 2. 学习者的特殊情况,如视障或色盲 |

**2. 学习者准备状态**

在远程教育环境中,由于学习者对技术应用、教学环境等因素的不适应而造成的许多学习困难现象已经成为影响远程教育发展的瓶颈[①]。这些不适应的产生与学习者的准备状态有着密切关系,因此,远程学习者的准备状态也是设计者进行学习活动设计时必须考虑的影响因素。对于远程学习者元认知能力、自我效能感以及学习需要等内容的分析,是学习者准备状态分析中的重要内容。远程教育中成人学习者的学习需求可以被分为外部需要和内部需要两类,具体包括学习者职业提高的需要、社会交往的需要、社会刺激的需要、外部期望的需要、服务于社会组织的需要以及认知兴趣的需要等。针对中国远程学习者,其选择远程学习的动机往往是来自职业发展或生存的需要等外部动机,较少学习者因为自我能力的发展而产生对学习的内在需求[②]。

远程学习自我效能感是自我效能感与远程教育领域结合的产物[③],是学习者对自己能否利用所拥有的能力或者技能去完成远程学习任务的自信程度的评价,是自我效能感在远程学习领域的具体表现[④]。在线学习中,自我效能感影响学习者对学习任务的选择,决定着学习者在网络学习过程中的持久性以及对待困难的态度等,自我效能感高的学习者往往认知调节能力也相对比较强[⑤]。元认知能力是远程学习者为实现真正意义上的自主学习,在远程教育所创设的环境中所需要的自我计划、自我调节、自我监控、自我评价和总结的能力。衷克定(2007 年)在研究中采用问卷调查法对国内 200 多名远程学习者测试,通过因素分析

---

① 谢家棣,樊旭强.远程开放学习中的控制点与元认知:对高分与低分学习者的对比研究[J].中国远程教育,1999(Z1):26-31.
② 陈丽.远程教育学基础[M].北京:高等教育出版社,2004.
③ 宋继华,周彩霞.远程学习者远程学习自我效能感的调查研究[J].现代教育技术,2008(3):67-70.
④ 王迎,安玉洁,黄荣怀.远程学习者特征模型的构建研究[J].开放教育研究,2006(1):47-53.
⑤ 赵永岐,綦鹏.网络多媒体环境中促进学习者认知调节能力的探讨[J].电化教育研究,2007(4):45-49.

确定了元认知的结构成分,并进一步发现了元认知与远程学习自我效能感间的相关关系,而且通过路径分析确定了元认知知识、元认知体验和元认知监控与远程学习自我效能感的路径关系,提出元认知监控是元认知能力的核心能力[①]。

在线学习者对于远程学习的肯定态度和所具备一定的操作技能是完成在线学习活动的必要保证,这是学习者准备状态分析中所应关注的基本内容。不难想象,对于在线学习持坚决否定态度的学习者或者缺乏相应基本技术技能的学习者,其所参与的在线学习活动必定难以保证效果。在线学习中的破冰活动能够在一定程度上帮助教师了解远程学习者的准备状态,尤其是学习者的态度和所具备的操作技能。一个优秀的在线学习破冰活动设计能够从知识技能、态度和操作技能三个方面,准确地定位学习者现状并进行针对性地支持,提升远程学习者的元认知能力和自我效能感。以对学习者原有知识技能的了解为例,这是破冰活动的主要内容之一,可以通过设定相应的讨论话题来了解学习者已经具备的知识水平,或者可以通过在线测试的方式来判断学习者是否已经具备了完成学习活动所需的技能。当然,对于上述例子也可以尝试应用传统教学中分析判断学习者知识技能起点的常用方法,如让学习者编制某一学科的概念图来判断学习者掌握知识的水平,或者采用加涅和布里格斯等人提出的"技能先决条件"分析方法来判断等,但这些方法都需要针对在线学习环境进行适当地改进。

**3. 学习者学习风格**

在线学习活动的成效与远程学习者固有的学习风格有着密切联系,需要为不同学习风格的远程学习者提供相适应的选择机会。郝丹、张伟远和陈丽针对中国远程学习者学习风格特征,采用三维模型构建方式对学习风格进行深入研究,提出了远程学习者学习风格模型和测量方法,从生理维度、经验维度和心理维度三个方面构造了适合中国远程学习者的学习风格三维理论模型,该模型较全面概括我国远程学习者的学习风格类型特点[②]。

实验表明,学习者的学习风格对学习者的学业成就会产生明显的影响[③],在设计在线学习活动时不同的学习者学习风格与任务类型选择、人际交互开展、资源工具开发等都有着十分密切的联系。陆宏(2007年)根据Kolb学习风格模型,在对远程学习者在线学习行为持续时间进行的研究中发现,不同学习风格的被试在在线讨论时间和阅读时间上表现出了显著性差异,即聚合型和同化型的被试花费了更多的时间用于在线阅读,而发散型和顺应型的被试则花费了更多的时间用于在线讨论[④]。

采用与学习者学习风格相匹配的教学策略和教学方法,能够让学习者对信息记忆的时间更长而且更容易提取与迁移,从而使得学习者采用更加积极的态度面对课程的教学目标[⑤]。在具体的在线学习活动设计中,在线学习者在选择进行某个活动的学习时,教师可以

---

① 衷克定,潘海燕.远程学习者元认知与学习效能感关系分析与研究[J].中国远程教育,2007(23):40-43.
② 郝丹,张伟远,陈丽.中国远程学习者学习特征的三维模型[J].开放教育研究,2005(4):48-52.
③ Kim J,Michael W B. The relationship of creativity measures to school achievement and preferred learning and thinking style in a sample of Korean high school students [J]. Educational and Psychological Measurement,1995,55(1):60-71.
④ 陆宏.网络教学中基于Kolb学习风格模型的实证研究[J].中国电化教育,2007(3):41-44.
⑤ Riding R,Grimly M. Cognitive style and learning from multimedia materials in 11-year children[J]. British Journal of Educational Technology,1999,30(1):43-59.

允许学习者选择不同任务或者进入不同场景,如选择小组协作类任务或者个体建构类任务等。可以利用问卷调查方法了解在线学习者的学习风格,以便设计符合在线学习者学习风格的学习活动。

## (三) 在线学习环境

在线学习环境对于在线学习活动的影响毋庸置疑,因此在线教学平台作为在线学习活动开展所依赖的在线在线教学学习环境显得尤为重要。在线学习环境是在线学习活动设计的影响因素之一,可以依据平台发展演进的几个阶段归纳在线学习环境对于在线学习活动设计的影响。

**1. 学习管理系统**

学习管理系统是随着人们对在线学习的认识以及网络多媒体技术的发展而出现的专门针对在线学习的管理系统,学习管理系统中的学习资源主要以网站内容的形式出现。学习管理系统既有对内容的管理,如课程等,又包括对学习者的管理,且特别注重对学习者的管理,可实现如分类、授权、测试、学习记录的跟踪等。但是,应用学习管理系统的开发课程容易导致无法有效率地再用教材,教材开发时间过长,开发费用过高,教材的呈现方式单一等问题[1];同时存在集成性差,可重用性差等缺点,如电子白板、电子邮件、评注等工具之间以及工具与学习资源之间缺乏联系。

这个阶段的学习管理系统更多的是帮助学习者获取以课程为代表的学习资源,虽然具备一定的辅导支持功能,但是由于学习管理系统缺乏与之相适应的任务和场景设计功能,很难发挥实践作用。严格意义上讲,这一平台发展演进阶段中,在线学习活动并没有实现真正意义上的设计。

**2. 学习内容管理系统**

学习内容管理系统是以学习对象的形式来创建、存储、组装和传输个性化学习内容的系统。依据互联网数据中心(IDC)2001年出版的《学习内容管理系统白皮书》,学习内容管理系统的架构包括四个主要部分。

**教材编辑子系统**:学科内容专家、教学设计人员可以应用此系统简便地生成教材内容。

**动态发布子系统**:将教材转换成各种资源格式(如电子书及数字学习课程等),并发布到学习者端。

**管理工具**:用来管理教材(如搜寻、版本控制等)。

**教材库**:用来统一存放数字化教材。

由于具备教材编辑子系统,学习内容管理系统能够在一定程度上实现在线学习活动设计所需的任务和场景,可以进行简单的在线学习活动设计,如可以利用教材编辑子系统形成与特定任务序列相匹配的场景序列,但是,由于学习内容管理系统仍然是将数字化教材资源的生成和发布作为主要内容,在线学习活动设计功能还很有限,尤其体现在针对学习活动的辅导支持方面。

---

[1] 课程规划人员首先确定出所要开发的新课程;其次,寻找合适的老师,提供所要教授课程的内容,再经由教材设计人员设计出适合该课程的接口,再次,经由程序设计人员及美术人员的参与完成该门课程;最后,将该门课程上传至LMS。

### 3. 学习活动管理系统

不同于前两种管理系统，学习活动管理系统以实现在线学习活动设计为目标。无论学习管理系统还是学习内容管理系统，虽然能够实现教务管理和学习资源的发布和管理，然而两种系统往往都偏重学习资源和管理，却忽视了学习者所进行的学习活动。

随着业界逐渐认识这一问题，IMS 在 2003 年提出并推广学习设计观念，强调将教学设计重点导向学习设计过程，重视学习活动与活动过程的设计。随着后续 IMS LD 规范的发布，遵循该规范的学习活动管理系统已经成为该领域的研究热点，已经出现了如 Reload、Coppercore、Edubox、LAMS 以及 ETA 等多个符合 IMS LD 规范和学习设计思想的学习活动管理工具，其中由澳大利亚 Macquarie 大学所研发的 LAMS 获得最多支持，成为目前广泛应用的学习活动设计工具之一。

LAMS 是一种设计、管理和发布在线学习活动的工具。作为澳大利亚 Macquarie 大学、LAMS 国际股份有限公司和 LAMS 基金会联合开发的开源学习软件，LAMS 已经发展成为一个比较成熟的设计、管理和传递在线协作学习活动的革命性工具。LAMS 整合了在线学习活动创作环境、管理环境以及实施环境，提供了包含多种活动工具的环境来设计学习活动序列，如调查工具、学习纪录工具等；另外，还有一部分"组工具"可以限定组别使用或全班共享[①]。利用 LAMS 的可视化学习活动设计环境，教师可以应用其所提供的多种活动工具，创建一系列围绕预期学习结果的在线学习活动。实践证明，经由设计者设计的活动组合比一般个别的聊天室、讨论区等合作式工具更容易达成预期学习结果。

学习活动管理系统中，学习活动设计已经得到了一定的支持，应用这类系统能够通过设计任务、场景、辅导支持和评价四个构成因素，形成多种在线学习活动。更为重要的是，这一阶段所取得的研究成果很大程度上进一步促进了在线学习活动的深入研究，为这一领域的完善和发展奠定了坚实基础。

在线教学平台领域可以预见的发展趋势之一是将学习者学习风格特征融入教学平台的设计和开发中。这样一来，在线教学平台不仅仅能够实现对任务、场景、辅导支持、评价四个构成因素的设计，同时将影响在线学习活动设计的重要因素——学习者特征也融入教学平台的设计中。

# 二、在线学习活动框架

## （一）已有的在线活动活动框架

在线学习活动框架研究主要包括 CSALT 项目、CANDLE 项目、Dialog Plus 项目、LADiE 项目和 X4L 项目等。以在线学习活动为主是上述项目的共同特征，对在线学习活动框架研究的目的是为了揭示在线学习活动的本质，建立一个用于描述在线学习活动的一般模型。需要注意的是，众多研究尽管提出了在线学习活动框架，但往往不能明确在线学习活动内部各因素间和多个在线学习活动间的关系。在一定意义上，这些活动框架可以作为在线学习活动设计的研究基础。

---

① 吴军其，杨志峰.基于 LAMS 的学习活动设计[J].中国电化教育，2007(4)：104-107.

CSALT 项目旨在研究在线学习活动的本质,在其研究中将学习看作是发生在一定环境中的学习活动序列,区分了设计者计划的"任务"和学习者进行的"活动"。CSALT 项目研究提出的在线学习活动设计框架如图 6-1 所示,这一框架考虑了粒度大小问题,认为教学策略(即教学方法)和教学战术(即具体的教学活动)包含于特定条件下,是为了实现特定目标而执行的行为规范。这两个层次的规范是松散耦合的,因而研究从教学方法到教学活动结构的映射关系很重要。

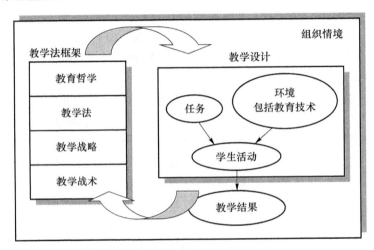

图 6-1  CSALT 项目提出的在线学习活动设计框架

李青在研究中,通过以活动为中心的视角对学习进行分析,将活动作为整个学习的中心;角色因素中的主要内容是学习者,教师和其他人员都是为学习者提供学习服务的人,其活动也是围绕学习展开的;同时,学习目标是学习者的努力方向,很大程度上决定了学习的内容和学习方法。基于此,李青提出了以活动为中心的在线学习活动框架,如图 6-2 所示。

在这一框架中,活动作为整个框架的中心,学习主要涉及活动、目标、资源、学习者和环境五个因素。尽管这一框架的建立对于在线学习活动设计的研究具备一定参考价值,但是该框架并没有将学习活动设计中的诸多必要因素表述出来,如活动的组织方式、活动的任务等。

在线学习活动参考模型 LARM(Learning Activity Reference Model)是 LADiE 项目的主要研究成果。在 Dialog Plus 项目研究基础上,LADiE 应用自顶向下和自下而上的途径。自顶向下的设计中,通过一系列的参与者和学习技术专家间的交流,应用 Dialog Plus 模板,促进参与者与技术专家间清晰而必要的沟通,创造系列的学习活动;自下而上的设计中,学习活动被转化为"Use Case(用例[①])"。在线学习活动参考模型 LARM 作为 LADiE 项目的重要成果,主要用于鼓励教师设计应用适当技术的学习活动,是学习活动设计领域中的主要研究成果之一,这一参考模型的架构图如图 6-3 所示。

LARM 架构图表明了工具和服务如何协调于支持教师创造和运行学习活动的系统,其体现出两方面内容:

---

① 用例指当一个系统响应由外部所发出的请求时,对于系统行为的描述,这里用例可以理解为实现学习活动的具体应用。

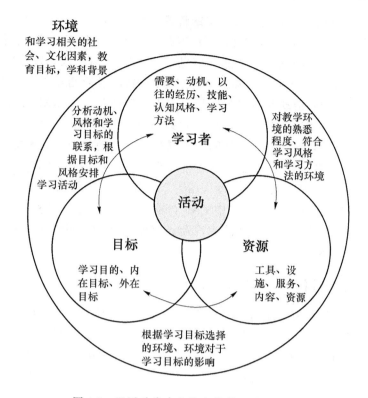

图 6-2 以活动为中心的在线学习活动框架

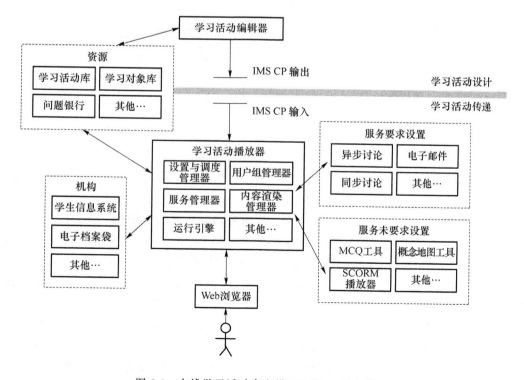

图 6-3 在线学习活动参考模型 LARM 的架构图

① 学习活动创作和学习活动运行之间的传递过程。

② 以下三者之间的关联：a. 创作和运行学习活动的诸多因素；b. 活动所需的技术工具和服务（如 Wiki、Blog、Quizzes 等）；c. 静态信息部件（如学习者记录系统等）。

LARM 认为在设计学习活动时需要考虑三方面内容：学习活动发生的背景、教学所采用的方法以及为完成学习活动学习者和教师需要进行的任务。LARM 强调，这些成分及其之间所形成的关系是在创作和运行学习活动时必须考虑的内容。以学习活动编辑器为例，其可以创作一个新的学习活动，例如，教师可以通过学习活动编辑器输入文本、视频、声音和其他的资源，将指定资源与讨论区或其他交互工具进行链接，并且指定子任务的序列。同时，学习活动编辑工具还可以从学习活动库中存取和输入现有的活动，以便日后应用。

虽然 LARM 声明了学习活动设计中的各个因素，并注重建立与相关标准（如 IMS LD 等）的连接和适应，但该模型侧重于从技术视角诠释学习活动的设计和实施，没有阐明在线学习活动所需包括的诸多必要因素。

## （二）新提出的在线学习活动框架

在线学习活动框架的搭建是进行在线学习活动模型设计的重要基础。搭建这一活动框架的目的在于明确在线学习活动的构成因素及其影响因素间的关系。本章建立在对在线学习活动界定及其本质属性的探究基础上，对在线学习活动构成因素及影响因素进行归纳，形成的在线学习活动框架如图 6-4 所示。

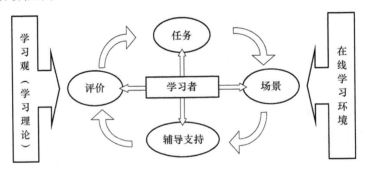

图 6-4　在线学习活动框架

本章所提出的在线学习活动框架包括构成在线学习活动的四类基本因素：任务、场景、辅导支持、评价以及在线学习活动影响因素——学习者因素、在线学习环境因素以及设计者所持有的学习观（学习理论）因素。在线学习活动的四个构成因素密切联系，任务是学习活动设计的起点，旨在实现特定的学习结果；场景和辅导支持是学习者在活动进程中不可或缺的因素；学习者的学习活动只有在特定场景中和相应辅导支持下才能得以进行；评价是指通过对活动成果的评价判定，预期学习结果是否得以实现，并相应地对任务、场景及辅导支持三个方面进行修订。

这一框架以学习者为中心，学习活动的四个构成因素都需要围绕学习者进行设计，无论在任务类型的选取、场景角色的设定，还是评价类型的选择，都需要考虑学习者的各个方面特征。同时，学习者也是四个构成因素间相互影响、相互联系的关键。因此，需要在学习者的在线学习活动设计初始，通过进行学习者特征分析，明确学习者在学习风格、一般特征以及准备状态三方面的状态。在线学习活动设计过程中,这一分析结果需要能够为每一个学习活动的设计提供必要依据,尤其在辅导支持因素设计中。

在线学习环境因素是诸多影响因素之一,其影响体现在每一个构成因素之中,从任务类型的选择到技术工具应用,从辅导支持手段的选择到评价类型的选择。现有的学习环境缺乏从任务、场景、辅导支持以及评价四个构成因素的角度构建。这是因为通常意义中的学习环境往往关注宏观的学习系统环境,并没有将视角聚焦于学习活动层面,而对于在线学习活动产生实质性影响的恰恰是学习活动层面的环境。

学习活动设计者所持有的学习观(学习理论)是影响在线学习活动设计的重要因素。不同的学习理论在探究人类学习本质及其形成机制的过程中,对于学习有着不同的认识,而正是这些认识上的差异形成了在线学习活动的丰富性。如前所述,在线学习活动设计一定是随着人们对于学习认识的不断深入而不断优化和完善的。

## 三、在线学习活动设计策略

在线学习活动的设计中目前已经存在了一些普遍接受的设计准则,如活动的整合性原则、反馈原则等;同时,不同的学习理论对于学习活动的设计也都提供了相应的建议。在线学习活动设计可以简要归纳为如下几点。

活动的可信性(Authenticity)。在情境主义学习理论看来,学徒制和基于工作的学习方式提供了高度可信的学习活动,而实验室环境往往提供了比较可信的研究任务,以帮助学习者学习复杂技能。在产生相对可信学习活动时,由于这些活动都是在一个人为创造的环境中完成,因此方法和成果都是可以预期的。比较情境主义学习理论,联结主义学习理论不强调活动的可信性,而是更关注高度结构化的演练技巧和概念。

规则(Formality)和结构。这主要体现在在线学习活动的组织方式上。在线学习活动可能是高度结构化的和细致排序的,或者在线学习活动可能是不明确定义的,允许学习者开发自己的方式。高度结构化的在线学习活动能够采用序列或者以叙述性的形式呈现;同时,开放式的在线学习活动可以是若干可能性的聚集,并以此作为表现形式。无论是高度结构化的在线学习活动,还是开放式的在线学习活动,都必须遵守相应的规则,这一规则包含了在线学习活动中的各个因素。目前对于在线学习活动组织方式的研究大多还是基于高度结构化的序列形式。

外在表现与内在变化。在在线学习活动设计中,外在表现与内在变化体现出矛盾统一性。当在线学习活动更多关注于学习内容重现的准确性时,学习者会有机会练习所学习的概念或者技能,直至能够准确呈现学习内容;当在线学习活动关注于学习者的内在变化时,学习者有机会将概念或者技能整合到其已有的信念和能力中,反思学习内容的意义以及在更多的背景中理解学习内容。这一矛盾需要通过外在表现和内在变化的统一性设计解决,这是在线学习活动设计所必须关注的。

角色和其他人的重要性。大多数学习过程中都包括与他人的对话交流,这个角色可能是教师或者促进者。即便是同样特征的学习者也可以有不同的角色和方式,无论怎样的角色和方式,在线学习活动都特别强调合作的价值。

在我国的在线学习活动研究中,基于教学论视角出发的研究已经出现了一些较有价值的研究成果。李青认为,一系列学习活动中相同的因素可以组合形成集合,例如,一个在线学习活动序列中所有涉及的角色可以组合成角色集,资源可以组合成资源集,这些集合在一定程度上可以重复使用[1],如图 6-5 所示。

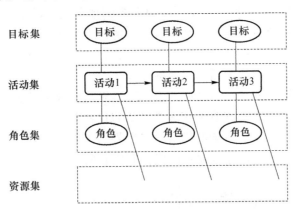

图 6-5　学习活动集合

杨开城基于"教学系统可以看作是在线学习活动的序列"这一基本假设[2],提出了以在线学习活动为中心的教学设计理论。在其理论中,教学设计的基本单位被确定为在线学习活动,教学设计围绕在线学习活动的设计展开。

为帮助设计者设计在线学习活动任务,以在线学习活动为中心的教学设计理论提供了知识网络图变形法。同时,在综合心理学研究成果及 ARCS 动机模型等基础上,杨开城构造了 12 因素学习动力设计模型,可辅助设计者进行在线学习活动设计。杨开城认为,在线学习学习活动的任务设计是在线学习活动设计中最为关键和困难的问题。所有的成分,如交互方式、规则设计等,都需要基于在线学习活动的任务设计;同时,任务设计还必须建立与学习目标的特定联系。在其研究中,杨开城进一步从学习活动与学习目标存在内在联系的角度,对意义建构活动和能力生成活动两类学习活动进行了任务设计,主要应用知识网络图的变形操作 ADM[Add(增)、Delete(删)、Modify(改)]操作来进行。例如,在进行能力生成活动的任务设计时,通过 ADM 操作对实例中的情境因素以及知识推理路径所包含的知识点进行分析,以达到生成新实例的目的。

本章这一部分所提出的在线学习活动设计策略来源于两个方面:一是通过对收集的诸多在线学习活动案例进行深入剖析,归纳其中的有效策略,如学习进度的设计策略;二是对教学设计领域的相关已有研究成果进行提炼,发现其中适应于在线学习活动设计的策略。

## (一) 成果适应策略

如前所述,在线学习活动是学习者以及与之相关的学习群体(包括学习伙伴和教师等)为了完成特定的学习任务和达到确定的学习目标,利用网络学习环境与学习内容进行的交互总和。如何通过任务类型的选择实现预定的学习结果,是在线学习活动任务设计所需要解决的第一个问题。成果适应策略的目标就是选择适合于实现预期成果的任务。

---

[1] 李青.学习活动建模[D].上海:华东师范大学,2005.
[2] 杨开城.以学习活动为中心的教学设计理论[M].北京:电子工业出版社,2006.

通过归纳在线学习活动案例，可以发现，任务类型和在线学习活动的预期成果间有着密切的联系。例如，对于以阅读、观看为代表的同化任务与以小组交流为代表的交流任务，两者所对应的学习结果就体现出较大的差异性。任务类型的划分有多种分类方式，例如，本章在前面研究中曾将任务区分为同化任务、信息处理任务等五种类型。也有研究针对Webquest中所涉及的任务类型，将任务区分为编辑任务、说服任务等十种类型，类似的任务分类研究还很多，但是无论采用哪一种分类标准，关键在于明确任务类型所支持的结果是否能够满足在线学习活动结果的要求。只有选择正确的任务类型，才能够保证学习活动产生预期的学习结果。

成果适应策略就是解决如何选择任务类型的直接方法。简单地说，就是通过分析所设计的任务类型支持成果与在线学习活动预定成果间的关系，来确定选择哪一种任务类型。成果适应策略最基本的应用是进行个体知识建构活动和协作知识建构活动的任务选取。刘黄玲子的研究认为，从学习的过程以及学习目标的角度分析入手，基本的学习活动单元可以分为个体知识建构活动和协作知识建构活动，如表6-6所示[1]。

表6-6 基本学习活动单元

| 学习活动单元 | 学习活动类型[2] | 具体解释 |
| --- | --- | --- |
| 个体知识建构活动 | 学习新概念、规则、理论 | 接受相关学习资料，明确概念的边界、概括实例等 |
| | 搜集信息、观点 | 通过头脑风暴搜集材料，发现、解释并归类客观信息 |
| | 评价信息、观点 | 对信息进行整理排序，从信息中总结出核心观点，提炼观点，进行比较，明确问题 |
| | 反思 | 自我评价能力、绩效、优缺点等 |
| | 解决问题 | 通过调查问卷将问题分割出子问题，综合各子问题，应用规则或新理论、概念等，选择合适的解决方案 |
| 协作知识建构活动 | 呈现和共享信息 | 组织材料，确定他人的观点，创建共享内容，解释共享信息 |
| | 讨论、协商 | 阐明立场，质疑他人的观点，接受监控和评价相互的观点，提供和接受反馈 |
| | 共同创建 | 修改、共同编辑作品和问题解决方案 |

在实际学习活动设计过程中，往往会出现针对一个预期学习结果，可以选择若干种任务类型的情况。之所以应用成果适应策略，是由于在学习活动中，任务类型的选择决定了活动设计和实施过程中的场景、辅导支持以及评价的复杂程度。复杂程度越高，在线学习活动成本也越高。在线学习活动成本是指在设计和实施学习活动过程中所需的各方面条件，包括了时间成本、数字化资源成本、技术工具成本、学术支持成本等。构成在线学习活动的诸多因素都是影响学习活动成本的因素，这些成本都体现在活动中。在目前的在线学习活动设计中，存在这样的一个现象：课程中设计了一些交流任务，但学习者参与度很低。导致这一情况有很多因素，最容易被忽视的是：作为一种任务类型，这些交流任务是否是实现预期学

---

[1] 黄荣怀，Salomaa J. 移动学习——理论现状趋势[M]. 北京：科学出版社，2008.
[2] 表中的"学习活动类型"实质为本章中的任务类型，如前所述，活动于任务的区别在于活动不仅仅包括任务，还包括了支持实现这一任务的一系列因素。

习结果所必须完成的。以 SOLO 分类体系为标准,如果预期的活动成果是单一因素建构层次(对应布卢姆认知目标的指导层次),通过同化任务就可以很好地完成这一预期成果,而不需要成本较高的交流类型的任务。因此,在选择任务类型时,不仅仅要关注在设计这一任务过程中,资源、工具、角色、人际支持、规则指定等多个方面的设计成本,同时更要综合考量这一任务在实施过程中所需要的成本,即学习活动的实施成本,其中既包括学习者成本,又包括学习支持系统成本,如辅导教师、同伴支持或者软件支持成本。因此,选择怎样的任务类型进行学习活动,需要综合考虑两方面内容,即学习活动与其成果的复杂程度以及选择每一任务类型所产生的学习活动成本。

必须要注意的是,学习活动的成本不仅仅是学习者的成本,也包括活动设计者的成本。学习活动的成本决定了基本学习活动类型的设计应用,同时,对于复杂活动,要依据不同的复杂程度(学习目标的复杂程度)采用不同的设计方法。

**示例　个体知识建构活动**
**课程名称**:中国石油大学(华东)2007 年网络教育精品课程"沉积岩与沉积相"
**活动**:沉积岩的基本特征(课程中的活动设计描述)

这一活动以了解沉积岩的基本特征,特别是与岩浆岩的区别为目标。在具体课程活动中,活动设计首先从沉积岩的概念入手,让学习者阅读网上文本;然后通过图片展示其基本特征,并对岩浆岩在矿物成分和化学成分两方面做比较(文本内容);最后阐述三大类岩石的相互作用关系。学习过程中,学生可以看电子文本、PPT 或者视频,三者之间按照章节组织;然后通过课后练习,加深对沉积岩和岩浆岩间区别的认识。全部章节学习完毕后,有若干模拟试题可以用于考察这一知识点。

## (二) 接近真实策略

接近真实策略是指任务和场景的设计需要接近真实的学习者和真实的学习需求,这一策略的实施以完备的学习者特征分析为基础,考虑了学习者一般特征、准备状态以及学习者的学习风格三个方面对活动设计的影响。Levy(2006 年)在研究中将在线学习活动区分为合作学习活动、社会学习活动和被动的学习活动、正式的信息交流活动、正式的学习活动、学习辅助活动和印刷活动,通过问卷调查发现,不同性别的学习者在选择学习活动时有着不同倾向。

对活动设计,尤其是复杂结果的活动设计,尽量接近学习者的真实需求。针对不同学习者,设计符合其特征的任务,以激发其学习动机。在学习者特征分析的基础上,设计符合其特征的相对真实性的任务。如下是"远程教育研究方法"网络课程中的一个活动示例:该活动通过交流任务,促进参与活动的学员对我国远程教育研究中的主要问题,特别是研究方法方面的问题进行反思。这一活动的设计充分考虑了参与课程学习的学员全部来自远程教育实践一线,对远程教育有着比较深刻的了解和体会。

**示例　接近真实策略**
**发帖**:辅导教师
**时间**:2009-03-29 18:14
**讨论主题**:您认为我国远程教育研究中的主要问题是什么?特别是研究方法方面的问题有哪些?

回复：来自广东的学员 ZZY

时间：2009-04-01 11：23

系统的研究方法论的形成是一门学科成熟的重要标志之一。……

关于远程教育研究方法，研究的人太少了，好在中国远程教育的研究人员已注意到了。他们在组织了中国远程教育基本理论与学科体系"等学术圆桌活动之后，又同首都师范大学远程教育研究所于2007年12月23日联合举办了主题为"远程教育研究方法"的"中国远程教育专家论坛"。

回复：来自天津的学员 WXD

时间：2009-04-05 18：19

我觉得远程教育研究中目前面临的最主要的问题是网络文化对远程教育师资的挑战，我们目前从事远程研究的师资力量不足，专业性不强。……但教学质量的问题也日益凸显……提高远程教育师资的素养……是我们必须思考的一个重要课题。

回复：来自上海的学员 LY

时间：2009-04-03 18：04

我觉得现在远程研究中主要的问题，还是数据和样本的缺乏，……通过邮件发送了两千多封调查问卷，但是回收的有效答卷只有二三十份。

回复：来自内蒙古的学员 ZLK

时间：2009-04-08 10：35

上一位老师谈到的问卷调查质量问题，我也有感受……不知道是问卷设计质量，还是调查步骤设计等方面出现问题，有效问卷不太多，因此问卷结果不足以说明问题，这给研究工作带来了困难。

回复：另一位来自天津的学员 WXD

时间：2009-04-01 14：37

在研究方法上主要问题是方法使用比较单一，缺乏一定的规范性，从而影响了研究质量的提升。

回复：来自湖北的学员 HYH

时间：2009-04-01 15：20

个人觉得我国远程教育研究中存在着比较明显的研究人员与实际工作脱节的现象。……研究方法方面，主要问题是样本缺少代表性，这也主要是由于研究者脱离实际工作造成的。

同样，接近真实策略对于在线学习活动的场景设计同样适用。Gulikers等人发现新手在低逼真情境且基于文本的环境下比在用多媒体模拟的高逼真任务情境下表现得更好。Harp等人(1998年)同样报告说"诱人的细节"并不会与学习业绩直接相关。因此，设计接近真实的学习环境，让学习者带着真实任务进行学习，这里的学习环境应具有与实际情况相近的复杂度，以避免降低学习者的认识要求。学习任务可以来源于真实的生活情境，可以在与真实任务环境十分相近的环境中开展，也可以只提供完成任务的机会，但不是有目的地模拟真实的任务环境。

## (三)目标渐进策略

复杂的学习活动往往需要多个任务所形成的任务序列来完成,因此所预先设定的活动目标也是随着诸多任务的逐渐完成而渐进实现的。每一个任务都指向特定目标,这是保证活动成效的必要手段。如何通过设计任务序列实现预期目标,是目标渐进策略所需要解决的问题。

目标渐进策略是通过对任务难易程度进行层级分类,从易到难逐渐实现预期成果的方法。从 Krashen 对任务复杂度界面的理论分析可知[①],任务型学习中的任务不是单一的或孤立的,而是系统的、连续的。任务可能出现在多个层次,如子任务、任务、主任务、扩展性任务等,任务链中前一个任务的成功是完成后续任务的前提。Merriënboer 等人针对任务的层次性提出教学排序原理(Sequencing Principle),认为安排学习任务或复杂的信息,遵循从简单到复杂的顺序比同时笼统呈现要好[②]。在其研究所构建的四成分模型中,主要利用了学习任务层次适应教学排序原理的要求。不同学习层级的任务以及相关的支持性信息要从简单到复杂排序,而在同一层级的不同学习任务中的难度是一样的,如图 6-6 所示。

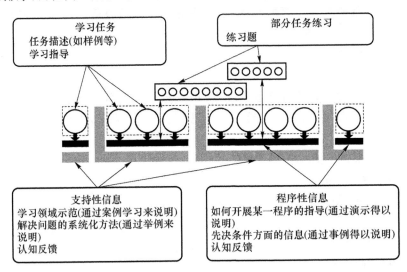

图 6-6 四成分模型的四成分和相关主要原理

目标渐进策略通过明确任务成果,检验任务成果与教学目标的关联性,注意复杂任务成果的复杂性,能够保证预期目标的渐进实现。在线学习活动设计中,为了使学习者成功地完成每个任务,教师设计的任务应由简到繁,由易到难,由浅入深,前后相连,形成由初级任务到高级任务,再由高级任务涵盖初级任务的任务链。可以借鉴 SOLO 分类体系,对预期的成果实现从单一因素建构层次,到多因素建构层次,再到关系建构层次,最终到抽象建构层次。同时,任务要有层次和梯度,每个层次和每个梯度都要有相应的学习者可以容易地达到,以适应不同能力的学习者,并满足学习者在各阶段中的不同需要。应避免在同一水平上

---

① 邓毅群,肖鸣旦.小学英语教学中任务型语言教学的探讨[J].江西教育科研,2006(4):75-77.
② Jeroen J G, Merriënboer V, Kester L. 四成分教学设计模型——面向复杂学习环境的多媒体原理[J].盛群力,徐瑞,译.远程教育研究,2008(2):24-32.

的机械重复,否则,其结果只能使学习者在完成任务时感到厌烦。相应的场景、辅导支持及评价等因素也相应变化,呈现结构渐进的形式。

在线学习活动中,目标渐进策略的实现可以采用两种方法:一种方法是提供一个过程定向的支持,由辅导教师示范是如何来完成这一任务;另一种是提供任务工作清单,指引学习者一步步进行问题解决及推理①。这两种途径都能够保证目标渐进策略的应用。

在北京交通大学国家级网络教育精品课程"计算机应用基础"中,教学资源根据成人学习特点,对每个单元的学习活动都做了详尽的指导,形成了一个完整的学习任务链,学习者可以按照学习任务链一步步完成学习活动。例如,对于每个知识点的学习,学习者可以通过观看教师录像—阅读文字教材—观看 Flash 动画—进行课堂练习活动—完成实验活动—完成自我测试等这样一个学习任务链来完成学习②。如图 6-7 是一个具体学习活动的任务序列文字内容及界面展示。

**示例　任务清单方法**
步骤一:阅读文字教材。
步骤二:观看视频课程的要点讲解。
步骤三:观看建立论文报告演示文稿文体的动画演示。
步骤四:完成学习活动和练习,并检查是否正确,正确请继续下一步学习,否则重新阅读教材相关内容,直到正确理解。
步骤五:通过完成测试题进一步考察是否掌握知识点内容。

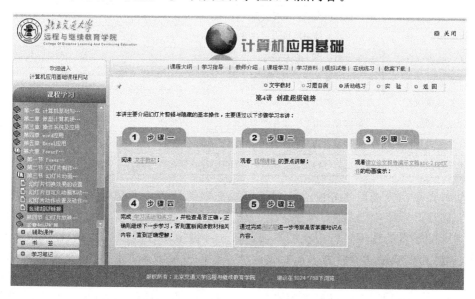

图 6-7　任务序列文字内容及界面展示

需要注意的是,目标渐进不意味着任务序列固定不变。Mayer 等人(2003 年)指出,如果将信息以学习者可控制的章节,而不是连续单元的形式呈现,学习者将会表现出更高的迁

---

① Jeroen J G, Merriënboer V, Kester, L. 四成分教学设计模型——面向复杂学习环境的多媒体原理[J]. 盛群力,徐瑞,译. 远程教育研究,2008(2):24-32.
② 资料来源:北京交通大学"计算机应用基础"网络教育精品课程申报材料.

移测试成绩。在在线学习活动设计过程中,应该允许学习者对任务序列进行适度的调整,这需要与学习活动所发生的场景和辅导支持等因素协调完成。另外,在线学习活动的任务设计还需要体现具体的操作性要求,需要综合考虑在线学习活动的环境,即教学平台所支持的功能。在在线学习活动中,应该保持适度的操作性交互,这样有利于激发学习者的学习动机,并且可以通过变换不同形式来吸引学习者做出反应,如在核对单的方框中打钩、回答多项选择题、写出或键入一段话,等等[①]。

## (四)角色分解策略

在一定意义上,学习者的动机通过前一阶段的任务设计被激发,而对于如何维持学习者的动机,场景的设计非常关键。角色分解策略不仅仅需要设计学习者的角色,同时也需要设计课程辅导教师在不同活动中的角色,这是场景设计中的重要内容。Mclsaac等人建议,教师在在线学习中,更应该表现为指导者(Coach)或者促导者(Facilitator)的角色,通过创造环境使得学习者感受到社会性的存在;同时教师需要呈现一定数量的、个人化的反馈,这是防止学习者感到孤立的有效方法。任剑锋在其研究中,将在CSCL交互活动中教师的角色总结为以下几种角色的综合,如表6-7所示。

表6-7 CSCL交互活动中教师的角色

| 教师角色 | 角色功能 |
| --- | --- |
| 学习空间的设计者 | 为CSCL交互活动的顺利进行创设良好信息化空间 |
| 学习资源的支持者 | 选择和组织充足的学习资源 |
| 学习任务的组织者 | 选定学习主题和小组学习任务 |
| 学习活动的管理者 | 选择和组织协作学习活动 |
| 交互行为的引导者 | 指导学习者之间顺利进行学习交流和协作 |
| 知识共建的咨询者 | 为学习者的知识共建排难解疑 |
| 协作的激励管理者 | 用有效方法增强小组凝聚力、管理学习协作活动 |
| 协作成果的评价者 | 评价学习者的知识共构和个体发展效果 |
| 学习者学习的伙伴 | 以学习同侪的身份介入学习,充当学习者探索的同路人 |

王陆等人采用社会网络分析法[②],在进行虚拟学习社区中意见领袖的研究时发现,在虚拟学习社区社会网络中,教师和部分学生形成了社会网络中的意见领袖群体,这些学习者实际上起到了助学者的作用。针对在线学习,Salmon提出了在线助学教师(E-moderators)这一概念,并认为在线助学教师并不需要是这个课题的专家或是领袖人物,但需要和学习者在某一个课程上至少有相同水平。一些好的在线助学教师通常具有不同的背景,拥有很多的知识和教学经验;同时,在线助学教师必须被学习社区的会员信赖,需要在线助学教师的个人魅力去激发和维持同学们的兴趣。卡恩则认为,在线学习中的调节者主要是按照教育机构制订的指导方针工作,调节者和助进者两者间存在一定差别,助进者的作用在于培育学习共同体,而调节者的作用在于维持学习的运行,简单地说,调节者像监工一样掌管着共同体,

---

① 陈丽.远程教育学基础[M].北京:高等教育出版社,2004.
② 王陆,马如霞.意见领袖在虚拟学习社区社会网络中的作用[J].电化教育研究.2009(1):54-58.

制订规则并期望学习者以一种非常结构化的方式遵守这些规则[①]。

针对学习者的角色分解策略，需依据不同的任务类型进行，例如，在以问题为中心的学习活动，需要区分的学习者角色有展示者、同侪助手、个人学习者等。需要注意的是，资源和工具需要针对不同角色进行设计。在 LAMS 的小组管理区，教师可以对小组成员及其角色进行管理。一般将学习者的身份设定为学习者即可，为了满足教学需要也可以在学习者中指定一名学习者的角色为管理者，拥有管理者身份的学习者可以代替教师起到管理、调控学习活动实施的作用。以"远程教育研究方法课程"为例，为促进每一组 20 名学员中研究兴趣、方向相同的学员进行更密切地交流讨论，辅导教师在每一组中设计了若干研究小组，并在每一研究小组中都设计了小组长角色，用来组织学员间的交流，具体方法如下。

**示例　在线学习活动中学生角色的设定**

为了更好地帮助学员间进行交流，尤其是促进在研究兴趣、方向上志同道合的学员间更密切地协作，本组现在开始采用研究小组方式，即辅导教师设定研究小组，学员自主选择加入，具体流程及要求如下。

① 每位学员可以选择至少 1 个小组加入。加入方式：各位学员可以在本章论坛中看到相应主题帖，如"XXX 研究小组签录处"，对本章小组有兴趣的学员，在主题帖下回复，如"XX 志愿加入 XXX 研究小组……（可以稍微介绍一下自己）"。

② 加入某一小组后，学员需要将加入同一研究小组的学员"加为好友"，以便保持沟通（由于课程论坛依据每一章为独立板块设计，所以务必请加入同一研究小组的学员，相互加为好友）。

③ 学员可采用自荐、推荐形式，申请成为某一研究小组组长（可以分享自己的观点，多多进行拉票），小组长有组织研究小组讨论的权利和义务。

## （五）进度控制策略

仅仅依靠任务和场景，还不足以完成预定的学习活动。辅导设计中，可以通过对学习者学习活动的过程控制，使得学习者逐步实现预期学习结果。有研究提出，如果在线学习活动中只有流程设计而没有过程监管，那么活动的设计是不完整的[②]。

进度控制策略是帮助学习者在学习活动过程中进行时间管理的一种手段。本章调查也表明，参与远程教育的学习者在面临时间管理（平均值＝3.7323）和独立学习能力（平均值＝3.6869）两方面的困难时，明显高于其他类型的困难，如上网费用（平均值＝2.9192）和技术上的限制困难（平均值＝3.3485）[③]。传统教学环境中，学习者的进度由教师控制，学习者缺乏相应的自主性。在线学习活动中，尽管学习者能够依据自己的时间安排进行学习时间管理，但无论对于个体知识建构，还是协作知识建构，都需要实施进度控制，这是在线学习中保证学习效果的必要手段。需要注意的是，控制并非是指控制学习者，限制其主体性发挥，而是指控制学习过程[④]。

---

① 卡恩.电子学习的设计与评价[M].北京：北京师范大学出版社，2005.
② 李新.基于网络的学习活动设计及其案例研究[D].上海：华东师范大学，2005.
③ 问卷调查法依托加拿大国际发展研究中心所资助的 PAN-dora 计划中的中国远程教育实践评价子项目。调查采用利克特量表形式，非常喜欢＝5，喜欢＝4，一般＝3，不喜欢＝2，非常不喜欢＝1，不适用＝0。
④ 赵剑.基于网络的"控制-自组织学习模式"研究[J].中国远程教育，2006(1)：31-34.

复杂的在线学习活动往往是由多个任务构成的任务序列,基于此进度控制成为实现复杂活动的任务序列的管理方式。具体来看,可以按照任务所开展的时间为进度管理的依据,如确定每一周的学习进度;也可以依据学习者实际学习进程为进度管理依据,如建立学习者的学习记录,并依据知识点顺序开放访问权限。前者的进度管理方式可以称为单位时间进度管理方法,比较适合于网络环境中的协作学习活动;后者的进度管理方法可以概括为学习记录进度管理方法。"远程教育研究方法"网络课程中所采用的进度管理方法就是典型的单位时间进度管理方法:由教学平台在每一周自动发布这一周的学习资料,同时辅导教师配合发布这一周的交流讨论话题,学习者则依据学习进度设计逐步展开课程学习。应用学习记录进度管理方法的课程以东北财经大学2007年网络教育精品课程"工程经济学"为例。该课程平台以Flex技术为基础,能够实时动态反馈学习者的学习进度。在学习活动设计中,课程以知识点为课件最小单元,并记录每个知识点随堂练习题通过情况。只有当学习者通过了"前置知识点"习题测试时,才可以进入"当前知识点"进行学习;当测验知识点的习题错误时,可以直接导航到对应的知识点重新学习,从而实现了学习者自主导学。

LAMS学习活动管理系统综合应用了两种进度管理方法,既能够满足学习者协作学习的需求,又适应于学习者的自主学习。LAMS活动序列流程采用了"门"控制的方式,"门"起到调整活动进度的作用。一方面,教学设计人员会为每一任务设计持续时间;另一方面,因为某些活动需要所有成员都完成后才能进入下一个活动,这就需要在这两个活动之间添加一个"门"[1]。拥有管理者身份的人可以在监控者界面观察全体学习者的活动进展情况,选择合适的时机开启"门",当绝大多数学习者完成了"门"之前的学习活动后就可以将"门"打开。可见,两种进度的综合应用需要教学平台的技术支持和辅导教师协作实现。

同时,为提高进度管理的效果,可以通过组织学习者结合教学平台的进度管理功能,制订符合自身情况的学习计划表,促进学习者形成良好的时间管理概念。

## (六)人际交互策略

调研发现,目前我国远程学习者的在线学习以在线视频听课为主,虽然有面授和网络等辅导方式,但学习者的学习过程中仍然缺乏交互与指导。因此,需要在课程设计和开发过程中增加更多的人际交互,为学习者提供更多的交互与指导,才能提高学习者在线学习的效率。针对在线学习活动的人际交流应用相应设计策略,是保证在线学习活动设计模型有效性的必要途径。

在线学习中的人际交流可以区分为异步和同步两类。这两类人际交流活动有着不同的特点,Penna-Shaff等人(2001年)建议,异步协商更为适用反思活动、自我提问和理论解释;同步活动更为适合于社会交流,头脑风暴,但不适于产生争论和统一意见。针对两种类型的交流,其人际交互策略有所不同。

异步讨论中,因为参与者相继参与话题讨论,所以可以清晰地了解前面已经进行的讨论内容,有比较长的准备时间,可以充分发表自己的意见和建议。但是在实际中,异步讨论的内容往往由于缺乏实时管理而产生偏离预定主题的现象。因此,在进行异步讨论过程中,可以采用如下策略:

---

[1] 魏晓燕,罗晋华.学习设计理念及其应用[J].教育技术导刊,2007(9):21-23.

① 明确讨论内容。内容可以是案例分析或者一个观点、一段文字,既可以由教师提供,又可以由学习者发起。

② 引导深入讨论。可以借助适度资源将讨论深入,这充分体现出教师的引导作用。

③ 不断校正话题。因为异步讨论中缺乏实时管理,容易产生与预设讨论内容相偏离,甚至背离的情况,所以必须在讨论过程中,不断校正话题,将其导入预设内容。

④ 总结提炼。因为异步讨论相对缺乏互动性,容易产生参与者"自言自语"的情况,因此必须在讨论结束后,进行小结,系统分析参与者讨论,归纳讨论情况,这样做的目的是为供参与者反思。

同步讨论与异步讨论不同,众多参与者在同一时间段参加,如果设定的话题能够引起参与者的讨论兴趣,很可能由于多人同时参与而导致出现不平等的交流机会。因此,设计同步讨论最为重要的是赋予每个参与者平等的交流机会,也就是话语权,可以应用如下策略:

① 预先公布讨论内容。同步交流需要参与者具备一定的预备性知识,才能及时有效地加入讨论中,因此需要提前公布需要讨论的内容范畴,以便参与者准备;

② 赋予平等交流机会。可以采用固定发言时间等方式,保证每一位参与者具有相对均等的表达机会;

③ 组织分享。需要将同步讨论中的内容记录并保存,这样可以与有需要的人进行分享。

**示例  文献研究的方法异步讨论**

**发帖:辅导教师**

**时间:2009-04-08 12:07**

在您过去的研究中,您是如何进行文献研究的?您获得文献的主要途径有哪些?您如何对文献进行整理和分析?您有哪些有效的方法?

**回复:来自北京的学员 WXJ**

**时间:2009-04-08 12:36**

进行文献研究时首先要通过一定的渠道获得所需要的文献;然后对文献资料进行归类整理;最后获得对自己有参考价值的可利用的文献内容。

关于获得文献资料我常采用的方式是:先利用 NoteExpress 进行关键字搜索,在此基础上找到自己需要的文献目录;然后再到相应的数据库中查找文献全文。对收集到文献按照重要程度和与所研究方向的相关程度进行归类,然后分别精读或略读。在阅读的过程中应撰写文献综述,文献综述的撰写很重要。

值得一提的是,在对文献资料进行归类整理的过程中,NoteExpress 是一个很好用的工具。

**回复:辅导教师**

**时间:2009-04-08 13:28**

谢谢这位老师的推荐,确实如您介绍的,NoteExpress 可以较好地提高文献整理的效率。不知道我们这一组中的其他学员是否应用过?如果还没有,可以尝试在这一章撰写文献综述时应用。如果在应用时遇到一些问题,大家都会积极帮助各位解决。

还有其他学员用过类似的文献管理软件吗?也来介绍一下吧。

**回复:另一位来自北京的学员 WLJ**

时间：2009-04-08 14:01

还没有用过 NoteExpress 这类文献管理一软件，很想学习，从哪里能获得该软件？是在网上下载吗？能否能提供具体信息？

**回复：辅导教师**

时间：2009-04-08 14:44

网上可以下载到，相应的教程也都有。吴老师可以用百度搜索一下，这里我不方便给出链接。

这一类软件可以看作是质性研究的辅助工具，后面会涉及其他软件，如 NVIVO。但这些软件的操作方法不会作为课程的主体内容，同时，非常欢迎有兴趣的老师在这里交流这类软件的应用。吴老师可以多提问，一定会有学员乐于解答的。

**回复：来自湖北的学员 HYH**

时间：2009-04-08 16:40

谢谢两位老师的推荐和介绍！我以前用的是老办法，即卡片摘录的方式整理所需要的文献。最近在使用 Microsoft Office 中的 One Note，感觉也比较方便。

**回复：辅导教师**

时间：2009-04-08 17:49

胡老师又为大家贡献了一个软件，谢谢胡老师。这个软件我也没有用过，胡老师很棒。

**回复：来自北京的学员 WXJ**

时间：2009-04-10 09:16

谢谢胡老师。大家互通有无。

**回复：来自天津的学员 WXD**

时间：2009-04-09 09:18

在外语教学研究中，特别是在英语教学方法对外语学习的功效等领域中，我是通过如下途径进行文献收集的。

（1）大量查阅第三手原版资料。这些原版书籍或期刊我常去亚马逊网站搜集购买，然后从中了解欲研究课题的理论知识。

（2）通过 EBSCO 数据库收录的研究课题相关领域论文（最新研究资料最佳），了解他人研究的方法、分析过程和结果评价。同时，根据不同关键词索引搜索全面的图书馆或网上资料。

（3）关于阅读主要文献，我认为主要文献应具有 2 个特点：

① 与研究课题极度相关；

② 为此领域专家或著名学者个人或团体所著，具有很强的权威性；

我一般通过文献所用的研究方法（定性研究/定量研究/定性与定量相结合）对其进行分类整理。

**回复：辅导教师**

时间：2009-04-09 15:48

小贴士：各位老师在进行文献查找时，可以借助以下六个关键。

（1）关键人物；

（2）关键文章；

（3）关键期刊；

（4）关键会议；

（5）关键组织；

（6）关键概念。

逐一明确后，就应该对所研究领域的内容比较了解了。当然，文献综述的撰写组织时还要依据资料的关系整理而成，不能简单罗列这六个关键，也可以在综述时，记录已有研究所应用的方法，将其用于借鉴反思。

**回复：来自天津的学员 WXD**

**时间：2009-04-10 08:55**

谢谢老师的小贴士，很受启发。

**回复：来自上海的学员 LY**

**时间：2009-04-10 11:40**

谢谢各位老师的贡献，很有帮助，我会试用。

相关研究发现，学习者的在线小组讨论中更多地关注课程的内容和知识、外部引用的信息和小组成员间的情感交流，而涉及解决问题的计划、方法、对学习活动的监控以及自身反思的活动并不多，教师可以在交互过程中适当提醒学生在方法和策略上多思考，使其对自己的学习过程进行反思[①]。在实际在线学习活动设计中，可以将活动的规则设定策略与人际交流策略相配合，如将在线讨论的基本要求以规则的形式发布，这样能够有效提高人际交互的效果，从而保证活动的顺利进行。

---

① 王晶，李艳燕，等.基于交互分析的协作学习过程研究.以 e-learning 导论在线课程分析为例[J].中国电化教育，2007(6):44-48.

# 第七章　在线学习活动设计模型

**本章导言**

在线学习活动的设计模型研究是建立在一系列阶段性研究成果的基础上。首先,研究通过比较分析在线学习活动的定义,明晰其界定及本质属性;其次,应用基于活动案例的构成因素分析方法,明确在线学习活动的构成因素包括了任务、场景、辅导支持和评价;再次,提出影响在线学习活动设计的三个因素——学习者一般特征、设计者所持有的学习理论以及在线学习环境,并搭建在线学习活动框架;最后,在此基础上,通过综合已有的教学设计研究成果和对选取活动案例中的典型策略分析,归纳并阐述在线学习活动若干设计策略。研究阶段示意图见图 7-1。

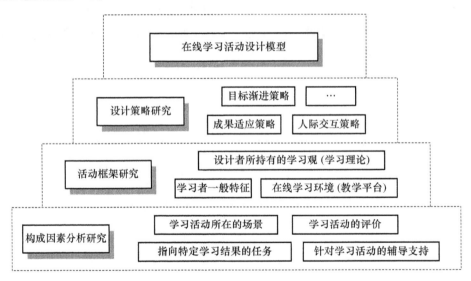

图 7-1　研究阶段示意图

本章旨在通过对已有的阶段性研究成果的归纳整理,构建在线学习活动设计模型。

## 一、已有模型研究

通过对学习活动设计模型已有研究成果的分析,探究模型构建的特点,这是保证本章所提出在线学习活动设计模型能够有效指导远程教学实践的重要途径。本章中选取了四个具有代表性的学习活动设计模型研究成果,分别是梅里尔提出的波纹环状教学开发模式[1]、杨开城提出的学习活动设计的基本流程[2]、黄荣怀(2009)提出的移动学习活动设计模型[3]以及李新提出的基于网络的学习活动设计过程模式[4]。

梅里尔在研究复杂任务的教学设计时,提出了波纹环状教学开发模式,将其作为解决复杂任务的教学设计方法,见图7-2。该开发模式的第一步以聚焦解决问题为起始环节,选择某个具体的复杂真实任务,以代表期望学习者在教学活动结束之后所做的事情;第二步是形成任务序列,即确定一组复杂的真实任务的先后序列;第三步是教学成分分析;第四步是教学策略适配;第五步是教学互动界面设计;第六步是课件制作或定型产品制作[5]。梅里尔将这一模型比喻为投石击水,波纹迭起,逐渐扩展,直至最终完成整个教学设计工作。

梅里尔认为,波纹环状教学开发模式在许多方面都有新的创造,如改变了以往教学设计中只注重相对抽象的目标分析,代之以更为具体的内容设计,并认为该模式会对教学设计模式或教学开发模式的发展起到很好的推动作用。同时梅里尔也提出,波纹环状教学开发模式需要同"五星优质教学"[6]相配合,用来促进实施"五星优质教学"。

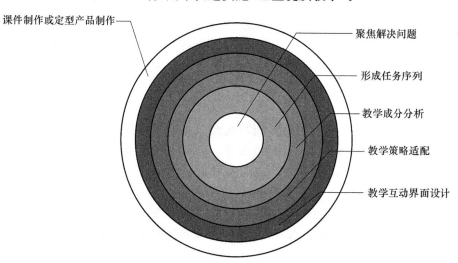

图7-2 波纹环状教学开发模式

梅里尔的这一模型对于在线学习活动设计尤其是复杂的在线学习活动设计,具备一定的指导意义。例如,在这一模型中,强调了形成任务序列的重要性,这与本书中所提出的任务序列具有相同意义。正如本章所述,任务序列的设计是呈现场景流程和实现进度控制的重要依据之一。

---

[1] Merrill M D. A pebble-in-the-pond model for instructional design[J]. Performance Improvement. 2010,41(7):39-44.
[2] 杨开城.学生模型与学习活动的设计[J].中国电化教育,2002(12):16-20.
[3] 黄荣怀,王晓晨,李玉顺.面向移动学习的学习活动设计框架[J].远程教育杂志.2009(1):3-7.
[4] 李新.基于网络的学习活动设计过程模式[D].上海:华东师范大学,2005.
[5] 盛群力,马兰.走向3E教学——三述首要教学原理[J].远程教育杂志,2006(4):17-24.
[6] 梅里尔所提出的教学设计基本原则包括展示论证新知原理、尝试应用新知原理、聚焦完整任务原理、激活相关旧知原理、融会贯通掌握原理。每一条原理实际上有三个具体标准或者推论,这样共有15条标准,梅里尔称之为"五星教学标准"。

杨开城在研究中，针对课程教学提出了学习活动设计的基本流程，并提出学习活动设计时所需要考虑的四方面影响因素，分别是学习者利用资源和工具的熟练程度、学习者的先决知识技能、资源和工具的约束以及教师管理能力的约束，如图 7-3 所示。这一流程中具体的活动设计过程包括三个部分：首先，确定活动的教学目标；然后，在此基础上设计学习活动的任务、流程、监管规则和评价规则等内容；最后，通过分析活动的可行性对前两个步骤进行修正。

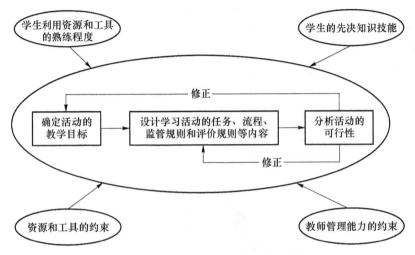

图 7-3　学习活动设计的基本流程①

这一设计流程同样具备一定的参考价值，尤其在于其明确提出了在学习活动设计中需要相应的规则设计，如监管规则和评价规则等。但是遗憾的是，由于这一流程是针对课堂教学中的活动设计而提出的，因此对于学习者在线学习活动过程中所不可或缺的辅导支持缺乏足够考虑。

李新在研究中对基于网络的学习活动设计过程模式进行了分析，并阐述了活动设计的整个过程及各基本环节之间的联系，如图 7-4 所示。他将基于网络的学习活动设计过程模式分为

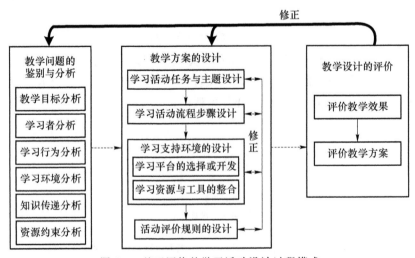

图 7-4　基于网络的学习活动设计过程模式

---

① 杨开城.学生模型与学习活动的设计[J].中国电化教育，2002(12):16-20.

三个环节,分别是:教学问题的鉴别与分析、教学方案的设计以及教学设计的评价。在每一环节中又具体化为若干内容,在教学问题的鉴别与分析中包括有教学目标分析、学习者分析、学习行为分析等六个内容;教学方案设计中包括学习活动任务与主题设计、学习活动流程步骤设计等四个内容;教学设计的评价部分包括评价教学效果和评价教学方案两个内容[1]。

这一模型积极的意义在于,重视了在线学习活动设计中学习支持环境的设计。但遗憾的是并没有关注平台、资源和工具之外的学习活动支持,如辅导教师的作用以及学习者在活动过程中所需遵守规则的制订。同时,该模型对于在线学习活动的一些关键内容,如学习活动流程步骤的设计,并没有提出有效的策略进行支持。

黄荣怀在进行面向移动学习的学习活动设计框架研究中,探讨了移动学习发生的五个条件。同时,黄荣怀通过分析传统教学设计的一般模式及其特点,提出了移动学习活动设计的基本环节,其包括:

① 需求分析。以学习需要、学习者特征和学习环境进行综合分析,避免为技术而技术,为使用而使用。

② "迷你"活动设计。以学习者的活动为中心,在非正式学习环境下将学习任务划分为"微型(迷你)"活动(时长约5分钟左右)。

③ 学习情境设计。将学习任务嵌入社会性活动中,让学习者感知不到学习的存在。

④ 技术环境部署和学习支持设计。部署必要的技术环境,并规划好学习支持活动,以使这些"迷你"活动获得相应的成效。

⑤ 约束条件分析和学习评价设计。对技术环境和学习支持活动进行约束条件分析,并将其对学习的影响纳入学习评价设计中。

基于此,黄荣怀构建了移动学习活动设计模型,如图7-5所示。

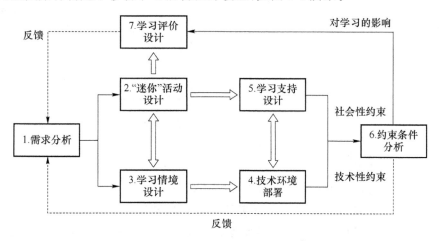

图7-5 移动学习活动设计模型[2]

黄荣怀的移动学习活动设计模型可以作为在线学习活动设计模型的借鉴。但是由于两

---

① 李新.基于网络的学习活动设计过程模式[D].上海:华东师范大学,2005.
② 黄荣怀,王晓晨,李玉顺.面向移动学习的学习活动设计框架[J].远程教育杂志.2009(1):3-7.

者间存在固有差异,仍需要针对在线学习活动模型进行研究。

# 二、在线学习活动设计模型

在线学习活动设计模型的构建作为教育研究领域的模型构建研究,适用于应用定性建模的研究思路。本章中应用定性建模,在明确建模目的基础上,首先,通过对在线学习活动典型案例的分析以及应用综合调查、访谈等多种研究方法,概括在线学习活动的构成因素以及影响因素;然后,搭建在线学习设计框架,针对设计模型提出简要的定性表述;最后,在此基础上,本章结合已归纳的在线学习活动设计策略,构建在线学习活动设计模型。研究过程中已经取得的阶段性研究成果——在线学习活动的界定及本质属性、在线学习活动的构成因素及影响因素、在线学习活动设计的框架和设计策略等内容,都为定性建模的实施提供了充分依据。

本章所构建的在线学习活动设计模型由五个部分组成,分别是背景分析、任务设计、场景设计、辅导支持设计和评价设计,每一个部分中又包含有相应的具体内容,具体模型如图7-6所示。

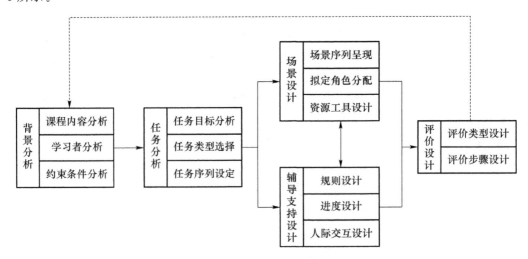

图 7-6　在线学习活动设计模型

## (一) 背景分析

背景分析是进行在线学习活动设计必要的准备阶段,包括课程内容分析、学习者分析和约束性条件分析三个环节。课程内容分析是对所计划开展的在线学习活动预期成果的分析,是明确任务目标、选择相适应任务类型等后续设计活动的依据;约束条件和学习者分析的成果既是后续任务设计阶段的基础,同时也是辅导支持设计和场景设计的必要依据。

**1. 课程内容分析**

课程内容分析是后续任务设计的基础,通过课程内容分析,将教学所需要实现的预期课程目标细化为各个单元目标,从而依靠单元目标的实现完成预期目标。

**2. 学习者分析**

在线学习者的经验背景、知识技能、兴趣专长等方面存在很大差异,这些差异是进行在线学习活动设计中不能忽视的。学习者分析主要通过对学习者原有学习风格、学习者一般特征以及学习者准备状态三个方面的分析,为后续任务设计和场景设计,尤其是辅导支持奠定基础。在线学习活动设计中,教师应该根据学习者分析的成果,以任务类型的选取为着眼点,同时注重在场景中角色的设定以及辅导支持中人际交互的应用。

对于在线学习活动的学习者分析,针对不同特征可以采用相应的分析方法。例如,针对学习者的一般特征,可以通过分析学习者个人资料的方式获取,即对学习者的社会特征、工作经验等进行了解;对于学习者学习风格的分析,可以通过定量分析,借助教学平台的功能支持,随时跟踪学习者的学习过程,记录学习者的学习内容、学习时间等信息,进而应用相关技术对学习过程中所收集的定量信息进行分析,从而确定学习者的学习风格。上述两方面分析都可以结合问卷调查方法来提高分析效率。

针对学习者学习准备状态的分析可以利用在线学习的破冰活动来进行。破冰活动是在线学习活动中有必要进行的复杂活动之一,其复杂的原因在于破冰活动往往需要在认知技能、态度以及操作技能三个方面了解学习者已有水平,更要通过活动设计来实现提高学习者水平的目的。对于学习者认知技能的分析,可以通过在线辅导教师配合相应的人际交互活动来进行,例如,针对学习者对已有经验的陈述或者对特定主题的讨论交流,经由辅导教师的逐一分析来了解学习者已有的认知水平;还可以通过设定关于学习环境的操作练习来帮助学习者熟悉学习环境。关于学习者态度的分析,可以在进行充分人际交互的基础上,结合学习者登录教学平台进行学习的频率、持续时间等数据分析获取。

**3. 约束条件分析**

约束条件分析是对在线学习活动的客观限定条件进行分析,是对预定学习结果能否实现的可行性分析。聚焦于在线学习活动层面的约束条件分析注重任务、场景、辅导支持和评价四个在线学习活动构成因素间的协调性和整体性。例如,协作学习活动对于学习环境的分组协作、角色分配等功能就有相应的需求,同时还需要明确是否具备活动开展所需要的资源和工具。

需要强调的是,约束条件分析不仅仅需要关注学习者完成任务所处的场景(包括角色、资源和技术工具等内容),也要关注在学习活动进程中所需要的辅导支持,这两方面都直接影响着学习活动的顺利完成。对于辅导支持所进行的约束条件分析是活动设计初始阶段所必须考虑的内容。在线学习活动的开展离不开有效的辅导支持,尤其是以各种形式所进行的人际交互活动;但需要注意到,辅导支持同时受到多方面因素的制约,如学习者因素、教学平台因素甚至是辅导教师自身因素。可以通过分析规则支持、进度支持和人际交互支持三个方面的可行性,进行辅导支持的约束条件分析。

在实际在线学习活动设计过程中,课程内容分析、学习者分析和约束条件分析往往针对同一课程或者项目中的学习活动设计,其分析成果被相应地应用于每一个活动的具体设计之中。

# (二) 任务设计

任务设计建立在已经进行的背景分析的基础上。通过背景分析,已经明确了学习活动的预期成果、学习者的已有特征,并综合考量了在线学习活动的约束条件。任务设计作为与背景分析关系最为密切的设计环节,已有的分析成果将对后续的活动设计产生重要影响。

任务设计包括三个部分,即任务目标分析、任务类型选择和任务序列设定。任务目标分析强调学习活动的最终成果及其表现形式;任务类型选择是对于前一阶段任务目标分析成果的直接表现,即通过选择与学习目标相适应的任务类型来促进学习者达到预设的学习结果;任务序列设定是针对复杂活动所形成的一系列任务,如前所述有两种类型的任务序列,即依据任务难度而产生的难度渐进型和依据学习者特征而产生的特征选择型。在实际在线学习活动中,两种任务序列可能同时存在于一个学习活动之中。

通过上述三方面内容的设计,明确实现学习活动成果的任务类型,进而明确活动中的角色设定、资源和工具等内容。任务序列的编排既是场景序列的依据,又是辅导支持中进度设定的重要依据之一。

**1. 任务目标分析**

在线学习活动中任务目标分析的特点相比较与传统教学设计中目标分析的特点,在于其强调学习活动的最终成果及表现形式。在分析过程中,首先要明确目标属于哪个领域,对于知识技能领域的目标而言,还要明确该目标属于哪个知识类型和操作类型;其次,要明确阐明特定在线学习活动的预期学习结果。

**2. 任务类型选择**

任务类型选择需要考虑学习目标、学习者一般特征以及约束条件,是对背景分析成果的综合应用。活动中任务的设计至关重要,选择任务类型直接决定着在线学习活动的成效。优秀的任务设计不仅能够将新知识与学习者原有的知识技能建立联系,而且能够在新知识与学习者生活经验、实践领域以及学习者的兴趣点之间建立联系,以此实现学习者预期活动成果。任务类型选择的方法有以下两个具体设计策略:成果适应策略和接近真实策略。

成果适应策略是通过比较所设计的任务类型支持成果与预定学习活动成果间的关系,来确定选择的任务类型,而对在线学习活动成本的判定是实现成果适应策略的重要依据。在线学习活动成本是指在设计和实施学习活动过程中所需的各方面条件,包括了时间成本、资源成本、技术工具成本、辅导支持成本等,构成在线学习活动的诸多因素都是影响学习活动成本的因素。这里突出强调的是,在任务类型选择过程中,不仅仅要关注在设计这一任务过程中资源、工具、角色、规则制订等方面的设计成本,还要综合考量这一任务在实施过程中所需要的成本,即学习活动的实施成本,其中既包括学习者成本,又包括学习支持系统成本,如辅导教师、同伴支持以及软件支持成本等。

接近真实策略是指任务和场景的设计需要接近真实的学习者和真实的学习需求,这两方面以完善的学习者特征分析为基础。针对复杂结果的任务设计,要尽量接近学习者的真实需求;针对不同学习者,要设计符合其特征的任务,以激发其动机。同时,接近真实策略对于在线学习活动的场景设计同样适用,通过设计接近真实的学习环境,让学习者带着真实任务进行学习,这里的学习环境应具有与实际情况相近的复杂度。学习任务可以是来源于真实的生活情境,可以在与真实任务环境十分相近的环境中开展,也可以只提供完成任务的机会,而不仅仅是对真实任务环境的模拟。

**3. 任务序列设定**

任务序列设定是活动设计者完成复杂学习活动设计所必须关注的内容。在线学习活动往往需要通过特定的任务序列,实现预定的学习目标,这是由于复杂活动要由多个任务渐进实现,因此任务序列是在线学习活动任务设计的重点。在具体活动中,任务序列往往表现为特定的流程,经过严密设计的任务序列有利于预期学习活动结果的实现。

在学习活动设计过程中,任务序列可以区分为两种典型的任务序列:一是依据任务难度而产生的渐进型;二是依据学习者特征而产生的选择型。针对如何设定渐进型的任务序列,梅里尔在研究复杂活动时,提出了波纹环状教学开发模式。这一模型中的第二步就是确定一组复杂的真实任务的先后序列,也就是本章中的任务序列。梅里尔认为,任务序列的实现首先需要确定在这一序列中有多少不同的任务要完成,并实际去完成这些任务;然后,依据任务的复杂程度、难度水平和所包括的具体知识技能的数量多少来对任务排序,并检查内容覆盖的程度,以确保当学习者完成任务序列中的每一个子任务时,能够掌握必要的知识技能去完成新的任务;最后,对任务的序列做出必要的调整,确保覆盖教材内容。

本书提出了目标渐进策略,可用其实现任务序列的设定。目标渐进策略是通过对任务的难易程度进行层级分类,从易到难逐渐实现预期成果的方法。可以借鉴 SOLO 分类体系,对预期的成果实现从单一因素建构层次,到多因素建构层次,再到关系建构层次及抽象建构层次。同时,相应的场景、辅导支持及评价等因素也相应变化,呈现结构渐进。需要注意的是,对于学习者来说,任务序列并不是一成不变的,而是可以随着学习者的学习情况进行适当调整的。

任务设计的阶段性成果是能够支持学习目标实现的任务类型以及与之相适应的任务序列。在线学习活动的后续设计中,本阶段的研究成果将发挥重要作用,尤其体现在场景序列的呈现、资源工具的设计等方面。

## (三) 场景设计

场景设计是对学习活动所处环境进行设计,其所涉及的具体内容与任务类型有着极为密切的联系。场景序列呈现、拟定角色分配、资源和技术工具设计三方面内容是这个设计阶段的重点。场景序列是一系列场景的组合,是任务序列的具体表现,学习者就是在具体的场景序列中,依据规划设计的任务来实现预定学习结果的;场景中的角色依据不同任务类型而设定,这里的角色不仅仅是学习者所要扮演的角色,也包括教师在学习活动进程中的角色;资源和技术工具同任务类型有着密切联系。

**1. 场景序列呈现**

场景序列是任务序列的延伸。这一环节中的场景序列呈现设计主要依据在任务设计阶段所生成的任务序列进行设计。因此,合理的任务序列编排是场景序列设计的根本。对应两种类型的任务序列,场景序列也有两种表现即场景序列的顺序呈现和场景序列的选择呈现。两种方式的场景序列在在线学习活动设计的实际中,通常结合使用,即为实现预期活动成果,某些任务应用顺序呈现方式,而在一些任务中则应用选择呈现方式。这一具体安排主要依据任务类型、学习者般特征以及教学环境的实际情况等方面综合设定。

**2. 拟定角色分配**

拟定角色分配是为学习者和教师设定在学习活动进行过程中所具有的职能、权限以及相适应的资源和工具的设计环节。这一环节是实现设定任务类型的必要阶段,以任务类型为角色设定的根本依据,并注重参考学习者特征分析结果,尽可能设定符合不同学习者特征的角色。在线学习活动管理系统中,小组管理区应用了针对学生的角色分解策路,通过教师指定小组中的个别学习者为管理者角色,以代替教师起到管理、调控学习活动实施的作用。

而教师在对学习活动进行辅导支持的过程中，更应该表现为指导者或者促进者的角色，通过创造环境使得学习者感受到社会性的存在，同时教师需要呈现一定数量的、个人化的反馈，这能够有效防止学习者在活动进行过程中孤独感的产生。

#### 3. 资源和技术工具设计

与学习活动成果相适应的资源和工具是完成学习活动预期成果的必备要素。技术工具是完成任务过程中需要使用的支持工具，技术工具与任务类型之间存在一定的关联性，即不同类型的任务需要配合应用相应的技术工具，同时，随着任务难度程度的提高，往往需要综合应用多种技术工具。资源则包含学习者用来达到学习目标的相应内容，在线学习活动中的资源可以区分为两类：一类是在活动开始时就由活动设计者提供的资源，如阅读材料、多媒体课件、相关案例库等；另一类资源是随着活动的进行，由学习者自己或者学习者之间、学习者与辅导教师之间的交互所产生的资源，如学习者作品集、学习者搜集的数据资料、讨论区中的交流信息等，这类资源即可以作为学习活动的评价依据，也可以作为下一阶段学习活动开展的资源。

如果进行资源的开发，需要注意在资源制作的各个方面符合远程学习的特点，如学习者的接受特征、交互界面特征等，尽可能从资源的设计粒度满足活动需求，形成面向活动的资源。更为重要的是，资源设计中必须考虑远程教学学习支持的特征，在设计时将必要的人际交互嵌入资源的开发之中，这是促进远程教育教与学再度整合的有效途径。

场景设计阶段通过场景序列呈现、拟定角色分配、资源和技术工具设计三项内容，应用前一阶段相应的分析成果，对在线学习活动设计进一步推进。后续设计活动——辅导支持设计建立在场景设计基础之上。

### （四）辅导支持设计

辅导支持设计为在线学习活动的有效实施提供了必要的保证，是在线学习活动不同于传统环境下学习活动的重要体现。归结来看，要在在线学习活动中产生辅导支持设计，根源于远程教育教与学再度整合的需要。

规则设计、进度设计和人际交互设计是在线学习活动中辅导支持设计阶段的具体内容。规则设计是制订学习者实施学习活动所必须遵守的一系列规范和提出提高学习活动效果所需的针对性建议；进度设计建立在对场景序列的延续和学习者学习实际进度的记录基础之上，以协助学习者进行远程学习中的时间管理为目的；人际交互设计作为学习支持实现的普遍方式，是辅导支持设计阶段所需要设计的重要内容之一。

#### 1. 规则设计

在线学习活动的规则是基于学习活动层面提出的学习者行为规范和针对性建议，具体包括有学习者参与活动的频率、形式，激励学习者参与活动的方法以及在线协作学习中的分组规则、讨论交流规则等。传统教学设计中关注整个教学的系统性，而在线学习活动设计注重活动层面的系统性，因此面向活动的规则设计更多地考虑这一微观层面的系统性。有研究将规则支持称为"活动监管"，认为其是学习活动的微观控制，集中在监管规则的设计上。进行在线学习活动中的规则设计需要针对特定的学习结果及相适应的任务类型，有针对性地制订。

**2. 进度设计**

远程学习者时间管理技能的缺失已经成为影响在线学习活动效果的重要因素,而进度支持作为组成辅导支持因素的重要内容,就是时间管理在在线学习活动设计中的具体表现。进度支持不等同于任务序列和场景序列,但是与两者有着密切的联系。在线学习活动设计中,进度支持可以具体表现为明确的学习进度规划、依据学习记录进行的进度管理等。

进度控制策略是进度设计过程中可以应用的策略。进度控制是帮助学习者在学习活动过程中进行时间管理的一种手段,控制并非是指控制学习者,限制其主体性发挥,而是指对学习过程的进度控制。复杂的在线学习活动往往是由多个任务构成的任务序列,因此进度控制成为实现复杂活动的任务序列管理方式。具体设计中,可以将任务所开展的时间作为进度管理的依据,或者将学习者实际学习进程作为进度管理依据,前者的进度管理方式可以称为单位时间进度管理方法,比较适合于网络环境中的协作学习活动;后者的进度管理方法可以概括为学习记录进度管理方法。

进度设计的初衷是为了促进学习者形成良好的时间管理概念。因此在具体活动设计中,可以让学习者结合教学平台的进度管理,制订符合自身情况的学习计划表,这可以在一定程度上解决学习者的时间管理问题。

**3. 人际交互设计**

人际交互是实现远程学习者学习支持的重要手段。在远程教学中,无论学术性支持还是非学术性支持,很大程度上都需要依靠人际交互实现。具体到每一个在线学习活动中,人际交互表现为不同形式。

## (五)评价设计

评价设计是对学习者是否达成预定学习结果的判定方法的设计。只有基于对学习结果的评价,才能对学习活动设计和实施过程中的其他构成因素,如任务设计、场景设计以及辅导支持设计等,进行适当的修订。在线学习活动的评价设计具体包括两方面内容:评价类型设计和评价步骤设计。

**1. 评价类型设计**

评价类型设计目标在于选取合适的评价方法进行活动成果评价。在线学习活动中,评价类型可以依据不同的标准划分为多种类型,常用的评价类型可以依据评价的主体划分为自我评价和他人评价。由于评价设计与设计者所选择的任务类型之间有着密切联系,不同任务类型所产生的活动结果不同,因此所应用的评价类型也不同。因此可以通过对任务类型的划分,来确定在学习活动中可以应用的评价类型。

**2. 评价步骤设计**

在线学习活动需要相应的评价步骤。在评价步骤的设计过程中,各步骤的顺序通常和任务序列、场景序列的顺序相一致,这也是保证在线学习活动设计成效的重要方法。通过依据一定步骤所开展的评价能够保证在线学习活动设计的有效性,尤其是对于判定活动成果和形成预期学习结果有着很好的支持作用。

# 第八章 在线学习活动设计实践案例

**本章导言**

本章提供了一个较为完整的课程学习活动设计范例,并在此基础上,针对导入、讲解、测评三类典型教学行为,规范化提出了 40 种在线教学中可以选择使用的学习活动案例,每一个案例都按活动描述、设计需求、案例课程、实例图四个维度进行撰写。需要说明的是,这里的案例课程都是作者所在团队的同事们共同探究的结果。

## 一、导入活动案例

(1) 活动名称:场景对话导入。

活动描述:以师生问答的场景对话形式作为每一章导学,提出本章要学的基本内容、难点重点以及学习方法。

设计需求:教师设计对话脚本,制作公司设计场景。

案例课程:软交换与 NGN。

实例图:见图 8-1。

图 8-1　场景对话导入

(2) 活动名称:任务引领导入。

活动描述:在知识点讲解之前,以明确的任务引领学习者的学习,注重任务自身和学习内容的关联。

设计需求:无。

案例课程:数据结构。

实例图:见图8-2。

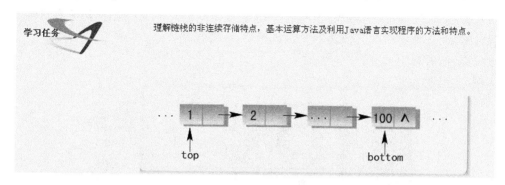

图8-2　任务引领导入

(3) 活动名称:问题导入。
活动描述:在知识点学习之前,应用与知识点相关的问题来引导学习者的学习。
设计需求:由教师设计问题,这些问题需既与学习者经历相关,又与知识点内容相关。
案例课程:客户关系管理。
实例图:见图8-3。

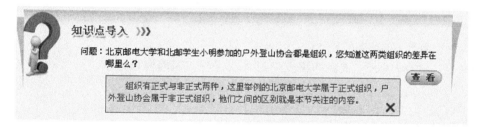

图8-3　问题导入

(4) 活动名称:情景导入。
活动描述:在知识点学习之前,引入一个与学习者经历相关的情境,导入知识点学习。
设计需求:教师设计脚本。
案例课程:操作系统。
实例图:见图8-4。

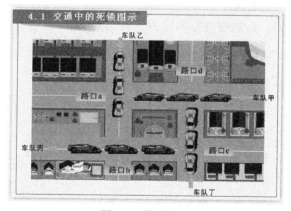

图8-4　情景导入

111

(5) 活动名称：案例导入。

活动描述：以完整的真实或者虚构的案例导入知识点学习，每一案例需要有讲解。

设计需求：选择的案例可以为四个漫画形式，也可以是 Flash 动画。

案例课程：管理学原理。

实例图：见图 8-5。

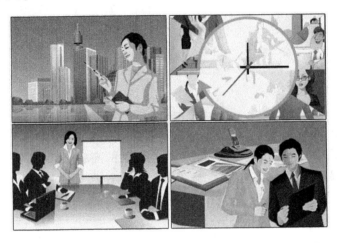

图 8-5　案例导入

(6) 活动名称：内容提要导入。

活动描述：以陈述的方式在知识点学习之前进行知识内容描述。

设计需求：无。

案例课程：数字通信原理。

实例图：见图 8-6。

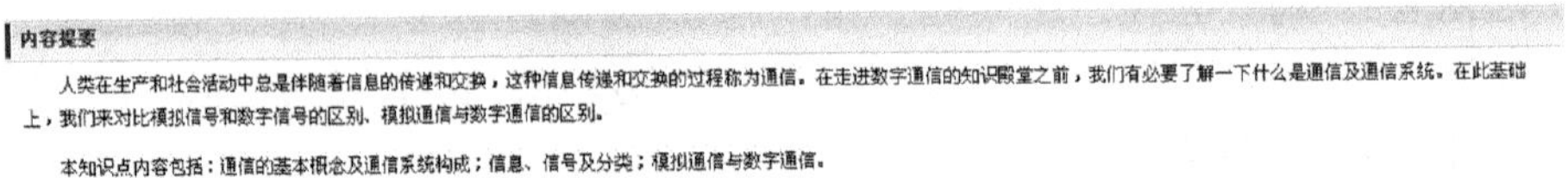

内容提要

人类在生产和社会活动中总是伴随着信息的传递和交换，这种信息传递和交换的过程称为通信。在走进数字通信的知识殿堂之前，我们有必要了解一下什么是通信及通信系统。在此基础上，我们来对比模拟信号和数字信号的区别、模拟通信与数字通信的区别。

本知识点内容包括：通信的基本概念及通信系统构成；信息、信号及分类；模拟通信与数字通信。

图 8-6　内容提要导入

(7) 活动名称：知识点前测导入。

活动描述：在学习知识点之前进行知识测试，以判断学习者是否具备完成知识点学习所需的知识。

设计需求：无。

案例课程：数字通信原理。

实例图：见图 8-7。

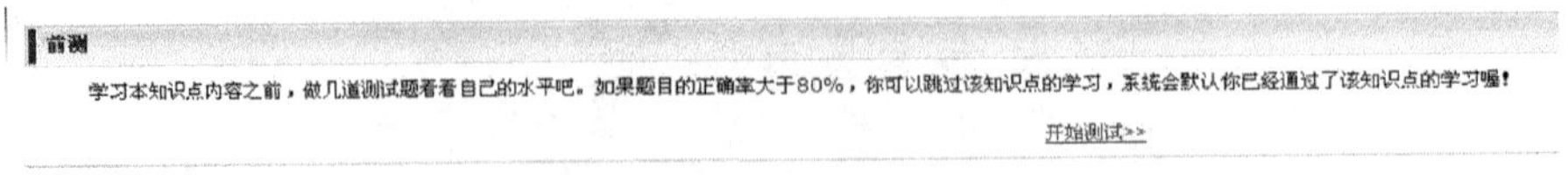

前测

学习本知识点内容之前，做几道测试题看看自己的水平吧。如果题目的正确率大于80%，你可以跳过该知识点的学习，系统会默认你已经通过了该知识点的学习喔！

开始测试>>

图 8-7　知识点前测导入

(8) 活动名称:复习导入。

活动描述:学习新知识点之前,先复习与本知识点密切相关的知识内容。

设计需求:无。

案例课程:数字通信原理。

实例图:见图 8-8。

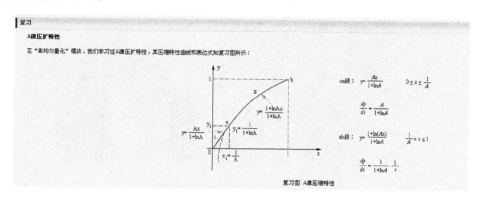

图 8-8　复习导入

(9) 活动名称:课程学习活动列表导入。

活动描述:在课程显著位置,以列表形式提供课程各个阶段的活动列表,同时包括阶段作业提交时间的提醒。

设计需求:无。

案例课程:数字通信原理。

实例图:见图 8-9。

| 计入成绩的学习活动 | | | 学习内容 | 与学习流程控制相关的学习活动 | | | | | | 时间安排 |
|---|---|---|---|---|---|---|---|---|---|---|
| | 阶段作业 | 观摩实验 | | 专题大家谈 | 我知道更多 | 拓展学习 | 每章一测 | 实时辅导与集中答疑 | 动手做 | |
| | 作业一 7% | 一般仪表 3% | 第1章 | 论题1 | | 读一读1<br>读一读2 | √ | √ | 活动1 | 3月1日—3月14日 |
| | | 信号源 3% | 第2章 | 论题2 | 任务1 | | √ | √ | 活动2<br>活动3 | 3月15日—4月18日 |
| | | | 第3章(选修) | | 任务2 | | | √ | | 4月19日—4月25日 |
| | 作业二 7% | | 第4章 | 论题3 | | 读一读3<br>读一读4 | √ | √ | 活动4 | 4月26日—5月16日 |
| | | | 第5章(选修) | | | 读一读5 | | √ | | 5月17日—5月23日 |
| | 作业三 8% | 通信仪表 4% | 第6章 | | | 读一读6 | √ | √ | 活动5<br>活动6<br>活动7 | 5月24日—6月6日 |
| | 作业四 8% | | 第7章 | 论题4<br>论题5 | 任务3 | 读一读7<br>读一读8 | √ | √ | | 6月7日—6月20日 |
| | | | 期末考试 | | | | | | | 6月26日下午 2:30-4:00 |
| 合计 | 30% | 10% | 60% | | | | | | | |

图 8-9　课程学习活动列表导入

(10) 活动名称:章导学活动导入。

活动描述:在章学习之前,以虚拟讲解形式,介绍本章学习内容、难点及学习方法。
设计需求:无。
案例课程:数字通信原理。
实例图:见图 8-10。

图 8-10　章导学活动导入

(11) 活动名称:章学习活动列表导入。
活动描述:在每一章学习前,以列表方式呈现本章学习活动。
设计需求:无。
活动课程:数字通信原理。
实例图:见图 8-11。

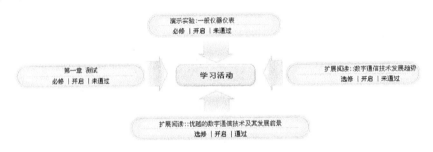

图 8-11　章学习活动列表导入

(12) 活动名称:知识点活动导航导入。
活动描述:通过呈现知识点中的讲解内容和学习活动,导航学习者学习。
设计需求:知识点中包括相关学习活动。
案例课程:软交换与 NGN。
实例图:见图 8-12。

(13) 活动名称:学前评估导入。
活动描述:进行所有知识点学习之前,先行检测学习者知识掌握情况,依据知识点难易程度,进行学习建议。
设计需求:教师对知识点进行难易程度区分。
案例课程:管理学原理。
实例图:见图 8-13。

图 8-12　知识点活动导航导入

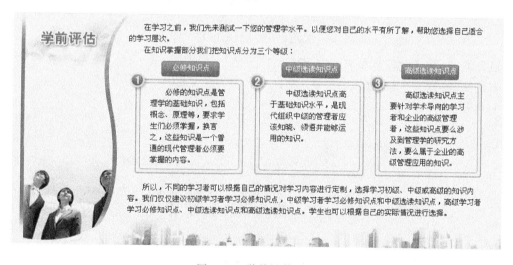

图 8-13　学前评估导入

# 二、讲解活动案例

（1）活动名称：互动讲解。

活动描述：学习者可以以时间轴或者点击交互两种方式，实现对知识点内容的讲解，时间轴方式可以自动播放，点击交互则由学习者自行选择。

设计需求：知识点内容以框图为主要表现形式，同时教师需要录制相应配音。

案例课程：软交换与 NGN。

实例图：见图 8-14。

（2）活动名称：热字交互。

活动描述：以页面热字以及弹出话框的形式对知识点内容中的关键内容或者相关知识内容提供文字讲解。

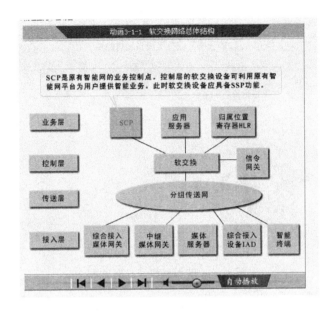

图 8-14　互动讲解导入

设计需求：文字数控制在 200 字以内。
案例课程：软交换与 NGN。
实例图：见图 8-15。

图 8-15　热字交互

（3）活动名称：师生问答。
活动描述：以师生问答形式，展开知识点内容讲授。
设计需求：无。
案例课程：会计学。
实例图：见图 8-16。
（4）活动名称：想一想。
活动描述：在知识点学习过程中，依据知识点进度安排随学测试。
设计需求：测试题与上下文知识点内容相关。
案例课程：软交换与 NGN。
实例图：见图 8-17。
（5）活动名称：案例解析。
活动描述：案例解析是案例导入的延伸。

设计需求:无。
案例课程:管理学原理。
实例图:见图 8-18。

图 8-16 师生问答

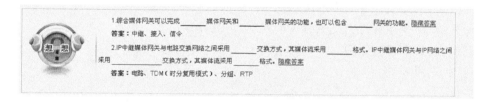

图 8-17 想一想

图 8-18 案例解析

(6)活动名称:学习成果共享。

活动描述:展示前一期学员的学习成果,以激发学习者学习积极性。

设计需求:无。

案例课程:管理学原理。

实例图:见图8-19。

图8-19　学习成果共享

(7)活动名称:讨论交流。

活动描述:教师设计论坛中的话题,引导学习者讨论交流。

设计需求:需要注意讨论交流的成本控制,不能设计过多讨论。

案例课程:数字通信原理。

实例图:见图8-20。

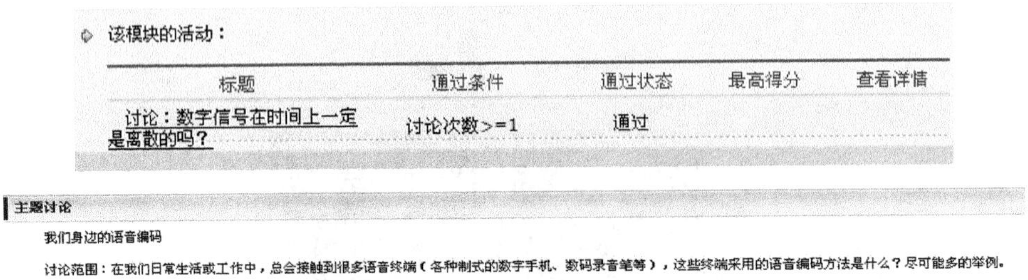

图8-20　讨论交流

(8)活动名称:资料搜集。

活动描述:引导学习者课后搜集与知识点内容相关的扩展资料。

设计需求:无。

案例课程:数字通信原理。

实例图:见图8-21。

(9)活动名称:实践指导。

活动描述:网络课程中的实践操作往往是薄弱环节。目前可以采用提示形式,来指引学习者开展实践操作。

设计需求:需考虑课程内容的适用性。

案例课程:数据结构。

实例图:见图 8-22。

搜集MC14403单路编解码器、TP3067单路编解码器等单片集成PCM编解码的相关资料。

图 8-21 资料搜集

请按照前面的提示,到SUN公司的网站上下载最新版本的JDK。

图 8-22 实践指导

(10) 活动名称:扩展阅读。

活动描述:在每一个模块/知识点学习后,针对性地提出相关扩展阅读材料。建议采用图 8-23 所示的"问-答"形式,增强阅读的交互性。

设计需求:无。

案例课程:数据结构。

实例图:见图 8-23。

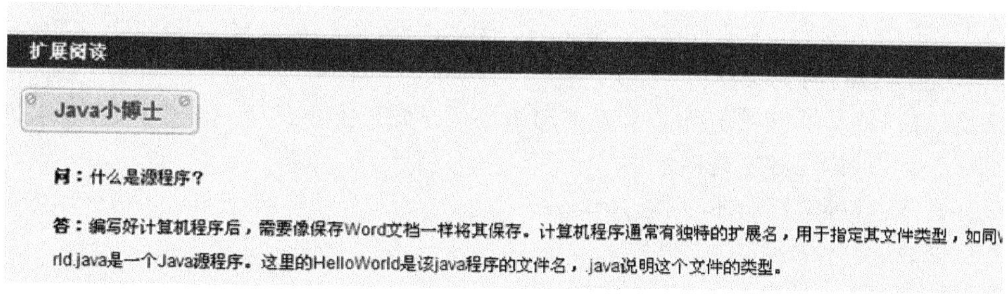

扩展阅读

Java小博士

问:什么是源程序?

答:编写好计算机程序后,需要像保存Word文档一样将其保存。计算机程序通常有独特的扩展名,用于指定其文件类型,如同rld.java是一个Java源程序。这里的HelloWorld是该java程序的文件名,java说明这个文件的类型。

图 8-23 扩展阅读

(11) 活动名称:扩展思考。

活动描述:利用与知识点学习内容相关的扩展学习内容可激发学习者进一步思考。

设计需求:无。

案例课程:操作系统。

实例图:见图 8-24。

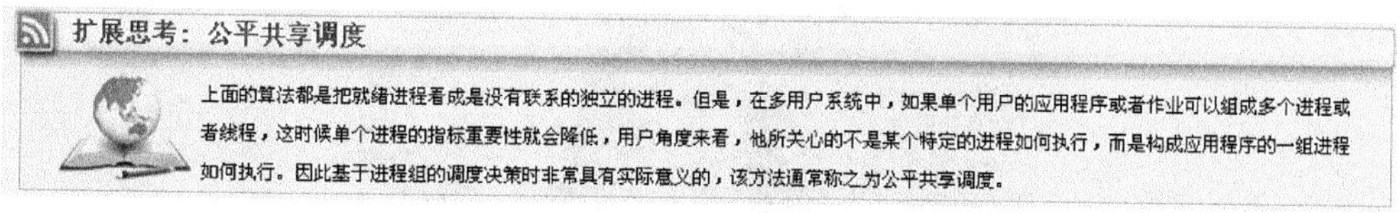

扩展思考:公平共享调度

上面的算法都是把就绪进程看成是没有联系的独立的进程。但是,在多用户系统中,如果单个用户的应用程序或者作业可以组成多个进程或者线程,这时候单个进程的指标重要性就会降低,用户角度来看,他所关心的不是某个特定的进程如何执行,而是构成应用程序的一组进程如何执行。因此基于进程组的调度决策时非常具有实际意义的,该方法通常称之为公平共享调度。

图 8-24 扩展思考

# 三、测评活动案例

(1) 活动名称:填空测试。

活动描述:针对知识点中的关键概念,利用JavaScript脚本实现填空测试。

设计需求:无。

案例课程:管理学原理。

实例图:见图8-25。

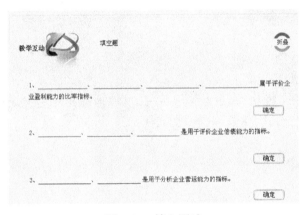

图 8-25　填空测试

(2) 活动名称:闯关练习。

活动描述:将利用问题引导的交互式动画应用于知识点中的重点教学内容,以实现高阶认知目标的学习,体现教学趣味性。

设计需求:教师进行脚本创作。

案例课程:会计学。

实例图:见图8-26。

图 8-26　闯关练习

(3) 活动名称：知识点主观测评。

活动描述：以简答题形式引导学生对知识点中的重点（如系统结构等）进行反思。

设计需求：无。

案例课程：数字通信原理。

实例图：见图 8-27。

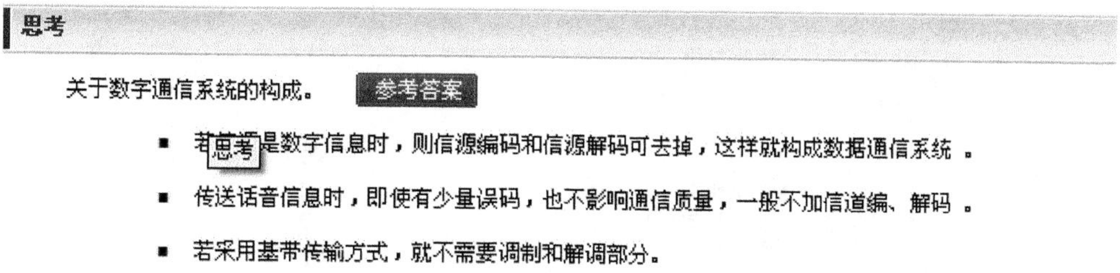

图 8-27　知识点主观测评

(4) 活动名称：知识点回顾。

活动描述：在进行知识点测评的同时，链接相关知识内容。

设计需求：知识点测评与知识点内容需要在同一页面。

案例课程：软交换与 NGN。

实例图：见图 8-28。

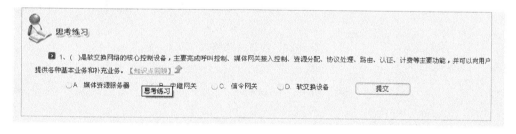

图 8-28　知识点回顾

(5) 活动名称：连线互动测试。

活动描述：以连线形式展现相关概念、应用之间的关联。

案例课程：管理学原理。

设计需求：不建议设计多重连线交互功能。

实例图：见图 8-29。

(6) 活动名称：知识点客观测评。

活动描述：利用 JavaScript 或者题库系统实现单选或者多选。

设计需求：无。

案例课程：数字通信原理。

实例图：见图 8-30。

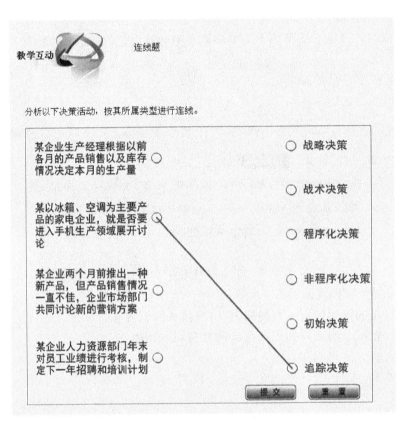

图 8-29　连线互动测试

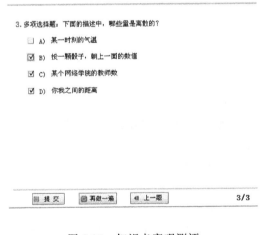

图 8-30　知识点客观测评

## 四、学习活动范例课程

移动通信是信息与通信工程学科中一门重要的专业课程,课程理论性较强,以系统讲授现代移动通信的相关基本概念、基本原理和基本技术为任务,同时,该课程涉及内容广泛,可为学习者进一步学习移动通信的不同系统,了解移动通信的发展奠定基础。

## (一) 课程设计理念

随着移动通信技术的快速发展,无论在学校教育教学方面,还是工程实践应用方面,都对移动通信的教学体系、教学内容、教学方法、教学设计等提出了越来越高的要求。然而经调研发现,移动通信课程还没有适合本科教学和远程成人学习的国家级精品课程。本门移动通信课程的建设以建设适合远程学习者自学、密切结合工程实践的移动通信精品课程为切入点,以最大范围实现移动通信课程的优质教育资源共用共享为根本目标。

基于此根本目标,在移动通信课程规划之初,通过系统分析和精心设计,课程组根据在课程体系、内容结构等方面所积累的多年教学实践经验,逐步明确了以"多层次系统导学、多维度全面评价、系统化活动设计、整合优质开放教育资源"为核心的课程设计理念,如图 8-31 所示。教学实践证明,这一课程设计理念下的移动通信课程教学能够有效帮助成人学习者进行课程学习。

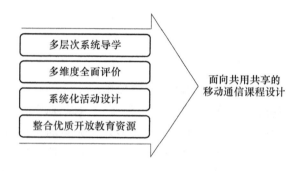

图 8-31 面向共用共享的移动通信课程设计理念

多层次系统导学。移动通信课程在设计中充分考虑成人学习者的学习需求,借助 SAKAI 教学平台强大的进度、流程管理功能,和教师的导学活动相结合,循序渐进地引导成人学习者进行远程学习。

多维度全面评价。移动通信课程中设计了学习前测、知识点测评、阶段测评等多种形成性评价,并结合设计了总结性评价,这些评价方法构成了课程的考核评价体系。

系统化活动设计。移动通信课程中通过构建五种类型的学习活动,即导学活动、场景活动、辅导支持活动、交流活动和评价活动,将学习活动设计嵌入学习材料中,使活动成为学习材料不可缺少的核心内容。

整合优质开放教育资源。移动通信课程尤其注重整合国内外先进、优秀的开放教育资源。在移动通信课程规划、设计和开发过程中,将开源教学平台 SAKAI、开放式课件以及开源试验软件 Scilab 多维度地整合于本课程中,有效保证了移动通信课程建设的系统性、前沿性和实践性。

## (二) 教学内容选取

本课程重点讲授移动通信的基本原理及应用,计划总学时为 162 学时,其中在线学习为 54 学时,离线学习为 108 学时。教学内容分为 9 章。为体现移动通信课程的系统性,在设计课程教学资源时,特意将第三代移动通信的 3 个标准 CDMA2000、WCDMA 和

TD-SCDMA2000作为一个整体,重构为课程的独立一章,即第三代移动通信。课程教学内容及学时分配如表8-1所示。

表8-1 课程教学内容及学时分配

| 教学内容 | 在线学时 | 离线学时（建议） |
| --- | --- | --- |
| 第一章 概述 | 2学时 | 4学时 |
| 第二章 无线移动信道 | 6学时 | 12学时 |
| 第三章 调制解调 | 8学时 | 16学时 |
| 第四章 扩频通信技术 | 6学时 | 12学时 |
| 第五章 抗衰落技术 | 8学时 | 16学时 |
| 第六章 移动通信系统组网技术 | 6学时 | 12学时 |
| 第七章 GSM移动通信系统 | 4学时 | 8学时 |
| 第八章 第三代移动通信 | 10学时 | 20学时 |
| 第九章 移动通信的发展趋势 | 4学时 | 8学时 |
| 总学时 | 54学时 | 108学时 |

移动通信课程内容的选取始终遵循以下四项原则。

**系统性**。课程内容的选取要体系完整,系统性强。本课程既介绍了移动通信的基础理论,又讲授了实际应用系统,能帮助远程学习者逐步建构完整的移动通信认知体系结构。

**前沿性**。课程内容的选取要突出前沿性特点。将移动通信发展趋势作为课程授课内容的同时,通过扩展资源、前沿技术等内容进一步拓宽学习者的学习视野,构建学习者对于移动通信前沿技术的系统认知。

**应用性**。课程内容要紧密结合实际应用。为适应我国3G网络的蓬勃发展,本课程专门设计并系统讲授了第三代移动通信的3种标准,满足了来自工程实践和相关科研一线工作的远程学习者想要不断提高的需求。

**实践性**。针对远程成人学习者的学习特征,课程内容要凸显实践教学。为使学习者的学习能够紧密联系实践,本课程内容中设计了观摩学习环节,让学习者通过课程了解著名企业（如华为公司等）的工程实践。

## （三）学习资源建设原则

学习资源的建设过程中,移动通信课程组在始终坚持关注学习者的学习体验的同时,注重传统资源与网络课程的密切联系和系统整合,并坚持遵循相关资源开发标准。

### 1. 关注学习者学习体验

移动通信课程学习资源的建设以关注学习者的学习体验为切入点,注重"导学""助学""促学"一系列资源的设计和开发。例如,学习者一进入课程时就通过课前问卷、课程导学等形式,帮助学习者明确学习目标和掌握学习方法。在助学资源建设中,强调适应不同学习者的学习条件,例如,视频讲解依据学习者的学习条件差异,提供了宽带、窄带和下载三种方式。同时,学习资源建设始终围绕教学目标,对类型丰富的学习资源进行了精心设计,既能够满足学习者进行适度扩展的学习需求,又避免学习者因资源过多而导致的信息过载。

表8-2是移动通信课程第二章的学习资源类目,流媒体视频、题库系统、交互动画以及互动测试等多种资源始终围绕教学目标有序展开,系统呈现。

表8-2 第二章学习资源类目

| 章名 | 模块 | | 资源 |
|---|---|---|---|
| 第二章<br>无线移<br>动信道 | 导学 | 导学讲解 | 流媒体视频 |
| | | 学习目标 | 文本 |
| | | 学习内容 | 文本 |
| | 知识点 | 知识点列表 | 文本、音视频、交互式动画 |
| | | 重点讲解 | 流媒体视频 |
| | | 知识索引 | 文本、音视频、交互式动画 |
| | 兴趣学习 | 技术演进 | 图文、交互式动画 |
| | | 支持服务 | 实时答疑、留言板 |
| | | 论坛互动 | 互动 |
| | 实践扩展 | 知识拓展 | 交互式动画 |
| | | 学习实践 | 交互式动画 |
| | | 资源共享 | 互动 |
| | 自我检测 | 思考问题 | 论坛 |
| | | 单项选择 | 题目系统 |
| | | 判断对错 | 题目系统 |

**2. 整合传统资源与网络课程**

移动通信课程的设计开发是对传统教学资源的一次重构过程。这一过程中不仅需要借助网络的表现灵活性、资源丰富性等特点,也需要借助对纸质教材这类传统学习资源的整合。本课程教师团队最新出版的移动通信教材就是面向远程成人学习者的特点而设计的,从教学内容、教学方法都与移动通信网络课程密切联系。通过传统资源与网络课程两者的系统整合,更便于远程成人学习者进行学习。

本课程基于CELTS(网络教育技术标准)中关于教学资源的相关标准,建立了符合CELTS的学习对象元数据规范和内容包装规范,并兼容IMS内容包装标准,从而支持本课程资源在基于CELTS的教学环境下的通用与共享。

# (四) 学习活动设计

移动通信课程坚持以学习者为中心设计学习活动。具体在课程学习内容中,通过如下四个方面保证学习活动设计的有效性。

(1) 明确各类别学习活动的目标。

一个好的目标设计不仅与学科内容密切相关,而且能够将新知识和技能与学习者原有的知识技能联系起来,更能在新的知识技能与学习者生活经验、实践领域以及学习者的兴趣点之间建立联系。例如,在移动通信课程的导学活动设计中,每一个知识点都通过"想一想"设计了与学习者原有经验或者与先前学习内容密切相关的问题,这可让学习者带着思考开展后续学习,如图 8-32 所示。

第二章 >> 无线电波传输机制
课前想一想:无线信号在农村或繁华都市中传输时受到的影响是否相同?为什么存在差异?

第六章 >> 多信道共用
课前想一想:语音业务和数据业务的信道分配策略是否一致呢?

图 8-32 导学活动设计

学习者带着思考问题进入论坛交流,每章都会有特定思考题供学习者思考,且提交的答案可以方便地提交到论坛上,供大家交流。例如,第二章论坛交流的引导问题是空间对无线信号影响的程度大小如何描述呢?

(2) 构建学习活动发生的场景。

学习活动发生在特定的场景之中,场景可以很简单,如仅是一个阅读文档,也可以很复杂,如包括多个序列和交互式课件,甚至可以是虚拟实验环境。例如,在移动通信的知识扩展活动设计中,通过交互设计可使学习者能够亲身感受到移动技术的飞速发展,了解无线通信的演变历程。

课程可设计多种演示交互活动,让学习者通过与不同空间类型场景进行交互,区分不同空间类型的特征。还可通过多媒体场景构建的形式传授给学习者与本章内容相关的、有趣的资料,丰富学习者的课外知识,拓宽学习者的视野。学习者通过互动的形式来学习。通过构建与学习者日常生活密切相关的学习场景,可提高学习者的学习热情,增加学习者的知识储备。

(3) 规划学习活动进程中的辅导支持。

必要的辅导支持是网络课程学习活动必不可少的构成因素。对于远程学习者,管理、情感和学术上的支持是否完备,直接决定着学习活动能否顺利完成。针对移动通信课程理论性强的课程特点,课程在学习者的学习过程中设计了"听一听",它既出现在导学环节中,又出现在针对知识难点的环节中,如图 8-33 与 8-34 所示。

图 8-33 导学中的听一听

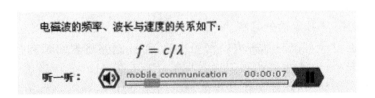

图 8-34 针对难点知识的听一听

(4) 针对学习活动成效进行有效评价。

评价是对当前活动过程及成果的判定,也是开展后续活动必要的现实依据。只有在针对学习者完成学习活动的情况下,即在对学习结果的评价基础上,才能够开展对活动设计质量的评价和后续的活动设计。例如,通过整合每一个知识点的自我评测,实现学习者学习表现的及时反馈,帮助学习者明确自身学习情况。针对学习者答案正确率的评价反馈如图 8-35 所示。

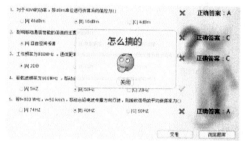
(a) 学习者答案正确率≤60%时的反馈

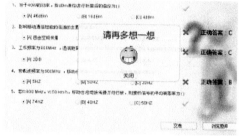
(b) 60%＜学习者答案正确率＜100%时的反馈

(c) 学习者答案正确率=100%时的反馈

图 8-35　针对学习者答案正确率的评价反馈

移动通信课程的学习评价注重将自我评价、形成性评价、终结性评价相结合。将课程学习进程中的学习者自我评价紧密结合于每一个知识点、每一个单元中的自我评测,体现出评价的自我激励和自我调控作用。同时,形成性评价和终结性评价的密切结合构成了本课程考核成绩的评价体系。

① 自我评价

学习者可以通过课程教学平台所提供的进度管理功能,实时记录自身的学习进度,并可以通过与其他学习者进度的动态比较,进行学习时间的管理。同时,学习者还能通过课程中每一知识点、每一章所包括的自我检测进行自我检测和评价,依据测评结果设计了多种激励方法,并建议学习者依据反馈进行学习调整。

② 形成性评价

移动通信课程中的形成性评价主要通过网上阶段性作业平台完成。课程教师根据教学计划和学习者的学习进度,在开学后至少发布 4 次课程作业。每次作业通过在题库系统中制订相应策略生成,题量充足。学科教师由课程作业评定阶段性考核成绩,此成绩占学习者课程总成绩的 40%。形成性评价的结果可帮助教师及时调整教学进度和方式。

③ 终结性评价

终结性评价通过课程期末考试来体现,试题内容全面、充实、分布合理、信息丰富、难易程度分布正态。终结性评价占学习者课程总成绩的60％。

# 本篇参考文献

[1] Anderson T, Kanuka H. 网络调研:方法、策略与问题. 北京:中国劳动社会保障出版社,2007.

[2] Biggs J. Teaching for quality learning at university[M]. 2nd ed. Buckingham:Society for Research into Higher Education and Open University Press,2003.

[3] Dick W. 教学系统化设计[M]. 汪琼,译. 北京:北京高等教育出版社,2003.

[4] Jeroen J G, Merri?nboer V, Kester L. 四成分教学设计模型——面向复杂学习环境的多媒体原理[J]. 盛群力,徐瑞,译. 远程教育研究,2008(2):24-32.

[5] Kim J, Michael W B. The relationship of creativity measures to school achievement and preferred learning and thinking style in a sample of Korean high school students[J]. Educational and Psychological Measurement,1995(55):60-71.

[6] Merrill M. DA pebble-in-the-pond model for instructional design[J]. Performance Improvement. 2002,41(7),39-44.

[7] Riding R,Grimly M. Cognitive style and learning from multimedia materials in 11-year children[J]. British Journal of Educational Technology,1999(30):43-59.

[8] 陈庚,安玉洁,李亚春,等. 远程学习者特征研究的现状[J]. 中国远程教育,2005(11):13-15.

[9] 陈丽. 远程教育学基础[M]. 北京:高等教育出版社,2004.

[10] 邓毅群,肖鸣旦. 小学英语教学中任务型语言教学的探讨[J]. 江西教育科研,2006(4):75-77.

[11] 丁钢. 教师的专业领导:专业团队计划[J]. 教育发展研究,2004(10):5-10.

[12] 丁兴富. 远程教育研究[M]. 北京:首都师范大学出版社,2002.

[13] 郝丹,张伟远,陈丽. 中国远程学习者学习特征的三维模型[J]. 开放教育研究,2005(4):48-52.

[14] 何克抗,郑永柏. 教学系统设计[M]. 北京:北京师范大学出版社,2006.

[15] 胡小勇. 问题化教学设计[M]. 北京:教育科学出版社,2006.

[16] 黄健. 成人教育课程开发的理论与技术[M]. 上海:上海教育出版社,2002.

[17] 黄荣怀,Salomaa J. 移动学习——理论现状趋势[M]. 北京:科学出版社,2008.

[18] 黄荣怀,王晓晨,李玉顺. 面向移动学习的学习活动设计框架[J]. 远程教育杂志,2009(1):3-7.

[19] 贾礼远. LAMS:学习活动管理系统的设计与应用[D]. 曲阜:曲阜师范大学,2008.

[20] 卡恩. 电子学习的设计与评价[M]. 北京:北京师范大学出版社,2005.

[21] 况姗芸,李克东. Blackboard环境下的师生在线行为研究[J]. 电化教育研究,2007(11):35-39.

[22] 况姗芸.课程论坛中的学习行为与学习者特征关系研究[J].电化教育研究,2006(8): 18-21.
[23] 李克东.教育技术学研究方法[M].北京:北京师范大学出版社,2003.
[24] 李青.学习活动建模[D].上海:华东师范大学,2005.
[25] 李新.基于网络的学习活动设计及其案例研究[D].上海:华东师范大学,2005.
[26] 刘炳辉.时间管理:远程教育学习支持的新视角[J].现代教育技术,2008(12): 78-80.
[27] 陆宏.网络教学中基于Kolb学习风格模型的实证研究[J].中国电化教育,2007(3): 41-44.
[28] 罗冰烯,武法提.网络环境下表现性目标导向活动的设计[J].现代教育技术,2007 (9):54-58.
[29] 乔纳森.学习环境的理论基础[M].郑太年,等,译.上海:华东师范大学出版社,2002.
[30] 任剑锋.分步讨论型远程CSCL交互活动的组织策略及相应系统的研究[J].中国电化教育,2007(8):44-48.
[31] 盛群力,马兰.走向3E教学——三述首要教学原理[J].远程教育杂志,2006(4):17-24.
[32] 宋继华,周彩霞.远程学习者远程学习自我效能感的调查研究[J].现代教育技术,2008(3):67-70.
[33] 王晶,李艳燕等人.基于交互分析的协作学习过程研究:以e-learning导论在线课程分析为例[J].中国电化教育,2007(6):44-48.
[34] 王陆,马如霞.意见领袖在虚拟学习社区社会网络中的作用[J],电化教育研究.2009 (1):54-58.
[35] 王迎,安玉洁,黄荣怀.远程学习者特征模型的构建研究[J].开放教育研究,2006 (1):47-53.
[36] 王佑镁,祝智庭.从联结主义到联通主义:学习理论的新取向[J].中国电化教育,2006 (3):5-9.
[37] 魏晓燕,罗晋华.学习设计理念及其应用[J].教育技术导刊,2007(9):21-23.
[38] 吴军其,杨志峰.基于LAMS的学习活动设计[J].中国电化教育,2007(4):104-107.
[39] 谢家棣,樊旭强.远程开放学习中的控制点与元认知:对高分与低分学习者的对比研究[J].中国远程教育,1999(增刊1):26-31.
[40] 闫寒冰,魏非.远程教学设计[M].上海:华东师范大学出版社,2008.
[41] 杨惠,吕圣娟,王陆,等.CSCL中教师的教学组织行为对学习者高水平知识建构的影响研究[J].中国电化教育,2009(1):64-68.
[42] 杨开城.论教学设计理论研究的一种范式和两种取向[J].中国电化教育,2004(3): 15-18.
[43] 杨开城.学生模型与学习活动的设计[J].中国电化教育,2002(12):16-20.
[44] 杨开城.以学习活动为中心的教学设计理论[M].北京:电子工业出版社,2006.

[45] 张家麟.中国远程教育发展与集团化操作[M].北京:中国传媒大学出版社,2005.
[46] 张伟远.网上学习支持服务的方法和策略(下篇)[J].现代远程教育研究,2008(6):9-13.
[47] 赵剑.基于网络的"控制-自组织学习模式"研究[J].中国远程教育,2006(1):31-34.
[48] 赵永岐,綦鹏.网络多媒体环境中促进学习者认知调节能力的探讨[J].电化教育研究,2007(4):45-49.
[49] 钟启泉.现代课程论[M].上海:上海教育出版社,1998.
[50] 钟志贤.信息化教学模式[M].北京:北京师范大学出版社,2006.
[51] 衷克定,潘海燕.远程学习者元认知与学习效能感关系分析与研究[J].中国远程教育,2007(23):40-43.
[52] 周蔚.现代远程教育学习支持服务现状研究——一项针对学习者的调查与分析[J].中国远程教育,2005(3):43-45.
[53] 周媛,杨改学.网络学习的质量控制与评价[J].现代远距离教育,2003(2):27-29.

# 第三篇 技术探索篇

# 第九章 新技术对学习活动设计的影响

**本章导言**

无可否认,技术是改变人类学习方式的重要因素,从最早的电影到现在的 VR(虚拟现实技术)、AR(增强现实技术),人类对于学习的诸多想象,正在一步步成为现实。这些想象不断刷新我们对于学习的理解和认识,我们已经发现,当技术越来越多地介入或者是融入教育教学中时,我们也需要越来越多地进行关于学习的设计,这正是教育技术产生并蓬勃发展的重要因素。所以,技术在改造着我们学习的同时,也改造着我们的学习活动设计,只有理解和认识前沿的技术,才能在此基础上提升我们的学习活动设计水平。

本章着重介绍了知识可视化技术和学习分析技术,这两类技术目前已经成为成人学习的关键技术,简单地说,知识可视化技术帮助我们理解学习内容,学习分析技术则用于帮助我们更好地理解学习对象。一定意义上,这两类技术之间不存在泾渭分明的界限,当前的学习中这两类技术以整合的形态出现在学习者面前。该章在前面两篇的基础上,借助信息技术的发展,讲述了学习活动设计所面临的新挑战。

# 一、知识可视化技术

在信息技术飞速发展的时代,促进群体知识传播和创新的形式不断涌现。在某种意义上,人类知识的传播一直在寻找高效的可视化方法和途径。从我国甲骨文为代表的象形文字的出现,再到印刷术的发明和传播后工业革命催生普及的图文并茂的教科书,直至今日的 e-Learning 学习环境、各类知识图谱的应用、基于大数据的学习行为可视化,以及虚拟现实技和增强现实技术在教育领域的探索,等等,都是知识可视化实践领域中卓有成效的探索。因此,知识可视化作为探究知识传播和创造的途径和手段,正在逐步推动人类学习方式的演变。但是,从理论层面系统深入地认识知识可视化,挖掘知识可视化的规律和模式还处于初级阶段。

## (一)知识可视化研究现状

**1. 知识可视化的含义**

知识可视化是建立在科学计算可视化、数据可视化、信息可视化基础上的研究领域。在 Eppler 和 Burkard 看来,知识可视化根本目的是为了促进群体知识的传播和创新。实现这一目的的方法是视觉表征,即通过多种形式的图解形成更易于感知的个体知识表现,从而实现促进群体知识的传播和创新这一根本目的。知识可视化的实质是一种用来解释、建构和传递复杂知识的图解过程。

### 2. 知识可视化模型研究现状

在知识可视化领域的研究中,研究文章数量呈逐年增加的发展趋势。知识可视化领域的研究主要围绕着其图解手段、基础理论和实践应用三方面。随着近年关于知识图谱、思维导图等技术的实践应用日益增加,作为上述实践基础理论的知识可视化研究愈显重要。然而,现有文献中对于知识可视化模型的深入研究相对欠缺。可见,知识可视化研究正处于完善基础理论、构建理论体系这一阶段。随着对增强现实、电子白板等可视化学习环境实践探索的逐步深入,对于知识可视化理论研究的需求日益迫切,亟待通过分析知识可视化系统模型揭示知识可视化的本质并发现其规律,这对于知识可视化领域的实践发展有着非常重要的意义。

通过文献检索,发现主要有三个知识可视化模型在该领域中受到普遍关注和认可,分别是 Burkhard 在 2004 年提出的知识可视化模型,Jarke J. van Wijk 在 2006 年提出的知识可视化基本模型以及 Min Chen 等人在 2009 年提出的仿真认知加工知识可视化模型。本章着重对这三个模型,从各个模型的一致性和差异性两个角度进行分析。

## (二) 典型知识可视化模型

### 1. Burkhard 提出的知识可视化模型

Burkhard 在其 2004 年的研究中阐述了信息可视化和知识可视化的差异,并从知识管理和信息传播视角提出了两者的协同效应,构建了知识可视化模型。Burkhard 的知识可视化模型重点描述了设计者如何通过专业实践和先前研究,利用有效的可视化技术来创建可视化的知识形态。知识可视化模型如图 9-1 所示。

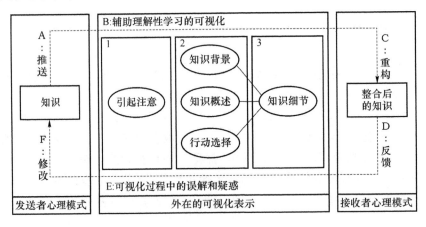

图 9-1　Burkhard 的知识可视化模型

Burkhard 认为知识可视化的过程是建立从数据到图像的映射过程,通过图像集合形成了一个更为有效的认知过程。Burkhard 的知识可视化模型将知识可视化过程分为三个部分:信息发送者、知识可视化工具和信息接收者,三者间形成了紧密关联的交互结构。模型中包含了两个基本的可视化学习过程,分别是人与人之间和个人内省的可视化学习过程。Burkhard 提出,知识可视化由发送者推送作为起始,基于此的视觉表征转化过程可分为三个过程:第一,发送者要获取接收者的充分注意;第二,发送者需描述所传递知识的背景信息及概述,选择知识呈现形态;第三,发送者要用"动态会话(Dynamic Dialog)"的形式来展现知识细节,让接收者借助视觉表征完成知识建构。在 Burkhard 看来,知识可视化能够引起更深层次的知识,接收者因此变得活跃,这构成了模型中"反馈-修改"的过程,是探索新知识内容的关键。只有当接收者了解传递内容及背景及切身相关性时,接收者才会进行知识探索。需要注意的是,Burkhard 强调在知识可视化过程中,接收者可以通过对数据进行交互式操作,得到可视化结果,这能够更有效地进行知识建构。

**2. Wijk 提出的知识可视化基本模型**

知识可视化的基本模型是由荷兰埃因霍芬理工大学 Jarke J. van Wijk 学者提出。Wijk 的核心观点是知识可视化是多角度的,包括创新、艺术和科学等。基于此,Wijk 建立了知识可视化基本模型,如图 9-2 所示。

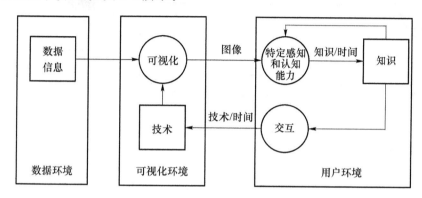

图 9-2　知识可视化的基本模型

在这一知识可视化基本模型中,Wijk 突出了用户可以根据自己的现有知识和认知能力,通过交互对知识可视化技术形成的图像进行改进,同时,用户可以通过可视化成果提升认知能力。模型中的"技术/时间"这一参数表示交互对技术的影响,"知识/时间"参数代表着用户认知的速度。交互在知识可视化中的重要性在于用户可以通过不断的交互实现更多知识的获取。

**3. Min Chen 等人提出的仿真认知加工知识可视化模型**

仿真认知加工知识可视化模型是由英国斯旺西大学的 Min Chen 和美国普渡大学的 David Ebert 等人在 2009 年提出的。这一模型对知识可视化中的数据、信息、知识等要素分析较为深入,最重要的贡献在于其提出了知识可视化的四个发展过程,即基本可视化、信息辅助可视化、知识辅助可视化、知识辅助的可视化仿真认知。

基于 Min Chen 等人的观点,知识可视化应注重从数据中发现有价值的知识,其核心过程在于将数据集合转化为图像集合,实现促进高效认知。随着数据量的增加,已有互动的可视化不能满足需求,这就需要利用信息技术来提高知识可视化的效率。同时,由于用户应用可视化技术的障碍主要来源于对特定知识的缺乏,因此知识可视化需要在多个用户之间实现领域知识的分享,以减小用户应用复杂可视化技术的负担。基于此,Min Chen 等人对知识可视化模型在如下方面进行完善,形成了仿真认知加工知识可视化模型,如图 9-3 所示。

(1) 信息辅助可视化。将数据转化为有用的信息,以实现可视化,帮助用户减少可视化过程的时间成本。

(2) 知识辅助可视化。其包括针对特定应用和复杂可视化技术的领域知识,旨在弥补用户在特定领域上知识的缺乏。

（3）可视化的基础设施。可视化过程的数据需要通过基础设施进行搜集、整理、分析。这一模型特别强调，其可视化基础设施是通用的，能够支持多个应用领域。

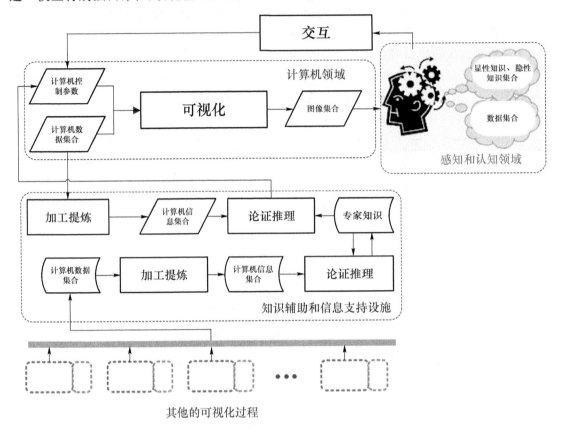

图 9-3　仿真认知加工知识可视化模型

## （三）知识可视化模型比较

通过分析比较上述三个典型的知识可视化模型，可见各个模型所构建的知识可视化过程较为一致，都是强调通过可视化将原始数据信息转换成为易于理解的知识形态，并关注了用户对于所传递知识形态的反馈。

**1．三个典型的知识可视化模型的一致性**

（1）基本要素的一致性

三个典型的知识可视化模型提出的知识可视化构成要素基本相同，都包含有数据、可视化技术、知识整合、交互等四个要素。

数据。数据是知识可视化的基础。

可视化技术。可视化技术是针对数据进行图解的方法和手段，其所支持的可视化过程是知识可视化的核心。

知识整合。知识整合是知识可视化的目标。

交互。交互是知识可视化不可或缺的环节，通过交互可实现对可视化成果的不断改进，以闭环实现知识迭代。

（2）核心过程的一致性

基本要素的一致性促成了知识可视化核心过程的一致性。基于知识可视化的四个基本要素形成的可视化过程中,可视化环节无疑是这一过程中最重要的部分,其关联了数据、可视化技术、知识整合和交互等四个基本要素。

**2. 典型知识可视化模型的差异性**

（1）基础理论的差异性

广义上讲,知识可视化模型基础理论都与建构主义学习理论有着不可分割的关系,但是通过分析我们可以发现,模型间的基础理论仍存在差异,主要体现在模型是建构在单一理论基础上还是多学科理论基础上。Burkhard 提出的知识可视化模型建立于建构主义学习理论基础之上,其更适用于教学中知识可视化的应用;Wijk 提出的知识可视化基本模型旨在探索多学科领域的知识可视化规律,不局限于特定基础理论;仿真认知加工知识可视化模型提出的知识辅助和信息支持设施架构带有明显的信息科学特征。

（2）关注点的差异性

Burkhard 提出的知识可视化模型强调可视化过程中心的理建构。在模型中尤其突出了发送者心理模式和接收者心理模式这两个基本部分,并在其外在可视化表示过程细化的三个阶段中,特别提出了引起注意这一阶段。因此,该模型将知识可视化过程视作一个心理建构过程,即从发送者提供信息和知识,利用可视化工具和技术进行可视化,到最终接收者实现知识建构的过程。对于可视化过程中心理建构的关注,即体现在接收者原有认知水平会影响其对可视化成果的接受程度,同时也体现在可视化的根本目的在于帮助接收者形成特定领域的认知。

Wijk 提出的知识可视化基本模型在明确了图像是知识可视化的成果同时,同样强调了用户认知能力对可视化成果的影响。同时,这一模型进一步明确了知识可视化的构成要素包括数据、可视化技术、可视化成果、用户重构后的知识、用户与可视化技术的交互等。其中,有两点值得关注;一是这一模型对于用户重构后知识进行了明确,这就形成了基于知识可视化的用户知识增长,二是这一模型提出了知识可视化过程中以时间为代表的成本,并将相关要素与时间结合起来,这也有助于认识用户知识渐进式增长的规律。

仿真认知加工的知识可视化模型更侧重于建立基于信息技术的、具有整体观的知识可视化,因此相比较前两个模型来说,它具有很好的完整性。该模型突出了基于信息技术搭建的基本可视化模型框架,通过知识辅助可视化对信息源进行基于特定领域知识的设定,利用信息辅助可视化展示典型输入信息以及可视化过程的属性、可视化结果的属性、用户认知行为的特点,在此基础上,还使用户可利用获取的信息及相应参数来降低可视化后的认知难度,进而实现节约可视化成本的目的。

**3. 交互在知识可视化过程中的定位**

不同知识可视化模型中对于交互的定位存在显著差异,或定位于原始信息的修订,或定位于可视化技术的完善。在 Burkhard 提出的知识可视化模型中,交互的目的是针对知识可视化过程中产生的问题,将其反馈到发送者,由发送者进行修改。Wijk 所提出的知识可视化基本模型中,提出了通过交互可对知识可视化技术形成的图像进行不断改进,没有考虑对数据的修改。仿真认知加工知识可视化模型中,用户感知能力情况通过交互反馈给系统,从而调整相应参数,因此这一模型中交互是形成可视化技术反馈的关键。

通过对上述三种典型的知识可视化模型的比较分析可以发现,对于学习者知识学习,可视化过程中所采用的具体可视化技术非常重要,能够直接影响知识可视化的应用成效。深入分析可以发现,现有知识可视化的典型模型对于知识可视化的交互类型都缺乏深入研究,也就是说,要对何种类型的知识进行怎样可视化的操作,以及其能够实现何种程度的学习目标,现有研究没有明确给出解答。澳大利亚教育心理学家彼格斯提出了针对学习质量的SOLO分类体系,本章的后续研究中,将SOLO分类体系应用于知识可视化研究中,尝试针对不同类型的知识采用差异化的知识可视化方法和技术,以期提升知识可视化的成效。

随着知识图谱等知识可视化应用的日益深入,知识可视化已经成为解决信息过载的重要方法。在e-Learning环境下将知识可视化与教学实践密切结合,需要对知识可视化模型形成共识,在此基础上进一步探索知识可视化的规律并不断提升其成效。知识可视化在社会网络学习中的人际关系形成、资源建构以及学习过程可视化方面已取得了一些卓有成效的研究成果。随着对于大数据、学习分析等领域研究的突破,知识可视化将发挥更大的功效。

同时,需要强调的是,在知识可视化模型中,交互起着非常重要的作用,是知识可视化不可或缺的一环。学习者通过交互的可视化过程获取知识,又通过反馈不断提升、优化可视化的成效。知识可视化过程中的交互设计应密切吻合其所涉及的知识类型。在后续研究中,可以借鉴Robert Spence提出的信息可视化交互分类体系,将交互分为连续式交互、渐进式交互、被动式交互和混合式交互四类。如何构建学习目标、知识类型、可视化技术和交互方式等多要素的一致性,充分发挥知识可视化的积极作用,正是知识可视化应用的研究内容之一,这也是本章后续重点。

## 二、学习分析技术

传统教育大多是按照统一的标准、统一的要求、统一的进度教授同样的内容,有时候被称作标准化教育。这种教育方式的最大缺点就是忽略了个体差异性,但是由于成本和工业社会需要,这是不得不采用的教育方式。随着商业智能、数据挖掘等技术的发展,学习分析应运而生,这一技术的出现必将改变不符合当今信息社会的传统教育方式。由学习分析专家和学者创建的学习分析研究协会(The Society for Learning Analytics Research, SoLAR)这样定义学习分析技术:一种通过测量、收集、分析和报告关于学习者及其学习情景的数据来了解和优化学习和学习发生情境的技术。简单点理解就是通过对教学相关数据的收集,经过分析计算,按照个体差异进行个性化调整,从而改善教学绩效。

模型是研究的系统、过程、事物或概念的一种表达形式。在应用某项技术之前,有必要先理解清楚其概念,而对于概念的理解,最好的方式就是从它的模型入手。国内外学者根据自身的研究情况,从不同纬度给出了学习分析技术模型。有必要对这些模型进行比较研究,分析各种模型的特点,总结其规律,从而为以后的应用和开发提供帮助。比较有名的模型有西蒙斯的学习分析技术过程模型、伊莱亚斯的持续改进环模型、沃尔夫冈和亨德里克的要素模型以及由我国学者李艳燕等人的学习分析概念模型。

## （一）学习分析技术模型

**1. 西蒙斯的学习分析过程模型**

西蒙斯是最早研究学习分析技术的学者之一，作为关联主义学习理论的创始人，他认为，学习就是形成连接、创建网络的过程。这个过程发生于一个复杂、混沌的环境中，因此其本身也带有一定的复杂性和混沌性。根据关联主义理论，西蒙斯首先提出了改变传统课堂教学的 TEKL 模型。在此研究基础之上，加之对学习分析技术的理解，西蒙斯提出了学习分析过程模型，见图9-4。模型主要介绍了学习分析的主要步骤。数据主要来源于两个方面：一方面是来自学生在移动终端、社会性软件、学习管理系统上的操作记录，这些数据主要记录了学习者与系统的交互过程，通过这些数据可以得出学习者的学习特征；另一方面来自课程数据、学期数据以及其他一些与学习相关的数据，这些数据是学习者具体的学习数据，如完成了多少习题，在论坛了问了几个问题等。相对于前者，后者数据的结构性更强，更有利于分析。有了这些数据以后，经过加工、分析就可以对当前学生的学习情况进行判断，最终应用一些方法对学习者进行适应性的调整，从而提高学习效果。值得注意的是，调整和干预的过程并非完全依靠计算机实现，大部分情况下，需要结合技术、社会学和教育学的知识进行全面、多方位的指导。

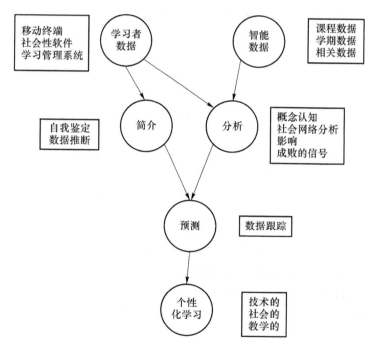

图 9-4 学习分析技术过程模型

传统的课程都是事先设计好的，在学生开始学习之前，教师们就已经安排好了学习内容、课堂上的交互方式以及其他事项。这种教学方法有一个前提假设：所有的学习者都在相同的知识水平上。但是所有的教育家都知道这个假设是错的，因此传统的标准化教学已经跟不上时代的步伐。学习分析过程模型的提出正是为了改善这种情况，西蒙斯认为学习内容更应该是个性化的，能够根据拥有的学习资源、学习者的学习特征、先前的知识积累以及对所学知识的理解做出适当的调整,使其更合某个学习者。

**2. 伊莱亚斯的持续改进环模型**

文章"Learning analytics: definitions, processes and potential"写于学习分析技术发展的萌芽期,当时,对于学习分析的概念、过程、功能以及所要完成的目标尚没有定论。许多学者都根据自己的研究经验对其进行归纳总结。文中,作者伊莱亚斯对学习分析的概念进行了界定,提出了持续改进环模型,并详细地介绍了模型的理论基础。学习分析的过程主要借鉴了 Baker 的"知识连续性"、Campbell 和 Oblinger 提出的"分析的五步法"以及 Dron 和 Anderson 的"收集应用模型"。伊莱亚斯总结出学习分析包括选择、获取、聚合、预测、优化、使用和分享七个步骤。在模型涉及的资源方面,主要参照了谢里夫提出的技术组成要素。谢里夫认为技术由四个要素组成,包括物力——物理工具,人力——人的技能、知识、经验等,理论——设计参数、蓝图等,组织——协调活动的组织框架。伊莱亚斯根据谢里夫的理论,针对学习分析技术的特殊环境提出组织机构、计算机、理论和人力四个要素,见图9-5。在整个在线学习分析过程中,一切活动都是通过计算机完成的,教育工作者不仅可以用计算机收集信息,还可以使用已有的工具分析数据,并将获得的知识应用到学习过程中。脱离了人力和理论的机器不会有任何作用,在模型中,理论为计算机的应用提供了基础,而为了确保系统有效地运行,人力也是必不可少的。最容易被忽视的可能就是组织结构,学习分析技术是一件需要一群人一起才能完成的事,而在群体工作中,一个合理的组织结构是目标完成的必要条件之一。

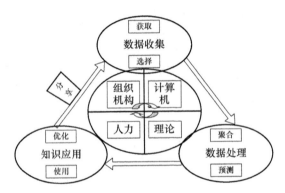

图 9-5 持续改进环模型

持续改进环模型主要强调的是学习分析过程的循环。首先通过获取、选择收集数据,然后将整理后的数据进行聚合、预测,接着用获得的结果来优化学习过程,此时,模型并没有到此结束,而是将优化、使用后的结果再分享、反馈到数据的收集人员那里,从而再影响后续的数据收集。在整个过程中,需要利用组织、计算机、人力、理论等资源。从此模型可以看出,学习分析是个持续改进的过程,通过对数据收集、处理和应用方法的改进,以及在整个过程中对于资源利用情况的改善,使学习分析技术达到理想的效果。

**3. 沃尔夫冈和亨德里克的要素模型**

大部分学者都在讨论和强调的都是学习分析的技术问题,但是除此之外,还需要解决一些"软"问题。例如,在应用学习分析之前必须考虑到学习分析的影响和接受度等问题,这些因素对学习分析的影响是不容忽视的。沃尔夫冈和亨德里克使用了里奇的一般形态分析法对学习分析研究社区里讨论的话题进行归纳总结,形成了学习分析要素模型,见图9-6。

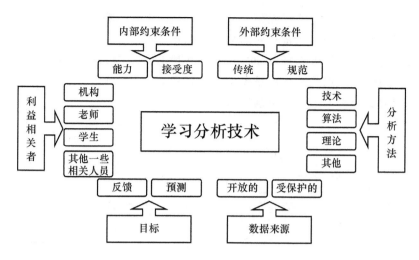

图 9-6　要素模型

此模型主要强调的是在学习分析技术中需要考虑的要素条件。沃尔夫冈和亨德里克把学习分析涉及的因素分为六个维度,包括目标、数据来源、分析方法、内外部约束条件、利益相关者这六个方面,其中每个维度又被分解。这些更具体、更细致的因素能够使工作人员对学习分析的应用有更好的把握。分析方法被细化为具体使用的技术、算法、理论等;数据来源分为开放的和受保护的两种;目标由反馈和预测构成;利益相关者包括机构、老师、学生和其他一些相关人员;内外部约束包括能力、接受度、传统、规范四种约束。例如,在应用学习分析技术的时候,需要考虑选择哪种技术和算法,一些受保护的数据是否会侵犯到学习者的隐私,反馈是否及时,预测是否准确,技术的使用能不能使老师各尽其职,设计的学习内容与学生的能力是否匹配,这项技术会不会由于影响到教师的利益和权力从而导致老师的排斥等问题。先围绕着这六个部分提出问题,然后解决问题,这样才能保证目标的完成。值得注意的是六个维度之间是相互联系的,如果一个维度的变量改变了,分析预测的结果也会随之改变,所以一个理想的学习分析技术系统的设计者必须综合考虑所有的影响因素,能够应对每一个因素变化造成的影响。

**4. 李艳燕等人的学习分析概念模型**

智慧学习环境是一种能感知学习情景,识别学习者特征,提供合适的学习资源与便利的互动工具,能自动记录学习过程和评测学习成果,以扩大学习者有效学习的学习场所或活动空间。学习分析技术恰好能满足智慧学习环境的需求,能够对学习者的学习过程进行记录,并且能够智能分析学习结果,对结果可视化,此促进学习者的学习绩效。我国学者李艳燕等在对智慧学习环境的研究基础之上,基于西蒙斯的学习分析过程模型和伊莱亚斯的持续改进环模型提出了学习分析概念模型,见图 9-7。他们认为,学习分析由学习过程、学习环境、教育环境、受众、五个环节这五个基本要素组成。五个基本要素具体如下:学习过程——学生的学习过程;学习环境——教师在教学过程中所利用的硬件和软件;教育环境——教育政策、教育管理等;受众——学习分析结果的受益者;五个环节——包括数据采集、数据存储、数据分析、数据表示和应用服务。

数据来源于学习过程、学习环境中,首先,把数据分为学习相关数据和学习资源数据。学习相关数据指的是在学习过程中产生的一些学习日志等,类似于学习分析过程模型中的学习者数据;学习资源数据包括课程相关数据、学期信息数据等,这一部分类似于学习分析过程模型中的智慧数据。其次,将获取的数据进行结构化存储。在分析数据阶段,可以从三种角度来筛选数据(即从学习者规模、时间维度、粒度三个角度),从而进行分析。再次,将分析结果可视化,用更加直观的方式地呈现出来。最后,利用可视化的结果来评估和预测教学情况,针对不同的受众采取不同的干预措施。

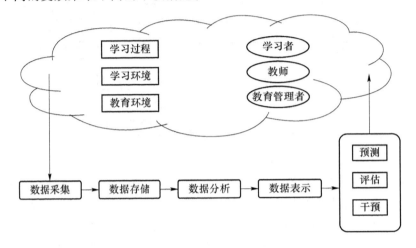

图 9-7 学习分析概念模型

学习分析概念模型主要强调的是学习分析的五个环节,这五个环节是学习分析的核心组成要素,涵盖了数据分析的支撑技术,实现了大规模数据处理及应用服务。仔细观察此模型,不难发现其中包含了持续改进环模型的核心概念——"环"。受众和学习过程、学习环境在同一"云"下,表明了三者之间相互影响、相互制约的关系,从而组成了一个可以循环的结构,这样可持续优化过程中的每个细小环节。

## (二) 学习分析模型比较研究

比较研究法是根据一定的标准对两个或两个以上有联系的事物进行考察,寻找其异同,探求普遍规律与特殊规律的方法。为了更好地理解学习分析的各个步骤、涉及的要素,并从中发现各模型的创新和不足,完善学习分析技术,将对这些模型进行比较研究。

**1. 共性**

事实上,数据仅仅是人们观察客观世界所得到的原始材料,本身没有太多意义,它只是描述发生了什么事情,并不能构成决策的可靠基础。通过对数据进行分析,找出其中的关系,赋予数据某种意义,才能形成所谓信息。信息虽然给出了数据中一些有一定意义的东西,但是它往往和人们需要完成的任务没有直接联系,还不能作为决策的依据。对信息进行再加工,进行更深入的分析,才能获得更有用的信息,即知识。因此从数据到信息,再到知识,是需要经过分析加工、处理精炼的过程。因此从数据收集得到信息到数据分析得到知识,再到知识应用都是学习分析中不可缺少的过程,当然在这个过程中我们要注意所涉及的一些要素条件。

仔细观察模型,可以看到要素模型相对于其他模型有明显的不同,在学习分析的各个阶段,都无法忽视模型中所提出的六个维度。其他三个模型注重的都是分析的过程,即从哪里提取数据,数据如何分析,分析结果如何使用,虽然在细节上有些不同,但是都是按照这个顺序处理数据。在学习分析的模型中,会看到数据的转换过程,就是从学习过程产生的数据中获取信息,再分析得到其中蕴含的知识的过程。这些模型是学者们根据自己本身的研究经验,从不同角度提出的,每个模型有各自的特点,但是也可从中发现相同之处。

(1) 数据收集是基础。

学习分析就是一个从学习环境中获取数据,再从数据中挖掘知识,最后将知识应用到学习过程中的过程。目标是否能够完成以及完成的如何,首先要取决学习分析过程中获取的数据质量。无论是讨论完成情况的结构化数据,还是在学习过程中搜索、复制粘贴等无意留下的非结构化的数据都需要记录下来,数据记录越完善,分析结果的可靠性就越高。

(2) 数据分析是核心。

当获得较为完备的数据以后,所要做的就是根据已有的理论和方法对数据进行分析。数据分析是学习分析的核心部分,因此许多学者提出了不同的数据分析方法。

内容分析法——对学习者的学习过程数据进行定量分析,寻求学习者的行为模式。

话语分析法——通过了解网上学习交流中话语的文本性含义,能够用来探究知识建构的过程,使学者对学习发生的过程有更加清晰的认识。

社会网络分析法——用来探究网络学习过程中的联系、关系、角色以及网络形成的过程与特点,了解人们如何在网络学习中建立并维持关系,从而为自己的学习提供支持。

性格分析法——通过获取学习过程中与学习者性格相关的数据,确定学习者类型,为个性化调整建立基础。

(3) 知识应用是关键。

知识的应用才是目的。得到了可靠的分析结果后,需要使用它去做更多有意义的事。对于优化、干预、预测学习情况等,其中很多部分计算机会自动完成,如将学习者的学习情况汇报给教师,提醒那些"危险"学生需要努力学习,为某一类别的学生提供个性化的学习资源。当然,也有一些部分需要人去完成,例如,当分析结果与事实出现偏差时,需要技术人员对前两个过程进行调整。

(4) 要素条件是保证。

在整个分析流程中,必须注意到内外部方方面面的要素条件,这些条件都能够直接能影响学习分析的目标。数据是每一步中都必不可少的,收集数据时,需要清楚数据的来源是否合法、可靠。分析数据时,需要明确使用的工具、算法以及人力等资源。针对不同的人群,可能需要不同的方法去处理数据,必须知道当前的约束条件,确保有能力完成目标。应用知识时,需要保证反馈和预测的内容能准确及时地到达需求者,并能采取适当的措施对学习绩效进行优化。

**2. 差异性**

每个研究者都是从各自的研究内容出发,根据自己的研究经验,借鉴别的学科方法或者前人的研究成果,提出自己所理解的学习分析模型。虽然有各自的特点,但由于四个模型的侧重点不同,它们都未能达到尽善尽美。学习分析过程模型对学习分析的整个过程有相对详细的描述,数据来源也考虑了很多方面的因素,但是却没有考虑到学习分析是一个循环的过程,分析的结果可以影响到下一次信息的采集,而且模型对于信息源的概括也不是很全面。学习分析要素模型仅声明了相关要素,但未指导学习分析的实施,缺少流程化的具体步骤。持续改进环模型虽然加入了循环的过程,在每个过程中也有所需的资源,但是没有考虑到外部的环境因素和约束条件,而这些条件对学习分析过程有至关重要的影响;学习分析概念模型相对比较完善,但缺少了对所需资源的描述,这些资源是学习分析中必不可少的一部分,而且模型对于数据的来源和知识的应用也没能叙述得更细致。根据各模型的特点、不足、产生原因、提出背景、理念等,可以归纳出以下几个方面的不同。

(1) 研究维度的差异

学者们对于学习分析模型的理解角度可以分为宏观和微观两种视角。学习分析概念模型和持续环模型都是从全局出发,设计整个学习分析过程,可以界定为从宏观角度建立模型。而要素模型和学习分析过程模型则是从微观角度出发建立模型。要素模型主要确定了影响学习分析的六个维度,并将每个维度上继续细分;学习分析过程模型虽然强调过程,但在表述每个过程的时候都给出了具体的操作,例如,在收集数据的时候,西蒙斯在模型上直接给出了具体的方法和数据来源。这两个模型首先都是从细小的环节入手,扩大到具体的环节和具体的维度,然后整合所有的环节和维度形成模型。

(2) 研究方法的差异

模型大都是依据自己的研究项目或者基于前人的研究成果而提出的,然后利用自己的经验对其进行改善。学习分析过程模型和持续改进环模型提出的时间相对较早,两位学者完全依靠自己的研究完成对模型的概括。学习分析过程模型按照关联主义学习理论的需要去设计思考,获取个人信息,分析个人的学习特征,在社交范围寻找相同特点的人,推送需要的知识。学习分析通过技术使人与人之间发生关联,促使学习的发生。持续改进环模型通过总结其他学科的处理数据方法和一般技术组成要素,提出了学习分析模型。要素模型考虑了其他一些"软"因素,这些相关概念来自研究者对各大学习分析研究社区的分析总结,该模型较为全面地概括了与学习分析相关的要素。学习分析概念模型则来自对前两个模型的改善,五个环节的概括相对于其他几个模型来说相对准确。

(3) 学术思想的差异

不同的模型反映出了研究者的学术思想。学习分析过程模型是从微观角度设计流程,重点突出了每一步的具体方法,学习分析概念模型是从宏观角度设计流程,强调的是学习分析技术的五个关键环节。要素模型主要整合了影响学习分析的所有相关要素,持续改进环模型主要描述了分析过程的"循环"和涉及资源之间的相互作用。

(4) 应用环境的差异

对于这四个模型的应用,没有具体的哪个模型适用于哪一类学习分析技术,需要在技术应用的不同阶段参考不同的模型。在初期设计学习分析系统时,需要参照学习分析概念模型设计好整体的框架,然后针对每一步设计具体的功能和内容,在具体工作的时候可能会参照学习分析过程模型的收集方法和预测方法。在每一步的设计中,都必须思考要素模型中所涉及的要素问题。最后,需要根据持续改进环模型的核心理念"环",让系统能够实现自动的优化服务。

学习分析技术模型是学习分析技术的重要组成部分,这些模型都是随着学习分析技术的不断发展,研究者根据自身的研究经验提出的。这些模型将会为以后的学习分析系统开发提供理论支持,对学习分析以后的发展提供帮助。

当今,信息化教学变革在逐步实施中,学习分析技术作为信息化教学的重要手段,必定对教学质量产生巨大作用。学生、教师和管理人员在教学过程中产生的数据是海量的,这些数据不仅可以帮助我们理解学生的学习情况,更能丰富教育手段,帮助学生提高学习。在技术上,学习分析的实现并没有太大的问题,主要需要解决的问题包括两个方面:①在学习分析技术实施的接受程度方面,如何让学生、教师、管理人员参与进来,愿意用这种方法提高教学;②在数据到知识的转化方面。

# 第十章　在线学习活动支持系统的研究

**本章导言**

技术和学习的融合呼唤着在线学习活动支持系统的出现。在线学习活动支持系统的设计和实施了结合技术和教育两个视角，根源于差异化教育场景的创新型教育探索。教学平台从"注重管理"到"关注活动"，正是技术和教育不断融合的产物。

本章关注两个教育场景——移动学习场景和资源聚合场景。对于这两个教育场景中的研究已经取得了一些成果。通过实践检验，这两个场景的应用较好地体现了不同教育场景下的学习活动支持，对设计和实施在线学习活动起到了重要作用。

## 一、微课移动学习环境

### （一）移动学习与移动学习平台

**1. 移动学习的内涵和发展**

移动学习是在信息技术的不断发展变迁过程中应运而生的。由于智能终端设备的逐步普及、通信技术的迅猛发展、碎片化学习时代的到来，学习者已渐渐有了利用终端设备自主学习、有效利用碎片时间、随时随地学习的需要，而移动学习正好满足这些需求。

移动学习是一种在移动计算设备帮助下能够在任何时间、任何地点进行的学习，是一种非正式终身学习的有效方式。从 2000 年开始，我国陆续有学者开展对移动学习、微型学习、移动教育的理论及应用研究，在移动设备智能化和移动通信技术快速发展的基础下，对移动学习理论的研究热度有了大幅增长，对移动学习相关应用研究（包括资源建设、应用技巧等）的关注度也有了一定提高。相对而言，欧美地区对移动学习的研究已经比较深入，对移动学习的发展有进行长期的跟踪研究，很多高校在进行移动学习研究项目，例如，新加坡的 MobiSKoolz 项目研究增强师生交互；芬兰 Helsinki 大学的 UniWap 项目研究在使用移动设备学习的过程中如何支持学生协作学习；欧洲的 MOBILearn 项目开发适用于不同学生群体的学习资源；非洲农村的移动学习项目研究移动学习环境的构建[①]。通过对国外这些移动学习的研究案例的调研可以看出，当前国外对移动学习的研究重点开始转移到如何处理移动学习中教与学的关系，移动学习的有效学习方式等方面，开发和建设适用于移动学习的课程资源以及对移动学习环境的研究上。

本章在对教育心理学、教育技术学等理论知识深入研究的基础上，主要着力于提出一种

---

① 郭绍青,黄建军,袁庆飞.国外移动学习应用发展综述[J].外国电教.2011(5):107.

更适合知识表征和移动学习的学习环境。纵观国内移动学习平台发展历程可知,每次移动学习平台的风靡与通信技术、移动运营平台、移动终端设备的发展为移动学习奠定的坚实物质基础是分不开的。

**2. 移动学习平台**

当前国内移动学习平台主要有以下几种。

(1) 基于短信的移动学习平台。该平台是通过短信间断性地、非实时地发送教学资源。这是早期移动学习的形式,提供了即时信息沟通渠道的雏形。

(2) 基于Wap网站的移动学习平台。在该平台上,学习者浏览使用Wap技术实现的教育网页,通过将移动学习终端接入互联网的方式进行移动学习。通过网页上的各种超链接可进行知识扩展,这种方式实现了实时发送教学资源,但是因为网页的学习资源链接呈现是没有经过教学设计的,学习者容易迷失和失去学习兴趣。

(3) 基于无线局域网的移动学习平台。这种移动学习平台在很多高校都已普及,学习者能够在教学楼、图书馆等局域网覆盖范围内实现移动学习。该平台功能强大、交互性强,但是前期开发成本较高,且并没有真正实现随时随地学习。

近几年随着Twitter、Tumblr和Facebook以及国内的新浪微博等的盛行,国外基于微博客的移动学习平台开始盛行,这种移动学习方式激发了学习者的兴趣,很好地实现了用户之间的互动和及时交流,同时对学习资源和学习方式有丰富的设计,而且真正实现了随时随地像浏览微博一样轻松的学习。它将移动技术、网络技术和数字化学习技术高度融合,实现了灵活的、情景化的,可随时随地进行的个性化学习[1]。

本章要介绍的"微课"移动学习平台针对将微博系统应用于移动学习中存在的问题进行了改善,如设定用户权限,尽量减少与学习无关信息的出现,增加多种有利于学习者知识建构和促进协作学习的工具,在学习资源的发布环节突破微博字数限制而采用短视频、文字、图片多种媒体形式,创新性地以知识可视化为该学习环境设计的主题思想,在教学设计的每个步骤实现知识可视化。

## (二) 知识可视化与移动学习环境

**1. 学习环境**

学习环境是与学习即知识建构有密切联系的复杂系统,是促进学习者发展的条件综合。学习环境是建构主义学习理论中的重要基本概念,指支持学习者学习的外部条件和内部条件。学习发生的外部条件包括学习地点、时间、场所、工具、伙伴、老师等,良好的外部条件能够促进学习者自身的学习,即催化学习的内部条件。早在1995年威尔逊就指出,学习环境是指学习者可以相互合作使用各种工具和信息资源参与解决问题,以达到学习目标的场所[2]。国内学者朱晓鸽、毛新勇认为,学习环境是指在学生与学习资源交流的学习过程中,学习者在进行自由探索和自由学习的场所,是促进学习者学习的场所。后来武法提和杨开诚指出,学习环境是动态的概念,是学习活动展开过程中赖以持续的情况条件,并且他们认为学习环境不仅包含场所、学习资源,还包括教学模式、教学策略、学习氛围、人际关系等非

---

[1] 张豪锋,杨绪辉.基于微博的移动学习实例研究.[J].继续教育研究.2012(3):75-77.
[2] 林军来.基于Moodle平台的写作学习环境构建与实践研究[D].上海:华东师范大学.2009.

物质条件。总之,建构主义学习理论中的学习环境应包括信息资源、认知工具、教师角色等物理资源和任务情境、教学模式等软资源,具有情境性、建构性、操作性和动态性四个特征,包含情境、资源、工具、策略四个基本要素[①]。

移动学习环境包括六个要素:移动学习终端设备、移动学习网络接入、移动学习平台开发、移动学习资源建设、移动学习内容选择设计、移动学习活动设计。"微课"移动学习系统针对当前移动学习存在的问题,提供了一种能有效协调各要素,促进彼此作用,整合学习资源,促进教学交互的新环境。

**2. 知识可视化**

学习工具是学习者为了与学习环境要素进行有效交互而使用的中介手段。学习工具具有中介特性和认知特性[②]。知识可视化工具是一种优秀的学习工具,它具有学习工具的两个特征,提供反映相互关系的图形界面,有助于学习者认知知识结构。

知识可视化是一个专门的研究领域,是从多个与计算机相关的学科发展起来的。"可视化"最早是在1987年美国的一份研究报告提出的概念,经计算科学领域的演变,后期出现了科学计算可视化、数据可视化和信息可视化,而知识可视化由信息可视化发展而来,其基本思想是将数据、信息和知识等转化成图形描述出来。知识可视化主要研究的是如何通过视觉表征,促进两人以上的人之间知识的传播和创新。

因而在移动学习环境中加入知识可视化工具无疑是一种有效提高学习者获取和运用知识水平的方式。它能够将模糊不清的思想转变成清晰的外在形式,在绘制图形的过程中制约不必要的认知工作并创建新的知识结构,有效调动学习者自主思考、整合知识的积极性,将新概念插入现存知识结构中,并将其作为知识记忆的方式存储下来,以便后期复习和提供提示线索。

## (三)"微课"移动学习环境的构建

### 1. "微课"移动学习环境功能介绍

基于对学习理论和学习环境的研究,我们旨在设计出符合建构主义学习环境设计原则和与现有移动学习技术相适应的"微课"学习环境,将学习的具体理论进行实践。在移动终端实现问答模块、知识可视化工具、知识树导航、搜索、评论等功能。通过对建构工具和交流工具的设计做出一定创新,根据不同的学习者特征推荐匹配的学习资源,分析用户的信息,将能使互相学习的学习者关联起来,增加协作学习的机会,而且,可以通过几种学习工具帮助用户进行知识建构。

第一,"微课"系统的学习资源呈现方式包括视频、文字、图片等多种形式,而不同章节的知识点分类分深度地整合后呈现。学习者在学习某一知识点的过程中如果觉得有难度,可以查看同等级的其他知识点,也可以根据知识树导航功能找到上一级知识点。

第二,"微课"提供多种认知工具。设计的知识可视化工具可帮助用户构建思维导图,整理总结学习内容。知识树导航模块根据难度、进度等多种因素把学习资源整合起来,这对用户系统地学习很有帮助。

---

① 杨开诚.建构主义学习环境的设计原则[J].中国电化教育.2000(4):14-18.
② 邱婷.知识可视化作为学习工具的应用研究[D].南昌:江西师范大学,2006.

第三,"微课"系统中学习者控制和教师控制相结合。学习者一定程度上掌握学习活动的自主性,但学习资源的发布、知识导航和问答模块的推送功能都是由后台和老师控制,这有效保证了学习环境的专一性,可促进有效学习。

第四,个别化学习与协作式学习相结合。用户在自己完成学习活动之外,可以在遇到问题的时候提问,或是将学习总结以知识可视化图形的形式分享。协作学习一定程度上增加了学生的学习兴趣和学习效率。

第五,对不同学生用户,"微课"系统会根据其活跃度、提问情况和学习程度等分别推送不同难度程度的学习资源,这对于有困难的学生来说,赋予了更多的自由空间。

第六,知识获取与思维训练相结合。"微课"系统鼓励学习者在学习过程中主动构建思维导图,使用知识可视化工具来帮助知识消化,把知识真正吸收后转变成为自己的思想。

下面主要介绍"微课"中的知识可视化模块、知识树导航模块以及问答模块的作用和使用方法。

(1) 知识可视化模块

在"微课"中,为促进学生的知识建构,增加学习兴趣和互动功能,加入知识可视化模块,用可视化模块将知识形象地表达出来。现有的知识可视化模块有多种类型,不仅有我们经常使用的图标、大纲图示等,还有一些诸如概念图、思维导图、认知地图这样的专业性软件工具,"微课"学习环境选用其中的一种或多种工具供学习者使用。不管选择哪种图形工具,使用知识可视化模块的步骤都是确定主题、明确目标、构思框架、选择形式、绘制图形和评价图形这几步。因而我们设计的是在学习一段课程之后,通过点击知识可视化,学生便可以就该主题选择适合的工具,绘制出自己的可视化图形。此图形在绘制结束后可以分享给别人看,而且在后期有新的想法时可以修改,这对于知识结构的良好建立非常有帮助。

将知识可视化模块融入学习环境后,可以增进个体间的知识密集型交流,将新见解纳入已有概念体系。

(2) 知识树导航模块

移动学习中随时随地的学习便利把学习变得碎片化,学习环境与学习方式的复杂化让学生注意力极易受到干扰,无法进行系统化学习。在"微课"中,知识树导航模块的设定就是为了解决碎片化资源零散无章的情况,教师发布学习资源时,会根据不同章节不同知识点的难易程度把学习资源定位在某个位置上,这样学习者可以根据知识树导航模块循序渐进地进行学习,而且在查看一级知识点之后如果有疑问可以再查看上一级相关的知识点,这样可促进理解,对于学习者来说是一个极其重要的环节。

教师在发布学习资源前将碎片化学习资源分类有等级地整合,通过"知识树"形象丰富的导航信息,有效帮助学生回顾总结之前学过的碎片信息,促进学生的知识系统化。运用了可视化技术的知识树导航模块能改进了教学过程,帮助学生建立自己的认知思路和过程,促进对知识的理解。

图10-1为知识点播放页的设计,在学习完之后点击视频上方的"查看知识树"按钮可进入知识树导航页面;点击"绘制可视化图形"可进入绘制图形页面,画出的可视化图形可以选择分享在播放页下面的评论列表中,并在个人资料页面显示出图形被赞次数。学生根据对该学习对象的理解程度对其评分、收藏还有评论;在评论输入框中输入"@"即会显示系统为其推荐的学习伙伴,可以向学习伙伴提问,并将问答记录显示在评论列表。

图 10-1 知识点播放页的设计

(3) 问答模块

为促进学习者之间的交流,增加学习动力,学生之间的问答交流在真实的课堂中是必不可少且一定存在的。同学之间对一个问题的探讨交流往往能够极有效地帮助学生记住一个知识点,向成绩优秀的同学提问是促进学习进步的好行为。基于此,"微课"系统设计中专门设置问答模块供学生间交流,使学习情境更真实化。

问答模块设置在学习资源的下方,学习者学习之后可以通过向系统为其推荐的同学提问、寻求帮助,这种方式增加了学生之间的交流。而"微课"系统拟基于学习者信息与学习对象的标签信息之间的关联性设计出一种科学的筛选方式,为用户筛选适合的提问对象,帮助学生之间的协同学习;此外学生也可以自己选择提问对象申请提问。图 10-2 和图 10-3 分别是用户登录之后的首页和可以查看到的同学的资料页面,用户登录之后就可以在首页上看到问答消息提醒,在查看同学资料之后也可以主动向其发出提问请求。

图 10-2 用户登录之后的页面　　图 10-3 可以查看到的同学的资料页面

**2. "微课"系统流程设计**

打开该应用后首先判断是否有账号,有的话直接登录,否则进入注册界面。注册界面需要填写个人信息,注册成功后才能进入首页开始学习。在首页这里可选择不同的个性化功能:我的资料、我的提问动态、发给我的回复和我的收藏。可以在搜索框选择搜索想要的课程标签,也可以选择直接查看课程,进入播放页面。进入播放页面后就可以看到知识树导航功能、可视化功能、评论和问答功能以及评级、收藏功能。

这里的"知识树"起到知识导航和学习资源整合的作用。点击"知识树"上的节点可以查看该级别的所有课程。可视化功能对学习建构有促进功能,学生利用此工具画出自己的知识结构图,之后选择分享或是留作下次复习查看和修改。评论输入框综合评论、提问和回答三个功能,浏览者可以对该课程进行评论或向别人提问。图 10-4 表示的是系统包括的各个模块及其相互之间的关系图。

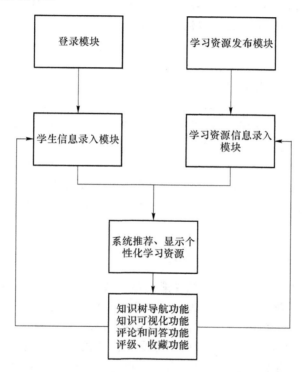

图 10-4 系统包括的各个模块及其相互之间的关系

本章在对教育心理学、教育技术学等理论知识、移动学习教学关系、学习资源呈现形式、学习工具的研究基础上,采用观察法、文献分析法、案例研究法、比较法四种研究方法,提出了一种更适合知识表征和移动学习的学习环境。后期拟用相关计算机科学技术将其实现,为移动学习环境以及知识可视化对移动学习的作用方面,提供一定的理论研究与应用研究素材。

# 二、资源聚合工具

随着网络技术的发展和网络教育的普及,互联网上的数字化学习资源日益丰富,越来越多的学习者通过网络学习的方式获取知识信息。网络学习不受时间、空间和地点的限制,知识获取渠道具有灵活性和多样性的特点。随着网络学习被广泛研究与关注,数字化资源大量涌现,教育工作者们逐渐投入更多的精力来研究如何简单、高效地呈现学习内容。研究分析表明,随着网络学习人数的快速增长,为满足不同学习者对资源的不同需求,数字化资源数量迅速增加。2004至2006年两年的时间里,仅上海市教育教学资源库建设的总容量已经达到2 803 GB,而且还在继续增长。国家精品课程资源网中,包括教学视频等数字化资源数量达130万多个,如此庞大的数字资源库为学习者提供了丰富的信息来源和更多资源选择的机会,但这同时易出现资源过载和盲目学习的现象。学习者时刻在搜索和查看资源,致其浪费大量的学习时间,降低学习效率,影响学习质量,且大大减少了学习主动性。如何既满足网络学习中对海量资源数量的需求,又让学习者从海量资源中快速定位所需资源,是提高网络学习质量急需解决的问题。

泛在学习环境日趋完善,如何解决泛在学习环境下学习资源存在的分散无序、共享性差等问题,实现泛在学习环境下的数字资源深度聚合,为学习者推荐更高效的资源推荐服务,已成为教育技术研究热点之一。英国联合信息系统委员会(JISC)在2011年的《数字资源的聚合和维护》报告中提出,早期丰富的数字化项目带来了"粮仓效应",既数字资源的建立处于隔离状态,缺乏有效的资源聚合模式,这不利于数字资源的可持续发展。传统数字学习资源的发展虽然经历了从积件到学习对象,再到学习活动等几个阶段,但都无法满足泛在学习对于数字资源的实践性、跨学科、生成性等多种需求。开展泛在学习环境下的数字资源聚合模式及推荐机制研究,已经成为泛在学习进一步发展中的重要一步。

因此,数字化资源的推荐方法研究对于高效呈现教学资源和精确地资源获取起着至关重要的作用。数字化资源的推荐方法越来越受到广大研究者的青睐,已成为教育网站或网络教育平台的研究热点,它不仅能提高用户获取资源的速度,节省宝贵的时间,同时在推荐资源的准确性上有很大的进步。

## (一) 我国数字学习资源现状

我国数字学习资源建设工作在宏观政策引导、互联网经济支持等多方面因素的影响下,自20世纪90年代中后期得到了飞速的发展。政府及相关机构启动了一批有代表性的数字学习资源建设工程,如国家基础教育资源库、国家精品课程资源建设等。这类资源的显著特点是其内容具备高度的结构化特征,近两年备受关注的慕课同样具备这一特征。相比较于高度结构化特征的学习资源,近年出现了大量非常优秀的非结构化学习资源,其典型案例有百度百科、知乎以及果壳网等,可汗学院的资源也是非结构化学习资源的代表,这些资源已经得到越来越多成人学习者的应用。这两类资源的对比如表10-1所示。

表10-1 两类学习资源的对比

| 比较项目 | 结构化学习资源 | 非结构化学习资源 |
| --- | --- | --- |
| 显著特点 | 以学科体系为基础结构,体现出严谨的学科内容体系 | 以实践应用为基础结构,学科内容体系不鲜明 |
| 颗粒度 | 颗粒度适度 | 颗粒度较小 |
| 开发模式 | 基于专业队伍的建设模式 | 基于精英的建设模式 |
| 典型案例 | 国家级精品课程 | 可汗学院、知乎 |

伴随着 Web 2.0 的技术，出现了 UGC(User Generate Content，用户生成内容)社区，这将出现人类又一次的信息爆炸式增长现象，UGC 是由用户生成内容，这是 Web 2.0 赋予网民更多的自主权，让网民互动的意愿以及自我表达愿望得以实现。在教育领域，MOOC 等形式的网络教学里面的学习者线上线下的讨论交流、各抒己见正是 UGC 的精髓所在，也就是说 UGC 的概念在教育领域已经得到了广泛的体现。

学习资源不完全是 UGC，它们有交集的部分。当学习者将获得的优秀学习资源融入一些自己的理解或感悟，然后将这部分的资源包装好并参与小组的线上或线下讨论，共享这部分的资源时，若这些学习资源得到其他学习者的认可并被使用，这个学习资源和 UGC 内容就重合了。协同聚合的学习资源必须是有很高的使用价值的，要能够促进学习者的网络学习，否则将不能被很好地传播使用，这有违学习资源协同聚合的初衷。

远程教育中一直以来或多或少存在一个盲区，那就是学习者是一个人的学习，也叫"孤独的学习者"。远程教育在一定程度上不能满足学习者的情感需求，所以鼓励学习者之间、教师和学习者之间的互动交流在网络教学中扮演着很重要的角色，学习者在学习过程中通过贡献高质量的学习资源(也就是 UGC)，展现自我，可以受到其他学习者的尊重同时也能获得自我满足。通过大量消费其他人贡献的学习资源，可以满足与他人交流的诉求。多种多样有效的学习资源可以使学习者学习效率得到提高，学习达到事半功倍的效果。

随着互联网技术的发展以及带宽的增加，UGC 存在的媒介有所变化，不再单单是以往的文字结合图片，视频媒介已广泛地存在于互联网的传播中。为了研究哪种形式的媒介容易被广大学习者所接受，艾瑞调研社区于 2013 年 1 月做了相关调研，得出的调研数据如表 10-2 所示。

表 10-2　用户不同媒介的 UGC 活动

| 介质 | 行为 | 用户所占比例 | 优势 | 劣势 |
| --- | --- | --- | --- | --- |
| 文字媒介(用户每天进行的文字 UGC 活动) | 浏览他人文字 | 61.3% | 信息承载量庞大，非常容易获取 | 容易使得学习者产生疲劳 |
| | 评论他人文字 | 29.9% | | |
| | 分享他人文字 | 29.1% | | |
| | 自己上传文字 | 21.3% | | |
| 图片媒介(用户经常进行的图片 UGC 活动) | 浏览图片 | 80.2% | 能激发学习者的求知欲，内容直接，获取容易 | 画面生动略显不足，信息承载量较小 |
| | 转发或分享图片 | 46.8% | | |
| | 评论图片 | 42.8% | | |
| | 上传图片 | 39.1% | | |
| 视频媒介(用户经常进行的视频 UGC 活动) | 观看 | 88.5% | 能够承载更丰富的情感，语音和画面有助于信息准确和快速地传播，更容易被其他学习者所理解 | 获取较难，需要带宽的支持 |
| | 转发或推荐 | 44.5% | | |
| | 评论 | 44.2% | | |
| | 上传 | 22.0% | | |

通过表 10-2 不难发现，每种媒介都各有优劣，也就是说要根据不同的学习资源选择不同的介质来进行协同聚合。

学习环境组织工具可以帮助师生对知识进行可视化的管理，也可以通过类似于思维导图的 API(应用程序接口)进行课程设计和传播,有了上述高效的管理手段和工具,学习者和教师学习资源的整理效率大大提高,课程间的联结更加紧密。

美国教育部建设的 ERIC 资源库除了有丰富的教学资源,还可根据用户的需求提供个性化的服务,包括各种资源应用服务功能,如在线答疑、资源收集以及 16 种不同学科的专门知识查询等。

英国学者 Singh 探讨了基于社会网络聚合信息的方法,指出基于社会网络聚合信息将是今后学习者与学习者交互,共同解决问题的新趋势。Web 2.0 的典型特征是基于社会网络聚合信息,可以通过群体的力量为资源添加标注、设置标签,实现资源的有效管理,将其运用在远程教育中,可以发挥学习者群体智慧的优势,建构学习资源,为学习者提供资源编辑与阅读的有效途径。

通过对学习资源协同聚合现状的调研,得出以下五个结论。

(1) 学习资源建构的主体以主讲教师和课程制作团队为主,大都没有明确学习者也是参与学习资源建构的重要角色。

(2) 目前的学习资源理论中没有包括所有学习资源的分类维度,如没有把学习资源获取的途径作为学习资源纳入其分类之中,对网络上碎片化的学习资源也没有明确的分类。

(3) 大多研究关注于传统的数字化资源对于新型的人际资源关注与研究较少。

(4) 目前资源建构中的资源主要聚焦在图书馆等领域,在远程教育中的资源建构研究相对较少。

(5) 国内的资源建构大都是由国家政策驱动,理论层面上的研究相对来说要多于实际平台建构,资源建构平台的建设进程比国外稍显缓慢。

## (二) 现有数字资源聚合模式和推荐机制

### 1. 数字资源聚合模式

现有数字资源聚合模式主要有基于资源本体的聚合模式和基于对象本体的聚合模式。

(1) 基于资源本体的聚合模式

这种聚合模式出现在资源建设的早期。在缺少相关资源建设标准规范的情况下,为实现资源的重用,该聚合模式倡导通过建立最为基本的资源,减少其约束条件,进而增加资源重组的可能性。因此,这种聚合模式更加注重资源自身属性,而往往忽视特定资源在学习过程中的作用。基于资源本体的聚合模式难以形成完整的知识体系,不能支持泛在学习的实践性、跨学科性。积件的建设模式充分体现了这一聚合模式的特征。

(2) 基于对象本体的聚合模式

基于对象本体的聚合模式是以用户的学习需求为重点,针对用户对学习需求量的增长,为学习者提供更为个性化的学习服务。这一聚合模式关注了资源在学习过程中的特殊性,以实现对资源的聚合封装,并建立了不同系统间资源共享的规范。基于对象本体的聚合模式提升了教育资源共享的层次。

无论是基于资源本体的聚合模式,还是基于对象本体的聚合模式,这两类数字资源聚合模式都仅仅关注于高度结构化的学习资源聚合,缺少对于非结构化的学习资源聚合的研究。

### 2. 数字资源推荐机制

网络学习中,推荐系统是一种最杰出的工具,可为学习者推荐最适合、最有用的学习资源。个性化推荐系统在识别学习者的兴趣之后,智能地为学习者推荐用户需要的资源,为学习者解决数字资源过载的问题,从而避免了挑选资源所带来的麻烦。个性化推荐系统能够提高网站的服务质量,提升学习者浏览网站的兴趣。

个性化推荐技术的研究兴起于20世纪90年代中期,随着Web 2.0技术的发展和成熟,越来越多的研究者开始关注这一领域。1994年,Resnick和Varian第一次提出个性化推荐的概念,并开发了个性化的新闻推荐系统。该系统根据用户阅读新闻后所给的评分发现用户的喜好,帮助用户筛选出他们可能感兴趣的新闻。目前,在国外的研究中有一些学者提出了数字化学习的个性化推荐系统,例如,Jie Lu提出了一个个性化学习推荐系统,这个系统可以根据学习者的学习风格、学习需要和学习背景为学习者推荐合适的学习材料;Mohamed Koutheaïr Khribi提出了在线自动推荐系统,该推荐系统根据学习者最近的导航历史进行推荐,采用基于协同过滤和内容过滤相结合的混合过滤技术;Reginaldo提出了内容个性化学习推荐系统,这种推荐方法基于三个指标——学习者的兴趣、学习者偏好和资源的受欢迎程度,其中学习者偏好需要使用协同过滤的方法进行确定;Feng-jung Liu提出基于活动的课程推荐,采用协同过滤技术的方法分析学习者的活动信息,除了利用协同过滤,还利用文本挖掘找出关键字等。

国内的个性化推荐技术发展相对较晚,在理论研究和实际应用中都相对滞后,国内的研究者们从2000年开始关注个性化推荐技术,并且在2002年较早地将个性化推荐技术引入网络远程教育领域中,他们的研究介绍了数据挖掘技术的概念、功能及其运作流程,并使用数据挖掘技术建立了一个远程教育中的个性化服务模型。2008年以后,我国有关网络学习中个性化推荐的研究开始迅速发展,研究包括虚拟学习社区中的资源推荐、学习系统中的资源推荐等。虚拟学习社区中的资源推荐不针对某个特定的学习过程,也不分析学习资源的特质和内容,仅仅是依据相似学习者的资源偏好和使用模式进行推荐,李灵宁研究并开发的基于JADE的社区结构挖掘的个性化推荐平台可实现基于智能代理的用户信息动态监控、用户社区结构挖掘,具有相似兴趣的用户的动态社区自组织及实时监控,以及基于社区特征的个性化信息推荐。学习系统的资源推荐根据学习者的学习风格、认知水平、学习动机和社会背景存在的差异等对学习者进行分析、推荐,有研究者提出在网络教育平台中加入教育资源推荐系统,例如,山西师范大学的ERPRS系统根据学习者的个人资料以及兴趣信息,构建用户的兴趣模型,实现对资源的自动个性化推荐,包括最新、最热资源的非个性化推荐以及根据用户评分的个性化推荐;大连理工大学的Talent推荐系统根据学习者的浏览记录、浏览习惯和偏好,把教学资源推荐给可能感兴趣的用户,学习者在登录首页时,自动生成教学资源推荐列表,将用户感兴趣的资源在推荐首页展示,实现了资源的共享、重用和推荐。

研究者们关于个性化推荐的研究及实现大大减少了学习者的搜索时间,有效挖掘、发现用户的潜在兴趣,引导学习者迅速地定位到自己感兴趣的学习资源。而且个性化推荐会不断收集用户兴趣信息,并且根据用户兴趣特征的变化动态调整用户兴趣模型,提高个性化服务质量。但是个性化推荐把全部的重点放在主体上,忽略了资源本身以及资源之间的联系,对于学习者学习的过程而言,资源的类别呈现单一性,不能呈现资源之间的关联。目前,极少数研究提到基于语义关联的资源推荐,即通过KNS(Knowledge Network Service,知识网络服务)网络建立资源与资源、人与资源、人与人的联系。基于语义网的农业学习资源推荐系统由农业学习资源管理组件和基于语义的推荐组件组成,该研究专业性强,具有局限性。

受限制于资源聚合模式研究,已有的数字资源推荐机制难以满足泛在学习的需求。国内外用于数字化资源的推荐技术主要有协同过滤推荐、基于内容的推荐机制以及混合式推荐机制。

(1)协同过滤推荐机制

协同过滤推荐机制研究相对较早,也较成熟,该机制首先对学习者进行建模,以发现兴趣相类似的学习者,再基于建模结果进行资源推荐。这一推荐机制中的学习者的历史行为往往被当作重要参数。大多数学习资源推荐系统采用这一机制。协同过滤推荐机制是研究最早、研究最多、使用最广泛的个性化推荐方法,也是最著名、最成功的个性化推荐方法。协同过滤推荐机制的核心是协同过滤算法。协同过滤算法首先找到与此学习者有相似兴趣的其他学习者,然后将他们感兴趣的资源推荐给此学习者。该算法一般采用最近邻技术,利用学习者的历史喜好信息计算他们之间的距离,根据最近邻居用户对资源评价的加权评价值来预测此学习者对资源的喜好程度,系统从而根据这一喜好程度来对学习者进行推荐。协同过滤推荐机制最大的优点是对推荐的资源没有特殊要求,在网络学习中,资源的形式包括视频、动画、图片、文本等。

网络学习系统中,协同过滤算法的推荐流程如图10-5所示。每一个学习者对学习的资源评分形成评分资源集,通过对学习者资源集的分析了解学习者的兴趣信息,利用协同过滤算法,找出学生A的邻居集,再从最近邻居集中选择学生A感兴趣,但又未做出评分的资源,形成候选推荐集,或者预测学生A对可能感兴趣的资源的评分,选取评分最高的N个资源推荐给学生A。

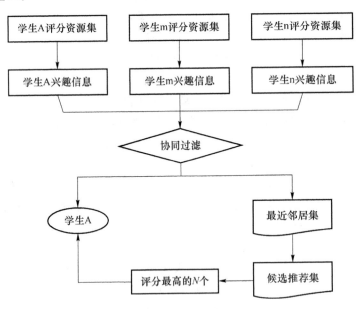

图10-5 协同过滤算法的推荐流程

大连海事大学的杨叶坤设计实现的教学资源推荐平台使用协同过滤技术实现教学资源的推荐,并在协同过滤技术的基础上利用Slope One填充方法对数据稀疏性以及SOM(自组织映射)聚类对扩展性分别改进。该平台有助于教学资源的有效利用。学习资源个性化推荐系统是浙江省中小企业信息化平台的一个子模块,该模块利用优化后的协同过滤推荐算法将学习资源进行个性化推荐。ERPRS 推荐系统是一个个性化资源推荐的基础实验平台,采用相似度进行循环计算的协同过滤算法来实现个性化推荐。

(2) 基于内容的推荐机制

基于内容的推荐机制采用对比资源内容信息与学习者描述信息相似度进行推荐。通过根据检索记录,构建生成学习者和学习资源描述信息文件,然后分析描述文件的语义相似度,将相似度最高的资源推荐给学习者。百度文库就采用了这一方法。

(3) 混合式推荐机制

混合式推荐机制是指采用前面两种推荐方法的组合。以 Talent 学习推荐系统为例,它将基于内容和协同过滤算法混合使用,根据学习者的浏览记录、浏览习惯和偏好等信息进行建模,同时根据学习资源的相关属性和内容开展基于内容的推荐。几种推荐方法有其各自的优势和劣势,如表 10-3 所示。

表 10-3 不同资源推荐方法的优势和劣势

| 推荐技术 | 优势 | 劣势 |
| --- | --- | --- |
| 协同过滤推荐机制 | 对于资源形式不做限制<br>可发现新的兴趣 | 对学习者关系依赖性强<br>新手得不到准确的推荐资源 |
| 基于内容的推荐机制 | 不依赖评价信息<br>推荐结果简单直接 | 对文本内容的特征不易提取<br>局限于有丰富文本信息的资源 |
| 混合式推荐机制 | 结合多种推荐技术优点,并克服各自的不足 | 实现起来比较复杂 |

三种数字资源推荐机制中,最常用的是协同过滤,推荐机制其次是混合式推荐机制,纯粹基于内容的推荐机制应用较少。通过文献关键词检索的方式,得出不同的推荐机制在数字资源中的应用比例如图 10-6 所示。

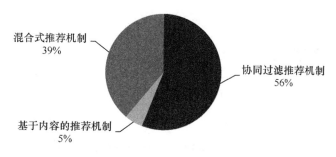

图 10-6 数字资源中的各推荐机制的应用比例

在电子商务领域,推荐的用户是消费者,推荐的对象可以是电影、书等任何事物,而在网络教学领域,用户是学习者,对象是资源。推荐的目的是为用户推荐所需对象,因此不同领域的推荐方法不尽相同。目前推荐在教育领域的推荐以个性化推荐为主。

## (三) 基于知识图谱的推荐模式研究

本章主要以谷歌知识图谱的构建过程和方法为背景,介绍了知识图谱的构建过程,并结合数字资源的特点,分析了课程数字资源知识图谱的构建方法和过程。除此之外,本章结合谷歌搜索的蜂鸟推荐算法,分析了基于知识图谱的课程资源推荐模型。

基于知识图谱进行推荐的首要任务是实现知识图谱的构建,而数据是知识图谱构建的基础。整个推荐过程包括数据层和模式层;数据层是指构建知识图谱的数据来源、数据处理以及数据转换方法;模式层是指建立知识图谱的原则以及形成图谱后的推荐模式。

**1. 搜索引擎知识图谱的构建**

知识图谱构建的基础是要有强大的数据来源,搜索引擎公司的数据来源包括三个方面——百科类网站内容、结构化数据以及用户搜索日志。例如,谷歌从 Wiki 上获取所需内容的方式为:抽取页面实体→获得实体同义词→获得同音异义词→获得概念及上下位关系→确定实体类别→确定实体属性,与之类似,谷歌知识图谱还会从百度百科以及互动百科中获取中文知识信息。除了百科类数据,垂直站点中的结构化数据也能提供某个领域的常识性知识。另外,通过 HTML 表格等可以抽取相关实体的数据,然后将其加入知识图谱中。知识图谱通过挖掘搜索日志能够获得最新出现的实体和属性,这种方式侧重于从网页关键词和网页的标题、摘要抽取实体和属性,并利用时间戳保证了知识图谱更新的实时性。

得到数据之后,需要对知识进行聚类,聚类的原则是字符相似、属性相似和结构相似。在搜索领域知识图谱的绘制采用自顶向下以及自底向上相结合的方式。自顶向下定义了领域、类别、主题和关系,其呈现树状,每个节点都以多个子节点的形式展开。自底向上的方法是通过各种信息抽取技术,通过搜索日志和网络表格发现类别、属性和关系,并将这种新形成的分支加入原有的知识图谱中。当属性发生了冲突的时候,就需要考虑数据来源的可靠性及出现频度。

本章中的知识图谱的构建方式与搜索引擎知识图谱自顶向下的构建方式类似,知识图谱的数据来源有三个,分别是本地资源、SCORM 包以及果壳网资源,如图 10-7 所示。三种资源都属于结构化数据,对形成课程数字资源的知识图谱有很大的帮助。

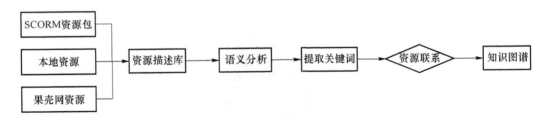

图 10-7 本章中知识图谱构建图

以本地上传为例,本地上传的数字资源要求其填写标题、描述以及内容。资源内容可以是视频或者文本的形式,同时可以添加学习资源的练习题,以此形成资源的完整资源描述库。通过语义分析工具对资源描述库进行语义分析后,进行关键词提取,关键词提取依据关键词在文档中出现的频率以及其所在的位置的不同权重来计算,关键词权重从大到小的排序为标题、描述、内容。利用共词分析法寻找资源之间的联系,新加入的资源需要和所有资源进行对比后,才能寻找相关联资源形成新的知识图谱。SCORM 资源包中的学习内容都是结构化的 XML 文件,所以可以将整门课程上传,形成课程知识图谱。只是由于资源包内容多,关键词匹配数量多,故所需时间较长,但这是最方便的一种资源上传方式。这样,数据库中每门课程就形成了一个大的知识网络或知识库,这个资源之间相关联的知识库就是一个知识图谱,最终通过网页编写语言将该知识图谱展示在学习者面前。

**2. 基于知识图谱的课程资源推荐模型**

上一节介绍了数字资源知识图谱的构建,这部分主要介绍基于知识图谱的课程资源推荐模型。该推荐方法完全依赖于数字资源之间的关系。知识图谱将课程的学习资源汇聚成一张知识网络,但是本章知识图谱绘制的过程是通过语义分析的方法对关键字进行匹配来形成资源之间的联系。由于中文语义分析研究存在局限性,可能存在某些知识点之间没有共同的关键字,但是的确存在着知识点学习的前后序列关联,加之考虑到知识图谱的特殊性,本章制订了图10-8所示的基于知识图谱的推荐模型。

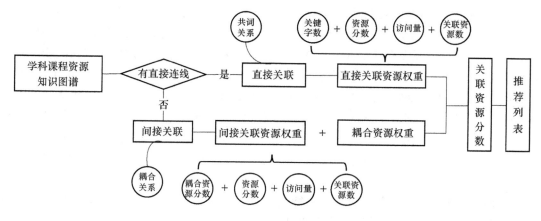

图10-8 基于知识图谱的推荐模型

知识图谱中的资源分为直接关联和间接关联资源两种:直接关联资源是有共同关键字的两个资源,在知识图谱上有直接连线,称之为共词关系;间接关联资源是两个资源均与第三个资源有直接关联,那么这两个资源在知识图谱中没有直接连线,称之为耦合关系。每一个资源都可能有多个直接和间接关联资源,推荐的过程主要是对这些资源进行排列显示的过程,类似于搜索引擎,用户在搜索问题时尽可能将最相关的网页推荐在靠前的位置,故对资源实行打分排序。打分的原则是对影响因子采取加权的方法。

该研究中课程资源推荐过程的影响因子对于共词关系的资源和耦合关系的资源稍有不同。共词关系的资源的影响因子包括关键字数、数字资源分数、访问量、相关联资源数。关键字数就是共词关系的两个资源所包含的共同关键字的个数,共同关键字的个数越多,则关联度越强;数字资源分数是直接连线的资源本身的分数,分数越高,资源的价值越高,在靠前位置进行推荐;访问量是指该资源被学习者访问的次数,访问量高低代表对资源感兴趣的程度;相关联资源数是共词资源的相关联的资源个数,值越大,说明该资源越重要。耦合关系的资源因为没有连线直接相连,故影响因子中没有关键字数,加入了耦合资源的分数,耦合资源是两个资源的纽带,故耦合资源的分数高低对两个资源的影响较强。每一个资源的分数由两部分构成:一是直接关联资源的分数;二是间接关联资源的分数。最终根据资源的分数高低对资源排序,按照高低顺序将资源推送到页面上。

## (四)基于知识图谱的推荐工具的设计

前面分析了数字课程资源知识图谱的构建方式,以及基于知识图谱的推荐模式,本章将重点针对研究所涉及的基于知识图谱的推荐工具的相关内容。数字资源推荐工具的设计与开发为本章的另一个重点。它是学生在线学习时的一个重要工具,在设计与开发时要考虑到数字资源与其他资源的区别,以及学习者的使用习惯。本章将重点介绍推荐工具的整体设计思路、功能模块的设计以及系统的业务流程分析。

**1. 整体设计思路**

基于知识图谱的课程数字资源的推荐工具是一款 Web 端的应用学习工具,在设计之初需要了解 Web 端的应用情况。目前,大部分网络在线学习都是采用 B/S 结构(即浏览器/服务器结构),其最大的特点就是不需要安装任何软件,只要满足有一台能上网的计算机,通过注册登录用户名和密码就能够进入学习。B/S 开发语言包括 Java、PHP、Python 等,本章考虑到开发周期和系统的维护,选择使用 Python 语言以及其开源框架 Django 进行开发。

选定开发模式、开发框架以及开发工具后,需要确定整体思路。该推荐工具应用于在线学习平台上,根据建构主义理论的特点,应强调学习者要有较强的主体性以及自主能动性。在工具的主页面上包括知识图谱和推荐列表,之所以将图谱显示出来,一是考虑到在线学习的枯燥性,以可视化的形式展现能够增加学习者的学习兴趣,二是可以将知识系统的展示给学习者,学习者可以从中找到发展的规律及学习重点,强化学习。通过该工具的设计,将零散的资源以学科课程的方式整合在一个图谱上,希望减轻学习者的学习盲目性,提高学习效率。

本推荐工具的设计结合在线学习的特点和数字资源的内容,重点设计知识图谱的呈现方式以及知识图谱上的交互部分,整体的设计遵循以下三个原则。

① 丰富资源的同时,保证资源的质量。应用互联网在线学习时,学习资源上传形式多样,使得学习过程动静结合,文本内容、图片、教学视频、演示动画等内容新颖,可调动学习兴趣,激发学生的积极性和主动性。但是高质量的学习资源是有效学习的保证,资源上传之前需要对资源进行严格把控,包括文字的排版、视频的清晰度等问题。

② 知识图谱动态展示数字资源的同时,保持整体外观清晰与美观。知识图谱以可视化的形式展现知识点之间的联系,但是在本地上传或者是果壳网中调用的资源不可能将一门课程的所有知识点涵盖,所以,当新的资源加入一门课程时,需要在知识图谱中实时显示出新知识点以及联系。同时当资源较多时,会出现多个节点和连线,此时的设计原则是尽量保持整个知识图谱的清晰与美观。

③ 数字资源推荐工具需具有良好的交互和用户体验。虽说本章中工具的任务是借助知识图谱完成学习内容,但是交互是学习者完成学习活动时贯穿始终的部分,学习者在知识图谱上的操作、推荐列表以及学习内容的交互都是设计过程的重点。

**2. 功能模块设计**

本章主要是借助知识图谱的推荐工具完成学习活动,根据研究的主要内容设置三个功能模块:数字资源的上传、知识图谱显示、推荐列表,如图 10-9 所示。

(1) 数字资源上传

该推荐工具的数据来源是资源的上传,资源上传包括三种途径:本地资源上传、SCORM 包上传和果壳网资源的上传。根据前面分析的数字资源知识图谱的构建方法,构建知识图谱时,结构化数据处理起来更加简单,而且对于知识图谱的准确性更有效。

本地上传包括上传知识点的标题、所属课程名称以及描述,学习资源类型包括文本文件和视频内容,除此之外还可以上传知识点相关测试题。所以在本地上传资源时,资源的属性包括知识点、科目、介绍、文本、视频和测试。该上传方式最大的优点是对每个上传的数字化资源的质量可以严格把关,其缺点是操作步骤较多,对于教师来说比较费时费力。本地资源上传界面如图 10-10 所示。

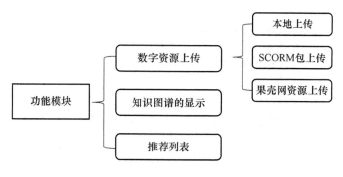

图 10-9　功能模块图

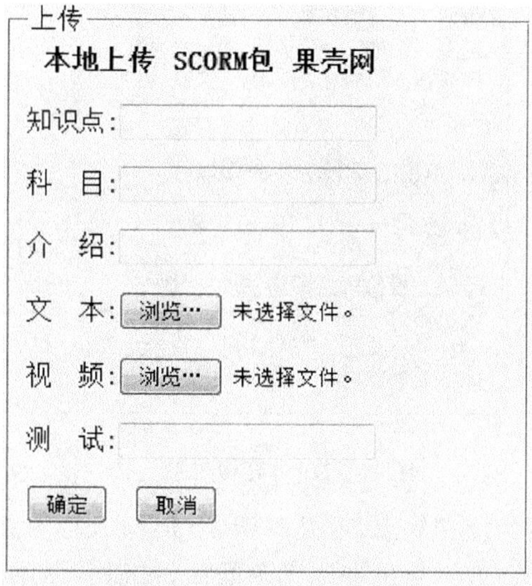

图 10-10　本地资源上传页面

如图 10-11 所示,通过 SCORM 包的方式将课程资源打包上传,减少了教师上传每个资源的时间,简化了操作步骤,但它对资源的要求较高,需要符合 SCORM 标准。资源的内容以 HTML 文件呈现,其缺点就是上传的资源没有视频内容。

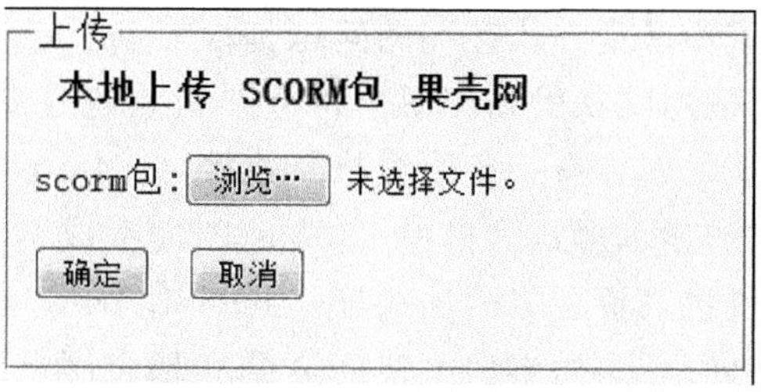

图 10-11　SCORM 包上传页面

果壳网上的资源结构简单,资源内容相对较为分散。将果壳网上的数字学习资源引入该推荐工具,能够通过知识图谱将其网站上的学习资源形成体系结构,并在学习时将相关内容进行推荐,其缺陷是果壳网网站上的资源不足且分散的学科较多,资源的质量无从保证。果壳网资源上传如图10-12所示。

图10-12　果壳网资源上传

每种上传方法都有其优点和缺点,但是对于学习者来说,资源的呈现方式是相同的,不会影响学习者的学习方式。如果上传本地资源的话,可以采用本地上传和SCORM包上传相结合的方法,以SCORM包上传为主,以本地上传来弥补使用SCORM包上传资源的不足。但是无论使用哪种上传方式,都要尽可能地保证资源的质量,这样学习的过程才有意义。

（2）知识图谱的显示

知识图谱的显示形式较常见的是树状和网状。研究中发现,树状节点需要确定根节点,向下展开关联其子节点,该种呈现方式存在的问题是根节点不好确定,同时这种关联方式与课程中的目录大同小异。使用网状的知识图谱符合知识点的分布结构,每个知识点独立存在,只要知识点之间存在关联就会有一条连线将其连接,并且不存在资源先来后到的问题。

本章课程内知识图谱的显示形式为借助d3库的图库形成网状图,包含节点和连线,节点表示课程数字资源,连线代表资源之间的关联,通过SCORM包上传的资源,不同颜色的知识点代表他们所在的不同章节,而本地上传的资源和果壳网上传的资源的不同颜色是随机分配的。图中节点的个数即是该课程中目前上传到系统中的知识点数。根据d3库的特点,其形成的知识图谱可以进行拖拽,当知识图谱的资源数较多时,看不出与某一资源相关联的资源时,可用鼠标拖拽住该节点,并将其拖拽至空白处,以便进一步查看关联的资源。另外,考虑到知识图谱中的节点不足以区分不同资源,在节点上加入显示知识点资源的交互,这样学习者可以通过两种交互方式查看知识点的名称:一种是将鼠标划过并停留在节点上,资源名称会显示在节点右侧;另一种方式点击节点,知识点名称会通过弹出框弹出,学习者能够以此查看知识点名称,如图 10-13 所示。同理,学习者想要查看两个知识点是通过哪些关键字关联起来的,便可以通过查看知识点之间的连线,划过或点击连线为相关联知识点的共同关键字。该知识图谱的设计既遵循了整体简洁、杂而不乱的原则,又充分考虑了在线学习中学习者的学习习惯,拥有良好的交互性和实用性。

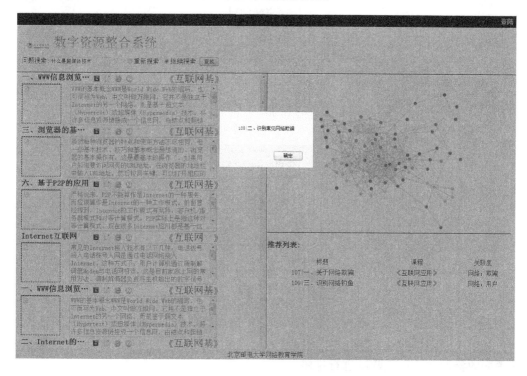

图 10-13　知识图谱节点显示共同关键字

（3）推荐列表

推荐列表是基于知识图谱,通过打分排序并推荐数字化资源的一个功能。当学习者点击某一知识点时,不仅可以通过知识图谱得到知识点的相关资源,还可以通过查看推荐列表直接得到相关资源。推荐列表所推荐的资源的属性包括标题、课程名称和关联度。标题为资源上传时所添加的标题或者解析 SCORM 包和果壳网 RSS 后得到的标题。课程为课程名称,虽然所推荐的内容均为同一门课程,但考虑到资源推荐对于单一资源的标识完整性,在此加入课程名称。按照推荐模型中的权值打分方法对关联资源进行排序,依据排名先后顺序呈现资源,这样学习者可以清晰看到相关联资源并可按照分数高低逐一学习知识点资源。

**3．系统业务流程分析**

推荐工具的业务流程为用户通过浏览器进入系统的登录界面,并登录系统。进入系统后首先停留在课程资源页面页,该页面包括课程资源列表信息以及学科内知识图谱的呈现,单击课程资源页面的资源或者双击知识图谱中的节点均可进行知识点的学习。其中学习资源时可以通过课程名获取课程内的知识图谱以及根据知识图谱生成推荐列表,无论从知识图谱还是从推荐列表均能够进入资源内容学习页面。业务流程图如图10-14所示。

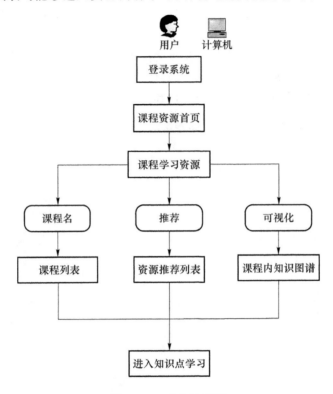

图10-14　业务流程图

该系统主要是帮助学习者找到学习资源关联知识点的资源,同时通过构建资源之间的关联后进行绘制知识图谱,并通过知识图谱的具体内容进行推荐,最终为学习者找到某知识点相关联的资源并按照关联度进行排序。

**4. 分层设计**

在线活动支持系统对数据有大量的存取、转换和处理,故对数据的设计采用层次化的设计思路,以提高数据的复用性。

(1) 表现层

基于知识图谱的课程数字资源推荐工具在表现层的设计上主要遵循了以下两个原则。

① 可视化显示的原则

表现层的功能之一是将课程数字资源以知识图谱的形式呈现。数字资源以节点的方式呈现,这体现了图;资源之间以连线相连,形成知识体系,这体现了谱。整个知识图谱可以看成是一个大的课程知识网,从该知识网中可以清晰地看出知识点对应的资源的联系,这便是可视化设计课程数字资源最大的意义所在。

② 强交互性的原则

知识图谱上的交互设计原则是在线活动支持系统设计的一个非常重要的准则。在系统中需要为用户提供明确的操作引导,即使是第一次使用该工具的人,也应该对页面的交互以及知识图谱上的交互有很好的体验,使得学习者在使用时简单易操作,从而完成学习活动。

(2) 数据库层

本工具是将数字资源以知识图谱的方式呈现。数据库层需要提供上传资源的知识点信息及其之间的关系描述。根据需要在数据模型的设计上,设计了知识点表、知识点关系表和知识点资源访问表。

① 知识点表

知识点表主要用于记录资源的基本信息,每条信息之间是独立的关系,是知识点学习页面的表现在数据层映射的集合。

② 知识点关系表

知识点关系表描述了知识点对应资源之间的关系,以及建立他们之间关系的关键字,是知识图谱表现层在数据库层的映射的集合。

③ 知识点资源访问表

知识点资源访问表主要记录了资源被点击访问的次数,对访问的计数设立单独表。

(3) 数据处理层

数据处理层位于表现层与数据库层的中间,作用为对数据信息进行处理、传递和存取。数据库中的数据是逐条存储的,按需要读取出来,需要在数据处理层进行处理,包括格式转换、字符串匹配等,形成表现层能够直接调用的、符合格式的数据,并存储为 JSON 格式,这样表现层可直接调用数据文件,并形成相应的知识图谱。

知识图谱绘制的技术路线是首先利用 Jieba 工具对上传的资源进行关键词的提取,形成资源的关键词组;其次,通过与课程库中的其他资源的关键词进行一一匹配后,将符合有共同关键词的资源形成关联资源,并存入数据库关系表中;再次,取出关系表数据并对其进行处理后写入 JSON 文件;最后,经过 d3 工具的调用形成课程内知识图谱。知识图谱绘制技术路线图如图 10-15 所示。

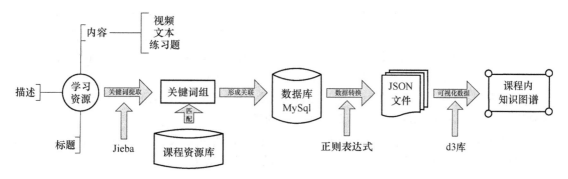

图 10-15 知识图谱绘制技术路线图

知识图谱的绘制部分主要介绍数据的存取、处理和传递技术的实现。实现知识图谱这一功能时引入了语义分词工具 Jieba——import jieba 和 import jieba.analyse;使用正则表达式模块 re 对 JSON 数据进行字符串匹配和格式修正:利用 import re 指令;导入 JSON 库实现 JSON 数据的读写:利用 import json 指令。Python2.5 自身不带 JSON 库,需要下载 json.py 并保存在 C:\Python25\Lib\site-packages 目录下,同时将 Jieba 工具也保存在该目录下。

① 绘制知识图谱首先需要建立知识点之间的联系,该步骤是在资源上传的过程中实现的。首先利用 Jieba 工具对描述数据进行语义分析和分词,并对分词结果提取关键词。如果正在上传的资源是课程中的第一个资源,则只进行关键词的提取,不建立联系;如果课程中已经有学习资源了,则需对新上传的资源与已经存在的资源的关键词进行一一比较,直到比较完两个资源中所有的关键词后,记录相同的关键词的个数,将两个学习资源的标题、科目、共同关键词、关键词个数存入数据表 Relation 中。

② 本章使用的 d3 工具最终显示数据的格式是 JSON 数据格式,所以需要将数据库关系表 Relation 中的关系数据取出,使用 Python 中的 List 方式对节点属性和连接属性进行设置。Database 和 Database1 分别是从数据库中取的 Relation 表和 Knowledge 表的数据集合,转换成 Nodesinfo 和 Linksinfo 两个 list 分别用来设置 JSON 数据中的 Nodes(节点)和 Links(链接)。在判断的过程中,主要是设置 JSON 数据的 ID,并找到相关联资源的Source(来源)和 Target(目标),采用的方法是通过知识点表 Knowledge 中 ID 来传递。

③ 将设置好的 JSON 数据写入 JSON 文件中,但是转换的过程是先读取再重新写入,其间需要处理数据格式,通过正则表达式将不符合 JSON 文件规定的符号删除。

④ 在文件 navi.js 中调用相应的 JSON 文件,将数据按照预先设定的样式进行显示。

推荐列表的目的是对学习资源按照相关度进行推荐。目前推送页面或者资源较为主流的方法包括 HITS 算法和 PageRank 算法。HITS 算法是页面链接分析的一个重要算法,定义了 Hub 页面和 Authority 页面,其中 Hub 页面指向 Authority 页面,在大量的页面中找到与用户搜索主题相关的页面,使用多轮迭代计算确定页面权值,该算法应用效果较好并应用广泛,但是其过分依赖于用户的查询主题。本章中后台所搜索的主题为课程名称,课程名称对于内容的介绍存在局限性,故 HITS 算法不适用于该研究。PageRank 算法与 HITS 算法完全不同,它最大的优点是能够对全局资源进行重要性排序,这符合该功能设计按照资源重要性进行推送的原则。

基于知识图谱的数字化资源推荐采用谷歌对页面进行排序的 PageRank 算法,该算法的出现使得谷歌打败了其他流行的搜索引擎,谷歌用该算法对搜索到的页面进行计算,得到一个 PR 值,PR 值的大小决定页面被推荐的先后位置。PageRank 算法公式如下:

$$PR(A)=(1-d)+d[PR(t_1)/C(t_1)+\cdots+PR(t_n)/C(t_n)]$$

其中,$d$ 为阻尼系数,大多取值为 0.85,其意义为沿着链接继续浏览的概率;$PR(t_1)$ 是指链接到网页 $t_1$ 的 PR 值,$C(t_1)$ 指 $j$ 网页上外链接的数目。

该算法包括两个基本假设:数量假设和质量假设。数量假设认为其他页面指向该页面的链接的数量越多,那么该网页越重要;质量假设是指质量越高的网页指向该网页,该网页越重要。

## (五) 知识图谱推荐工具的效果

### 1. 工具试用效果调查方案

该调查是为了验证基于知识图谱推荐的效果,以"互联网应用"课程为例,于 2014 年 12 月 1 日对本章开发的工具进行试用,并对 20 名试用对象开展体验工具调查研究。本次教学实验选择了 20 位不同背景下的学习者作为调查对象。为了提高问卷调查结果的正确性和可信性,在人员的选择上,从不同的角度达到了平衡。从专业上来看,被测人员均属计算机相关专业,其中包括网络工程、通信工程、教育技术学;从职业来看,被测人员有在读研究生,也有已经工作的人员;从性别角度来看,被测人员男女比例达到1:1。

用户在联网的计算机上,打开浏览器输入相应网址,进入学习系统对"互联网应用"这门课程进行半个小时的工具体验和课程学习。完成学习后,对用户发放调查问卷,用户根据自身体验情况填写体验感受。

开发该工具的目的是:以知识图谱的形式呈现数字资源,并对知识点进行关联资源推荐,以此来解决知识碎片化和信息超载导致的在线学习选择的盲目性问题。使用该工具的方法为:用户进入系统首页,选择"互联网应用"课程,点击在页面右侧,生成该门课程的知识图谱,点击其中一个知识点,下方生成推荐列表,从知识图谱和推荐列表以及左侧学习内容列表均可进入知识点学习页面。对于学习者用户来说,不涉及资源的上传,所以资源的上传功能可忽略不体验,需重点体验的功能部分是知识图谱上的交互,包括鼠标单击、双击、拖拽、滑过,还需要着重看一下推荐结果的准确性。操作方面的体验结束后,用户可以根据自己感兴趣的部分对某一知识点内容进行短暂的学习,学习形式包括观看视频和阅读知识点文本内容,用以评估资源质量。

用户通过半个小时的学习试用后,按照要求独立完成问卷的填写,问卷填写时间为10分钟。

**2. 应用效果调查结果与分析**

问卷主要调查用户对该工具的使用习惯及对知识图谱进行资源推荐是否能够接受,以确定该工具是否能够提高学习者学习效率,减少在线学习中的盲目性。该问卷采用利克特量表的方式,从三个方面分析被调查者对推荐工具的学习效果认同度。效果包括课程资源知识图谱的使用效果、数字化资源推荐效果和综合使用该工具的效果,在上述每个方面都设置了多个问题供用户进行作答。问卷共发放 20 份,并全部进行回收。

根据问卷,第一方面,课程资源知识图谱的使用效果的柱状图如图 10-16 所示,图形成正态分布,赞同项在本部分普遍成为最高值,可见被调查者对知识图谱的使用效果满意程度很高。

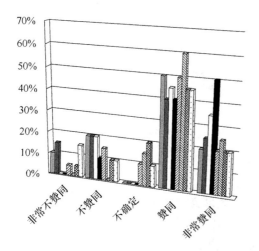

图 10-16 课程资源知识图谱的使用效果的柱状图

第二方面,数字资源推荐效果条形图(如图10-17所示)中的横坐标代表每一项所占比例,纵坐标表示问卷中的题目,从图10-17中可看出,用户对于数字资源推荐的体验效果良好,被调查者赞同及非常赞同的所占比例极大。

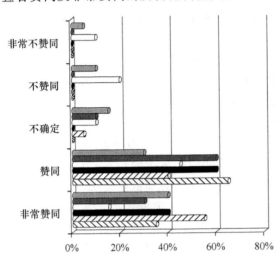

图10-17 数字资源推荐效果条形图

第三方面,从综合使用该工具的效果来看,这部分考察了用户对于工具整体效果的评价,图10-18的横坐标是选项,纵坐标表示人数。从图10-18可知,大部分用户赞同该工具是容易用的并能提高学习效率和增强学习兴趣。

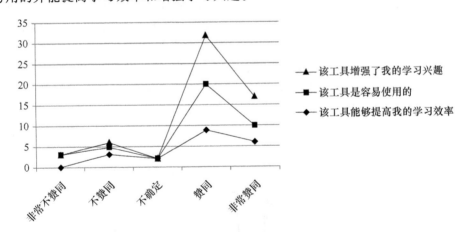

图10-18 综合使用该工具折线图

综合问卷的三个方面进行分析,可得如下结果。

(1) 工具的交互效果和用户体验良好。

90%的调查对象赞同"知识图谱的交互效果良好",他们当中的一半以上表示非常赞同;赞同"绘制风格简洁、美观、清晰"的用户占80%,并且所有用户都认为"本工具的推荐界面简单明了",当中有40%的用户非常赞同该观点。

(2) 调查对象中极少数人听说过知识图谱,但是大部分人对其很感兴趣。

20名学习者,仅有30%的用户听说过知识图谱,其余70%的人都是"第一次听说知识图谱的概念",虽然大部分人对于知识图谱是陌生的,但是有 65% 的用户表示"对知识图谱很感兴趣"。

(3) 知识图谱能够呈现课程知识点结构,定位关键知识点。

赞同"能够准确地显示有联系的学习资源和课程体系结构"的用户有 14 人,占总用户的 70%,这其中有 4 人表示非常赞同这一观点,通过使用知识图谱,有 85% 的用户赞同"能够清晰呈现课程关键知识点"。

(4) 在线学习过程中,资源推荐是非常必要的,并且用户愿意学习所推荐的内容。

问卷显示,所有被调查的用户"先前对推荐内容有一定接触",并且有 95% 的用户"喜欢该工具推荐式学习形式",他们当中有 11 人对此观点非常赞同。有 60% 的用户赞同"该工具能够按照课程中知识点的关联顺序推荐",并有 80% 的用户"愿意学习推荐列表中推荐的资源内容"。

(5) 推荐工具能够节省学习时间,提高学习效率。

问卷显示,65% 的用户认为"能够节省学习该门课程的时间",并有 14 人赞同"减少了我寻找相关资源的时间"。赞同"该工具能够提高我的学习效率"用户占总人数的 75%,说明大多数用户认为该工具有助于提高学习效率。

(6) 该工具容易使用,并能增强学习兴趣。

被测人数中,有 13 位用户赞同该工具"能够增强我的学习效率",75% 的用户使用时感觉"该工具是容易使用的"。除一人以外,其他用户都认为"该工具增强了我的学习兴趣"。

本次教学实验是对前面所有研究的总结,从实验的结果来看推荐工具基本达到了预定目标。无论是对于知识图谱的使用效果,还是基于知识图谱的推荐工具的反响都从局部和整体达到了预期的效果。该推荐工具具备一定的可用性,但对于用户体验等方面还需要加强,这也是未来研究中应多加考虑的因素。

# 本篇参考文献

[1] Curtis C A. A comparison of LISP and MUMPS as implementation languages for knowledge-based systems[J]. 1984, 8(5):399-406.

[2] Pan Bin, Zhao Yong, Guo Xiaoming, et al. Perception-motivated visualization for 3D city scenes[J]. Visual Computer International Journal of Computer Graphics, 2013, 29(4):277-286.

[3] Pechsiri C, Piriyakul R. Explanation knowledge graph construction through causality extraction from texts[J]. Journal of Computer Science and Technology, 2010, 25(5): 1055-1070.

[4] Eitel J M. Learning the structure of a bayesian network: an application of information geometry and the minimum description length principle[C]// 25th International Workshop Bayesian Inference and Maximum Entropy Methods in Science and Engineering. [S. l.]: American Institute of Physics, 2005.

[5] Eppler M J, Burkard R A. Knowledge visualization: towards a new discipline and its fields of application [R]. Luganon: ICA Working Papesr University of

Lugano, 2004.

[6] Greller W, Drachsler H. Translating learning into numbers: a generic framework for fearning analytics[J]. Educational Technology and Society, 2012, 15(42): 42-57.

[7] Smeureanu I, Ruxanda G. Innovative digital learning[J]. Informatica Economica Journal, 2007, XI(3), 14-17.

[8] van Wijk J J. Views on visualization[J]. IEEE Transactions on Visualization and Computer Graphics, 2006, 12(4): 421-432.

[9] Du Jianfeng, Qi Guilin, Shen Yidong. Weight-based consistent query answering over inconsistent knowledge bases[J]. Knowledge and Information Systems, 2013, 34(2): 335.

[10] Biskup J, Bonatti P. Controlled query evaluation for enforcing confidentiality in complete information systems[J]. International Journal of Information Security, 2004, 3(1): 14.

[11] Boyar J F, Kurtz S A. A discrete logarithm implementation of perfect zero-knowledge blobs[J]. Journal of Cryptology, 1990, 2(2): 63-76.

[12] Kleinberg J M. Authoritative sources in a hyperlinked environment[J]. Journal of the ACM, 1999, 46(5): 604-632.

[13] Vang K J. Ethics of google's knowledge graph: some considerations[J]. Journal of Information Communication and Ethics in Society, 2013, 11(4): 245-260.

[14] Kitzmiller R R, Anderson R A, Mcdaniel R R. Making sense of health information technology implementation: a qualitative study protocol[J]. Implementation Science, 2010, 5(1): 95.

[15] Bharat K, Mihaila G A. Hilltop: a search engine based on expert documents[C]// of the International WWW Conference. [S. l. : s. n. ], 2000.

[16] Hodgson L, Aiken P. Organizational change enabled by the mandated implementation of new information systems technology: a modified technology acceptance model[C]//The 1998 ACM SIGCPR Conference on Computer Personnel Research. Boston: ACM, 1998.

[17] Chen Min, Ebert D, Hagen H, et al. Data, Information, and knowledge in visualization [J]. IEEE Computer Graphics and Applications, 2009, 29(1): 12-19.

[18] Lambrix P, Shahmehri N. Querying documents using content, structure and properties [J]. Journal of Intelligent Information Systems, 2000, 15(3): 287-307.

[19] Burkhard R A. Towards a framework and a model for knowledge visualization: synergies between information and knowledge visualization [M]// Tergan S-O, Keller T. Knowledge and Information Visualization. Heidelberg: Springer-Verlag Berlin, 2005.

[20] Burkhard R A. Knowledge Visualization[M]. [S. l. ]: Springer, 2005.

[21] Resnick N, IakovouM. Sushak P, et al. GroupLens: an openarchitecture for collaborative filtering of netnews[C]//The 1994 ACM conference on Computer Supported Cooperative

Work. [S. l. ]:ACM,1994.
- [22] Spence R. 信息可视化:交互设计[M]. 陈雅茜,译. 北京:机械工业出版社,2011.
- [23] Brin, S. and Page, L. The anatomy of a large-scale hyper textual web search engine [C]// ICCEE '09 Proceedings of the 2009 Second International Conference on Computer and Electrical Engineering. [S. l. : s. n. ],2009.
- [24] Shishehchi S, Banihashem S Y, Nor Azan Mat Zin, et al. Review of personalized recommendation techniques for learners in e-learning systems [C]. 2011 International Conference on Semantic Technology and Information Retrieval. Putrajaya:IEEE,2011.
- [25] 蔡永红. SOLO 分类理论及其在教学中的应用[J]. 教师教育研究,2006(1):34-40.
- [26] 陈超. 近十年国外知识可视化研究发展述评[J]. 上海教育科研,2012(9):32-36.
- [27] 陈敏,余胜泉,杨现民,等. 泛在学习的内容个性化推荐模型设计——以"学习元"平台为例[J]. 现代教育技术,2011,21(6):13-18.
- [28] 顾小清,张进良,蔡慧英. 学习分析:正在浮现中的数据技术[J]. 远程教育杂志,2012 (2):109-111.
- [29] 郭绍青,黄建军,袁庆飞. 国外移动学习应用发展综述[J]. 外国电教. 2011(5):107.
- [30] 胡晓楠. 基于知识点的学习内容个性化推荐研究[D]. 重庆:重庆大学,2010.
- [31] 黄荣怀,杨俊锋,胡永斌. 从数字学习环境到智慧学习环境——学习环境的变革与趋势[J]. 开放教育研究,2012,18(1):75-84.
- [32] 黄晓斌. 网络信息挖掘[M]. 北京:电子工业出版,2005.
- [33] 李亚男,王楠. 基于知识可视化的移动学习环境设计研究[J]. 中国电化教育,2013 (11):21-24.
- [34] 李艳燕,马韶茜,黄荣怀. 学习分析技术:服务学习过程设计和优化[J]开放教育研究,2012,18(5):18-24.
- [35] 李湛. 基于社会信任网络的协同过滤推荐方法研究[D]. 大连:大连理工大学,2013.
- [36] 林军来. 基于 Moodle 平台的写作学习环境构建与实践研究[D]. 上海:华东师范大学. 2009.
- [37] 龙三平,张敏. 在线学习理论研究的现状与趋势——基于 SSCI 数据库(1994-2013年)的科学计量分析[J]. 远程教育杂志,2014(3):64-70.
- [38] 马秀麟,赵国庆,朱艳涛. 知识可视化与学习进度可视化在 LMS 中的技术实现[J]. 中国电化教育,2013(1):121-125.
- [39] 牛亚男. 教学资源个性化推荐系统的设计和实现[D]. 大连:大连理工大学,2013.
- [40] 邱婷. 知识可视化作为学习工具的应用研究[D]. 南昌:江西师范大学,2006.
- [41] 汤建民. 国内知识图谱领域实证性研究论文的综述与评估[J]. 情报科学,2013(9):156-161.
- [42] 唐国菊. 网络学习资源个性化推荐系统的设计与开发[D]. 西安:陕西师范大学,2012.
- [43] 王竹立. 新建构主义:网络时代的学习理论[J]. 远程教育杂志,2011(2):11-18.
- [44] 熊军. 基于知识图谱分析的医学文献检索课程改革研究[J]. 中国高等医学教育,2010

(7):84-85.

[45] 许智.图书情报学知识服务的知识图谱分析[J].现代情报,2013(2):166-170.

[46] 杨开诚.建构主义学习环境的设计原则[J].中国电化教育.2000(4):14-18.

[47] 杨为民.在线学习的现状与发展研究[D].兰州:西北师范大学,2007.

[48] 杨现民,余胜泉.泛在学习环境下的学习资源进化模型构建[J].中国电化教育,2011(9):80-86.

[49] 杨叶坤.协同过滤技术在个性化资源推荐中的应用[D].大连:大连海事大学,2011.

[50] 张豪锋,杨绪辉.基于微博的移动学习实例研究.[J].继续教育研究.2012(3):75-77.

[51] 张卓,宣蕾,郝树勇.可视化技术研究与比较[J].现代电子技术,2010(17):133-138.

[52] 赵慧臣.知识可视化的视觉表征研究综述[J].远程教育杂志,2010(1):75-80.

[53] 赵银春,付关友,朱征宇.基于Web浏览内容和行为相结合的用户兴趣挖掘[J].计算机工程,2005,31(12):93-94.

[54] 赵玉鹏,闫巍.科学知识图谱在研究生教学中的应用[J].通化师范学院学报,2009(7):111-113.

[55] 朱珂,刘清堂.基于"学习分析"技术的学习平台开发与应用研究[J].中国电化教育.2013(9):127-132.

# 后 记

从我博士期间确定论文选题至今,时间已经过去了十年。写成这本书是给自己这期间的经历做一个小结。2009年我在北京师范大学获得教育学博士学位后,恰巧有机会从原工作单位调入北京邮电大学,从此开启了这近十年来的教学科研工作。在此期间我主要工作从事的研究正是同博士论文选题紧密相关的内容——网络课程设计开发。我已完成了近100门,近2000学时的网络课程设计工作。课程建设是一个系统的工程,不仅仅需要和教师建立合作,更需要和技术人员、美工等进行协同配合。同时,我作为负责人承担了北京市教育科学、全国教育科学规划课题,并参与了多项北京科委、科协课题,2015年承担了北京科学中心教育专区实验室建设和设计课题(2018年该课题正进入实施阶段),并承担了多项横向科研课题。2010年承蒙冯甡中老师抬爱,我加入她的团队开展科研工作,开启了科普环境设计和开发的探索,并从2011年开始指导硕士研究生,陆续开设了"教学设计""数字学习资源设计开发""教育技术研究方法""创客教育实践"等多门研究生课程。也许单单一本书还不能完全承载这十年期间的种种。

回首来看,我发现来时的路是这样的漫长,感谢路途中遇到的每一个人。本书完成之时正值我的不惑之年,这份书稿算作给人生前半段的自己一个印记、一个标志,也是给后半段的自己一份叮嘱——"淡泊以明志,宁静而致远"。

谨记。